新时代劳动教育系列教材

专家指导委员会主任　**石连海**　总主编　**李岑虎**

LAODONG JIAOYU ANLI XUANPING
劳动教育案例选评

主　编 ◎ 李岑虎　王　靓　巫常清
副主编 ◎ 朱厚颖　孔凡平　付　国　章永平

北京·旅游教育出版社

图书在版编目（CIP）数据

劳动教育案例选评 / 李岑虎，王靓，巫常清主编. -- 北京：旅游教育出版社，2023.8
新时代劳动教育系列教材
ISBN 978-7-5637-4558-6

Ⅰ.①劳… Ⅱ.①李… ②王… ③巫… Ⅲ.①劳动教育－案例－高等职业教育－教材 Ⅳ.①G40-015

中国国家版本馆CIP数据核字(2023)第060791号

新时代劳动教育系列教材
劳动教育案例选评
李岑虎　王　靓　巫常清　主编
朱厚颖　孔凡平　付　国　章永平　副主编

总 策 划	丁海秀
执行策划	陈卫伟　施云峰
责任编辑	巨瑛梅
出版单位	旅游教育出版社
地　　址	北京市朝阳区定福庄南里1号
邮　　编	100024
发行电话	（010）65778403　65728372　65767462（传真）
本社网址	www.tepcb.com
E - mail	tepfx@163.com
排版单位	北京旅教文化传播有限公司
印刷单位	唐山玺诚印务有限公司
经销单位	新华书店
开　　本	710毫米×1000毫米　1/16
印　　张	19
字　　数	250千字
版　　次	2023年8月第1版
印　　次	2023年8月第1次印刷
定　　价	88.00元

（图书如有装订差错请与发行部联系）

新时代劳动教育系列教材
顾问、专家指导委员会、编委会

顾 问

白晓泳（中国智慧工程研究会劳动教育工作委员会秘书长）

专家指导委员会

主　　任：石连海（中国成人教育协会教师继续教育专业委员会副理事长兼秘书长）

委　　员：邓德智　甄鸿启　梅　洁　黄国萍　丁海秀

编委会

总 主 编：李岑虎（中国智慧工程研究会劳动教育工作委员会委员）

副总主编：张会臣（西安新未来劳动教育实践基地创始人）

编　　委（按姓氏拼音排列）：

包永和	蔡振禹	陈　岗	陈芸先	戴家芳	戴筱筱	邓永秀	杜丽卿
杜连丰	房祥伟	房萧萧	冯景波	付　国	高　磊	高　霞	高　岩
胡毓芳	黄明秋	霍　炜	姜　源	蒋建华	康园园	孔凡平	李　昂
李本友	李　冰	李　兵	李凤堂	李广海	李护君	李金锥	李景乐
李　明	李荣强	李小玲	李兴鹏	李英英	李玉梅	李源田	李　月
李子尚	梁　雪	梁媛媛	刘东波	刘　芬	刘华杰	刘俊凤	刘乃宝
刘胜海	刘旭东	刘雁琪	刘云飞	柳翔浩	卢　阳	罗　瑛	吕　远
孟繁胜	孟　缘	米　多	齐春梅	曲国辉	任　婧	施美彬	石媚山
史晓慧	司春霞	宋垶竹	苏在中	隋国成	孙明书	孙树伟	索利刚
谭　慧	唐文慧	田宏忠	田　莹	田张珊	王　航	王俊伟	王　靓
王立龙	王挽澜	王子璇	文智丽	巫常清	吴　华	吴振利	吴子璇
夏　强	熊　旭	薛继红	杨润勇	由　杰	于　玲	袁春艳	袁铜墙
战　帅	张　栋	张双军	张　侠	张晓白	张彦来	张志生	章永平
赵芳鋆	赵　蕾	赵晓炜	赵永奇	郑晓堂	周　科	周颖霞	朱厚颖

《劳动教育案例选评》编委会

主　编

李岑虎（中国智慧工程研究会劳动教育工作委员会委员）

王　靓（山东省教育学会数字化教育资源专业委员会理事）

巫常清（福建省三明市综合实践学校校长）

副主编

朱厚颖　孔凡平　付　国　章永平

编　委

（按姓氏笔画为序）

文智丽	由　杰	吕　远	曲国辉	任　婧	刘东波	刘俊凤
杜丽卿	李荣强	宋垟竹	张　栋	张会臣	陈　岗	罗　瑛
周颖霞	房萧萧	胡毓芳	赵　杨	高　磊	唐文慧	梁媛媛
蒋建华	谭　慧	熊　旭	霍　炜			

总 序

FOREWORD

党的二十大报告指出："教育是国之大计、党之大计。培养什么人、怎样培养人、为谁培养人是教育的根本问题。"教育要抓什么？德育、智育、体育、美育、劳育都不可偏废。2020年3月，中共中央、国务院印发《关于全面加强新时代大中小学劳动教育的意见》，提出劳动教育是中国特色社会主义教育制度的重要内容，直接决定社会主义建设者和接班人的劳动精神面貌、劳动价值取向和劳动技能水平。2022年4月，教育部正式印发《义务教育课程方案》，将劳动教育从原来的综合实践活动课程中完全独立出来，并发布《义务教育劳动课程标准（2022年版）》。2022年9月起，劳动课正式成为中小学的一门独立课程。在"双减"大背景下，国家对劳动教育的重视与日俱增，很多综合实践教育基地陆续开展劳动教育课程。在劳动教育全面铺开的背景下，却面临着高素质劳动教育指导教师短缺的问题。因此，开展劳动教育指导教师培训、编写相关培训教材迫在眉睫。

2022年7月31日，我们受旅游教育出版社之邀，与李岑虎、王立龙、石媚山等30多位来自行业、企业、院校的资深专家齐聚北京，研讨并启动全国首套新时代劳动教育系列教材编写与出版工作。本套教材由本人担任专家指导委员会主任，中国智慧工程研究会劳动教育工作委员会委员李岑虎担任总主编，各教研院校学科带头人、行业专家担任分册主编、编委，组成系列教材编委会。

"新时代劳动教育系列教材"包括《劳动教育概论》《劳动教育课程设计》《劳动教育教学方法》《劳动教育实践基地运营与管理》《劳动教育安全管理》《劳动教育案例选评》6本，编写阵容强大，突出理论与实践的结合。本套教材主要具有以下特点：

一、全国首套，理念先进

作为国内首套新时代劳动教育系列教材，本套教材涉及劳动教育性质和基本理念、目标和内容、关键环节和评价、规划和实施、条件保障与专业支持等内容。在已有的知识体系框架基础上，我们尝试传递更多、更系统的知识内容，同时根据不同年龄阶段学生的身心发展特点、认知水平设计教材教学内容，尽可能实现内容的横向和纵向贯通。

二、体系完整，科学规范

本套教材从基础性的劳动教育概论开始，由浅入深，遵循教育学的基本理论，同时也注重课程设计、教学方法、基地运营、安全管理等实操能力的培养。在编写过程中，我们认真深入研读国家政策文件，确定本套教材的重点、难点及需要注意的事项，并组织编写团队多次到学校、实践基地调研，致力于将政策文件层面的要求与实际需求相融合，贴合国家关于劳动教育的教学要求。

三、案例教学，实操性强

为方便教学，教材中引入大量案例。这些案例均来自学校、劳动教育基地，参考性强，真正做到以案例引入学习，以案例增进理解，以案例引导实操。

四、立体呈现，资源丰富

教材通过二维码链接了微课、视频、图文等富媒体资源，读者只需用手机扫码，就能够轻松浏览。

本套教材既可作为全国大中小学劳动教育指导教师培训教材，也可作为各类劳动教育实践基地专业培训用书，同时还可作为劳动教育研究机构的参考用书。

作为全国首套新时代劳动教育系列教材，在劳动教育发展日新月异的时代背景下，书中如有缺陷与不足，恳望读者指正，我们将在再版过程中予以完善与修正。

中国成人教育协会教师继续教育专业委员会副理事长兼秘书长　石连海

2023 年 8 月

前 言
PREFACE

为贯彻落实中国共产党第二十次全国代表大会精神，全面落实习近平总书记关于劳动教育的重要指示，旅游教育出版社率先组织国内劳动教育专家编写全国首套新时代劳动教育系列教材。我受命主编《劳动教育案例选评》一书，倍感责任重大。我及时组织了全国21个省100位劳动教育专家、一线指导教师、劳动模范、工匠大师，编写并遴选出87个典型案例进行分类点评。我们走访了全国113家学校、基地、服务机构等单位，进行了多次的讨论。经过我们编写专家团队历时9个月的艰苦付出和努力，今日终成书稿。

本书突出以下几个特点：

一、突出思想政治教育

本教材强调思想政治建设，注重爱党爱国爱岗教育，把思想政治教育元素融入各项目任务中，尤其是"劳模工匠"模块，把思想政治教育潜移默化地融入教材之中。

二、编写风格简洁明快

全书秉承"不绕弯、不晦涩、不啰唆，能模仿、拿来就能用"的编写理念，采用"案例＋理论""理论＋案例"的编写模式。行文时努力做到开门见山、简洁明了，直接点题，通俗易懂，不拖泥带水。力求做到易读、易学、易教、易操作。

三、采用项目式编写方式

根据培训教材编写要求和一线指导教师的实际需求，我们采用项目式编写方式。全书共七个项目,"案例"是每个项目的核心内容。除此之外,每个项目又都包含"项目导读""思维导图""案例点评""专家访谈""劳模工匠""综合实训"六个模块,方便读者使用。

四、数字化技术融入教材

增加了案例视频,并以二维码形式嵌入教材之中;有大量的活动图片,形成图文并茂的数字化培训图书。

五、作者团队权威

本书专家团队既有全国劳动教育学科带头人、国内劳动教育领军人物,也有劳动教育基地实操专家、学校劳动课教学能手,还有全国著名的劳动模范、工匠大师,另有知名的劳动教育企业管理专家。作者能紧跟教育部的劳动教育指导意见,同时吸纳国内最新研究成果,引入先进的劳动教育理念,确保内容的准确性和前瞻性。

本书既可作为全国大中小学劳动教育指导教师培训教材,也可作为各类劳动教育实践基地专业培训用书,同时还可作为劳动教育研究机构的参考用书。

本书由李岑虎、王靓、巫常清担任主编,朱厚颖、孔凡平、付国、章永平担任副主编,文智丽、由杰、吕远、曲国辉、任婧、刘东波、刘俊凤、杜丽卿、李荣强、宋垟竹、张栋、张会臣、陈岗、罗瑛、周颖霞、房萧萧、胡毓芳、赵杨、高磊、唐文慧、梁媛媛、蒋建华、谭慧、熊旭、霍炜等专家担任编委。李岑虎负责全书的大纲编写、统稿和相关内容的编写。此外,还有赵杨、金灿英、臧永芝、包永和、王明忠、杜乃云、夏安全、刘万军、李景乐、苏在中、李金锥、吕莹、史晓慧也参与了本书的编写。

本书编写过程中得到了中国关心下一代工作委员会教育中心劳动教育专业委员会、中国成人教育协会教师继续教育专业委员会、中国智慧工程研究会劳动教育工作委员会、教育部数字化学习支撑技术工程研究中心、山东省教育科学研究院、东北石油大学、吉林师范大学、四川外国语大学成都学院、天津大学、青岛科技大学、邹城市教体局、济宁学院、桂林市叠彩区教体局、青岛市即墨区教体局、金华职业技术学院、福建省三明市综合实践学校、北京市昌平职业学校、长三角一体化旅游联盟研学专业委员会、西安中科朗仟信息技术有限公司、成都洋英会科技有限公司、西安新未来劳动教育实践基地、江苏苏州太湖雪蚕桑文化园、杭州市萧山区青少年素质教育实践中心等单位专家的鼎力支持，在此一并表示衷心的感谢和崇高的敬意！

由于时间仓促，加上作者水平所限，本书如有缺点和错误，请读者多多批评指正，由衷地欢迎您与我们联系（siteven@163.com），以便再版时予以更正修订，我们将表示诚挚的感谢。

李岑虎

2023 年 6 月 16 日

目 录

CONTENTS

项目一　开发劳动课程项目 ································· 1
　　任务一　确定劳动素养目标 ······························· 3
　　任务二　选择劳动课程内容 ······························· 9
　　任务三　掌握劳动素养要求 ······························ 16
　　任务四　确定劳动教育场域资源 ·························· 19
　　任务五　选取劳动教育教学方式 ·························· 23
　　任务六　掌握劳动教育教学方法 ·························· 40
　　任务七　掌握劳动项目安排技巧 ·························· 53

项目二　设计劳动教育课程 ································ 61
　　任务一　编写劳动课程项目清单 ·························· 63
　　任务二　设计劳动周课程 ································ 78
　　任务三　设计劳动主题活动方案 ·························· 88
　　任务四　设计劳动专题课程方案 ·························· 98

项目三　指导劳动教学过程 ······························· 117
　　任务一　准备阶段指导 ································· 119
　　任务二　情境创设指导 ································· 124
　　任务三　实施阶段指导 ································· 126
　　任务四　抓住关键环节 ································· 138

任务五　反思阶段指导 ·· 145

　　任务六　评价阶段指导 ·· 148

项目四　做好实践基地管理 ·· 155

　　任务一　做好实践基地规划设计 ······································ 157

　　任务二　强化实践基地运营与管理 ··································· 162

　　任务三　参与申报实践基地评定 ······································ 181

项目五　强化劳动教育安全管理 ··· 203

　　任务一　制定劳动教育安全应急预案 ································ 205

　　任务二　做好劳动教育安全事故处理 ································ 213

项目六　做好劳动教育服务 ·· 225

　　任务一　签订劳动教育服务合同 ······································ 227

　　任务二　处理劳动教育法律纠纷 ······································ 235

　　任务三　开展劳动教育数字化服务 ··································· 243

项目七　加强劳动教育管理 ·· 251

　　任务一　实行区域劳动教育一体化 ··································· 253

　　任务二　突出学校劳动教育特色化 ··································· 262

　　任务三　确保家庭劳动教育常态化 ··································· 277

参考文献 ··· 291

项目一
开发劳动课程项目

项目导读

劳动项目是落实劳动课程内容及其教育价值，体现课程实践性特征，推动学生"做中学""学中做"的重要实施载体。劳动项目开发设计包括：制订项目目标、选择项目内容、确定劳动场域资源、明确项目过程、提炼项目操作方法、明确项目安排等。本项目重点阐述劳动教育素养目标、课程内容、素养要求、场域资源、教学方式、教学方法、项目安排等内容。

陕西省渭南市示范性综合实践基地　　供图：罗瑛

思维导图

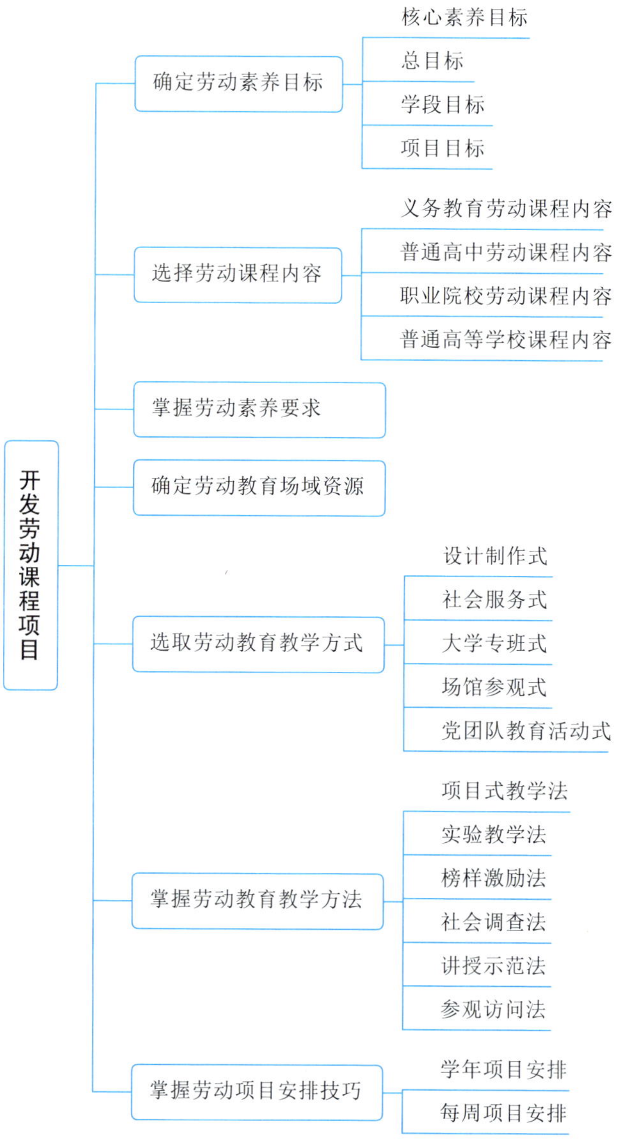

- 开发劳动课程项目
  - 确定劳动素养目标
    - 核心素养目标
    - 总目标
    - 学段目标
    - 项目目标
  - 选择劳动课程内容
    - 义务教育劳动课程内容
    - 普通高中劳动课程内容
    - 职业院校劳动课程内容
    - 普通高等学校课程内容
  - 掌握劳动素养要求
  - 确定劳动教育场域资源
  - 选取劳动教育教学方式
    - 设计制作式
    - 社会服务式
    - 大学专班式
    - 场馆参观式
    - 党团队教育活动式
  - 掌握劳动教育教学方法
    - 项目式教学法
    - 实验教学法
    - 榜样激励法
    - 社会调查法
    - 讲授示范法
    - 参观访问法
  - 掌握劳动项目安排技巧
    - 学年项目安排
    - 每周项目安排

任务一　确定劳动素养目标

劳动课程要围绕核心素养，体现课程性质，反映课程理念，确立课程目标。劳动课程项目开发设计要掌握核心素养目标、总目标、学段目标和项目目标的具体内容和要求。

一、核心素养目标

劳动课程要培养的核心素养，即劳动素养，主要是指学生在学习与劳动实践过程中逐步形成的适应个人终身发展和社会发展需要的正确价值观、必备品格和关键能力，是劳动课程育人价值的集中体现，主要包括劳动观念、劳动能力、劳动习惯和品质、劳动精神。核心素养的四个方面相互联系、相辅相成，构成一个有机整体。

案例 1-1

表 1-1　劳动核心素养目标

1. 劳动观念	含义	劳动观念是指在劳动实践中逐渐形成的，对劳动、劳动者、劳动成果等方面的认知和总体看法，以及在此基础上形成的基本态度和情感。
	主要表现	主要表现为：学生能尊重劳动，尊重普通劳动者，了解不同职业劳动者的辛苦与快乐，理解"三百六十行，行行出状元"的道理；能正确理解劳动对于个人生活、家庭幸福、社会进步、国家富强和人类发展的意义，懂得劳动创造人、劳动创造财富、劳动创造美好生活的道理；能崇尚劳动，牢固树立劳动最光荣、劳动最崇高、劳动最伟大、劳动最美丽的观念。
2. 劳动能力	含义	劳动能力是指顺利完成与个体年龄及生理特点相适宜的劳动任务所需的胜任力，是个体的劳动知识、技能、行为方式等在劳动实践中的综合表现。
	主要表现	主要表现为：学生具备基本的劳动知识和技能，能正确使用常用的劳动工具；能在劳动实践中增强体力，提高智力和创造力，具备完成一定劳动任务所需要的设计能力、操作能力及团队合作能力。

续表

3.劳动习惯和品质	含义	劳动习惯和品质是指通过经常性劳动实践形成的稳定行为倾向和品格特征。
	主要表现	主要表现为：学生具有安全劳动、规范劳动、有始有终等习惯；养成自觉自愿、认真负责、诚实守信、吃苦耐劳、团结合作、珍惜劳动成果等品质。
4.劳动精神	含义	劳动精神是指在劳动观念、劳动能力、劳动习惯和品质的培养过程中形成和发展的，在劳动实践中秉持的关于劳动的信念信仰和人格特质。
	主要表现	主要表现为：学生能领会"劳动是一切幸福的源泉""幸福是奋斗出来的"的内涵与意义；继承中华民族勤俭节约、敬业奉献的优良传统；弘扬开拓创新、砥砺奋进的时代精神；感知爱岗敬业、甘于奉献的劳模精神；培育百折不挠、艰苦奋斗的革命精神，以及精益求精、追求卓越的工匠精神。

案例点评

表1-1根据教育部《义务教育劳动课程标准（2022年版）》归纳整理而成，属于国家义务教育课程标准。作者把劳动核心素养目标用列表的形式呈现给义务教育劳动课程教师，目标明确、条目清晰、格式规范，是对国家义务教育课程标准更好的解读，利于劳动实践指导教师参考使用。各学校、各基地在开展劳动课程时应参照执行。

本案例由山东省教育学会数字化教育资源专业委员会理事王靓点评。

二、总目标

 案例 1-2

表1-2 劳动课程总目标

1.形成基本的劳动意识，树立正确的劳动观念	形成对劳动与人类生活、社会发展、个人成长之间关系的正确认识，懂得人人都要劳动、劳动创造财富、劳动创造美好生活等基本道理；体验劳动的艰辛和快乐，形成劳动效率意识、劳动质量意识；具有热爱劳动、热爱劳动人民、尊重普通劳动者的积极情感；树立劳动最光荣、劳动最崇高、劳动最伟大、劳动最美丽的观念。

续表

2. 发展初步的筹划思维，形成必备的劳动能力	能从目标和任务出发，系统分析可利用的劳动资源和约束条件，制订具体的劳动方案，发展初步的筹划思维，发展基本的设计能力；能使用常用工具与基本设备，采用一定的技术、工艺与方法，完成劳动任务，形成基本的动手能力；能综合运用多学科知识和多方面经验解决劳动中出现的问题，发展创造性劳动的能力；在劳动过程中学会自我管理、团队合作。
3. 养成良好的劳动习惯，塑造基本的劳动品质	能自觉自愿地劳动，养成安全规范、有始有终的劳动习惯；体悟劳动成果的来之不易，珍惜劳动成果；能辛勤劳动、诚实劳动、协作劳动和创造性劳动，养成吃苦耐劳、持之以恒、责任担当的品质。
4. 培育积极的劳动精神，弘扬劳模精神和工匠精神	通过持续性劳动实践，培养勤俭、奋斗、创新、奉献的劳动精神；具有继承中华民族勤俭节约、敬业奉献优良传统的积极愿望；弘扬爱岗敬业、甘于奉献的劳模精神和精益求精、追求卓越的工匠精神；具有不畏艰辛、锐意进取、为社会发展和国家建设付出辛勤劳动的奋斗精神。

案例点评

表1-2根据教育部《义务教育劳动课程标准（2022年版）》归纳整理而成，属于国家义务教育课程标准。作者把劳动课程总目标用列表的形式呈现给义务教育劳动课程教师，目标明确、条目清晰、格式规范，是对国家义务教育课程标准更好的解读，利于劳动实践指导教师参考使用。各学校、各基地在开展劳动课程时应参照执行。

本案例由山东省教育学会数字化教育资源专业委员会理事王靓点评。

三、学段目标

案例1-3

表1-3 义务教育劳动课程学段目标

第一学段（1~2年级）
（1）懂得人人都要劳动、劳动成果来之不易的道理。初步感知劳动的艰辛与乐趣，学会尊重他人的劳动付出。喜欢劳动，具有主动劳动、积极参加劳动的愿望。 （2）完成比较简单的个人物品整理与清洗，居室、教室等卫生保洁、整理与收纳，以及垃圾分类等劳动任务，参与简单的家庭烹饪。形成"自己的事情自己做"的意识，具有初步的个人生活自理能力。 （3）关心、照顾身边常见动植物，初步形成关爱生命、热爱自然的意识。参与简单的手工制作活动，初步学会规范使用相应工具。对工艺制作具有一定的好奇心。

续表

（4）参与班级集体劳动，主动维护教室内外环境卫生，初步形成以自己的劳动服务他人的意识。

（5）在劳动过程中遵守纪律，不怕脏、不怕累，具有初步的劳动安全意识，初步养成有始有终、认真劳动的习惯。

第二学段（3~4年级）

（1）懂得"一分耕耘，一分收获"的道理。体会劳动光荣、劳动无高低贵贱之分的道理，认识到美好生活离不开各行各业的劳动者。尊重劳动，尊重普通劳动者，初步形成热爱劳动的态度。

（2）养成良好的个人清洁卫生习惯。认识常用家用器具，掌握家用小器具的使用方法，具有家用电器使用安全意识和初步的器具保养意识。主动分担家务，协助参与家庭环境卫生清洁，能制作简单的日常饮食，初步学会简单的家务劳动技能，形成生活自理能力。

（3）初步体验简单的种植、养殖、手工制作等生产劳动，能规范地使用常用的劳动工具，了解常用材料的作用与特征，对劳动过程中遇到的问题具有好奇心和探究欲望。

（4）参加校园卫生保洁、垃圾分类处理、绿化美化等劳动，适当参加社区环保、公共卫生维护等力所能及的公益劳动，初步体验简单的现代服务业劳动，初步形成公共服务意识。

（5）懂得在劳动中遵规守约，初步学会与他人合作劳动。珍惜劳动成果，初步养成有始有终、专心致志的劳动习惯和品质。

（6）在劳动过程和日常生活中做到勤俭节约、不怕困难。

第三学段（5~6年级）

（1）懂得劳动创造财富、劳动来不得半点虚假、"业精于勤荒于嬉"等道理。认识到劳动者是国家的主人，"三百六十行，行行出状元"，体会普通劳动者的光荣与伟大。初步树立劳动最光荣、劳动最崇高、劳动最伟大、劳动最美丽的观念。

（2）掌握家庭生活中常用的清洁与卫生、整理与收纳基本技能。了解家庭常用器具的功能特点，规范、安全地操作与使用。初步掌握基本的家庭饮食烹饪技法，制作简单的家常餐，具有食品安全意识。进一步增强生活自理能力和家务劳动能力，初步具有家庭责任感。

（3）进一步体验种植、养殖、手工制作等生产劳动，能根据劳动任务选择合适的材料和工具、技术与方法，安全、规范、有效地开展劳动，初步养成持之以恒的劳动品质。

（4）主动参加校园卫生保洁和环境美化等劳动，积极参加社区环保、公共卫生维护等力所能及的公益劳动，进一步体验新技术支持下的现代服务业劳动，形成关爱他人、积极参与社区建设的劳动意识和能力，增强公共服务意识，初步形成社会责任感。

（5）根据劳动目标确定劳动任务，制订劳动计划，并根据劳动过程的进展情况适时优化调整，初步形成劳动效率意识和劳动质量意识，初步形成爱岗敬业、乐于奉献的精神。

（6）在集体劳动中团结协作，提升与他人合作劳动的能力。在劳动过程中自觉遵守劳动纪律，形成诚实劳动、合法劳动的意识。

（7）在劳动中主动克服困难，初步形成不怕辛苦、积极探索、追求创新的精神。

第四学段（7~9年级）

（1）懂得劳动创造人的道理，认识到劳动是推动人类社会进步的根本力量，理解"劳动托起中国梦"的重要意义。领会"劳动是一切幸福的源泉""幸福是奋斗出来的"的道理。牢固树立劳动最光荣、劳动最崇高、劳动最伟大、劳动最美丽的观念。

（2）主动承担一定的家庭清洁、烹饪、家居美化等日常生活劳动，进一步加强家政知识和技能的学习与实践，理解劳动创造美好生活的道理，提高生活自理能力，增强家庭责任意识。

（3）适当体验金工、木工、电子、陶艺、布艺等项目的劳动过程，体会其中蕴含的独特智慧

	和人类创造力。尝试进行家用器具的简单修理，参与种植、养殖等生产劳动，体会运用所学知识分析和解决实际问题的过程。获得初步的职业体验，形成初步的职业意识和生涯规划意识。 （4）定期参加校园包干区域的保洁和美化，以及助残、敬老、扶弱等公益劳动，体验以自己的劳动服务他人、服务社区的自豪感和幸福感，初步形成对学校、社区负责任的态度。体验融合一定智能技术的现代服务业劳动，提升现代服务技能，充分认识现代服务业劳动的性质、特征与独特的社会价值。进一步增强公共服务意识，提升以自己的劳动创造美好生活的社会责任感。 （5）根据个体、家庭、学校、社区的发展需要，提出具有一定创造性的解决方案，制订合理的劳动计划，并安全规范地加以实施。能对劳动过程与劳动成果进行反思和总结，进一步提高创造性劳动能力、合作能力。 （6）强化诚实劳动的劳动习惯和品质，形成劳动效率意识和劳动质量意识。 （7）初步具有为社会发展和国家建设付出辛勤劳动的意愿，形成不畏艰辛、锐意进取、精益求精、不断创新的精神。
说明	"五四"学制第二学段（3~5年级）目标主要参照"六三"学制第三学段（5~6年级）目标确定，适当降低要求。"五四"学制第三学段（6~7年级）目标在"六三"学制第三学段（5~6年级）目标基础上合理提高要求，并结合"六三"学制第四学段（7~9年级）目标确定，使"五四"学制6~9年级目标进阶更加科学。

案例点评

表1-3根据教育部《义务教育劳动课程标准（2022年版）》归纳整理而成，属于国家义务教育课程标准。作者把义务教育劳动课程学段目标用列表的形式呈现给义务教育劳动课程教师，目标明确、条目清晰、格式规范，是对国家义务教育课程标准更好的解读，利于劳动实践指导教师参考使用。各学校、各基地在开展劳动课程时应参照执行。

本案例由山东省教育学会数字化教育资源专业委员会理事王靓点评。

四、项目目标

案例1-4

《木工工艺作品设计与制作》项目目标

5~6年级项目目标为：学会识读简单木工工艺作品图样，选择合适的手工工具和技术，制作简单木工工艺作品，感受作品完成后的喜悦与成就感，形成安全劳动、规范操作的意识。

7~9年级项目目标为：能够根据需求，识读并绘制简单木工工艺作品图样，设计并加工简单的木工工艺作品模型或原型，体会作品的创造过程，逐步养成合理利用材料、环保节约的劳动习惯，树立产品质量意识，培养精益求精的劳动精神。

案例点评

项目目标也就是某一专题课的教学目标。制订项目目标的要求：在明确劳动课程目标、学段目标及项目目标关系的基础上，结合项目对应的具体任务群的课程内容要求，制订具体的项目目标。项目目标的制订要精确、具体、可操作，力求最大限度反映劳动项目实施的预期结果和学生身心方面的变化，注重劳动观念、劳动能力、劳动习惯和品质、劳动精神的有机融合。

本案例由中国关心下一代工作委员会教育中心专家委员会委员李岑虎点评。

案例 1-5

我种的大葱比我高（教案片段）
——大葱种植项目目标

学校班级：小学五年级（2）

园艺专家：袁恒、仲崇春

指导专家：曲阜远东职业学院客座教授陈功良

教学地点：麻疃恒春蔬菜种植基地

教学目标：

（1）劳动观念。通过大葱的种植技术学习，树立学生正确的劳动观念。正确理解劳动是人类发展和社会进步的根本力量，认识劳动创造人、劳动创造价值、创造财富、创造美好生活的道理，尊重劳动，尊重普通劳动者，牢固树立劳动最光荣、劳动最崇高、劳动最伟大、劳动最美丽的思想观念。

（2）劳动能力。掌握大葱种植的知识和技能，正确使用大葱种植工具，增强体力、智力和创造力，具备完成一定劳动任务所需要的设计、操作能力及团队合作能力。

（3）劳动精神。通过大葱种植，培育学生积极的劳动精神，继承中华民族勤俭节约、敬业奉献的优良传统，弘扬不怕困难、勇往直前的奋斗精神。

项目一　开发劳动课程项目

（4）劳动习惯和品质。通过大葱种植体验，使学生养成良好的劳动习惯和品质。在校外活动中能够自觉自愿、认真负责、安全规范、坚持不懈地参与劳动，形成诚实守信、吃苦耐劳的品质。珍惜劳动成果，养成良好的消费习惯。

本案例由中国关心下一代工作委员会教育中心专家委员会委员李岑虎提供。

园艺专家们研讨大葱种植教学目标　　　摄影：李岑虎

案例点评

本案例大葱种植项目课程目标从劳动观念、劳动能力、劳动精神、劳动习惯和品质四个维度编写，且内容适应五年级学生实际，符合教育部《义务教育劳动课程标准（2022 年版）》和教育部《大中小学劳动教育课程指导纲要（试行）》精神。

本案例由山东省教育学会数字化教育资源专业委员会理事王靓点评。

任务二　选择劳动课程内容

教育部《义务教育劳动课程标准（2022 年版）》规定：义务教育劳动课程以培养学生的核心素养为导向，围绕日常生活劳动、生产劳动和服务性劳动，以任务群为基本单元，构建内容结构。日常生活劳动立足学生个人生活事务处理，涉及衣、食、住、行、用等方面，注重培养学生的生活能力和良好卫生习惯，树立自理、自立、自强意识。生产劳动让学生在工农业生产过程中直接经历物质财富的创造过程，体验从简单劳动向复杂劳动、创造性劳动的发展过程，淬炼生产劳动技能，体会物质产品的来之不易，认识劳动与自然界的基本关系。服务性劳动让学生利用知识、技能等为他人和社会提供服务，在现代服务业劳动、公益劳动与志愿服务中认识社会，树立服务意识，体悟劳动中人与人、人与自然、人与社会的关系，强化社会责任感。

一、义务教育劳动课程内容

案例 1-6

义务教育劳动课程内容

义务教育劳动课程内容共设置十个任务群，每个任务群由若干项目组成。其中，日常生活劳动包括清洁与卫生、整理与收纳、烹饪与营养、家用器具使用与维护四个任务群，生产劳动包括农业生产劳动、传统工艺制作、工业生产劳动、新技术体验与应用四个任务群，服务性劳动包括现代服务业劳动、公益劳动与志愿服务两个任务群。

劳动课程内容结构如下图所示。

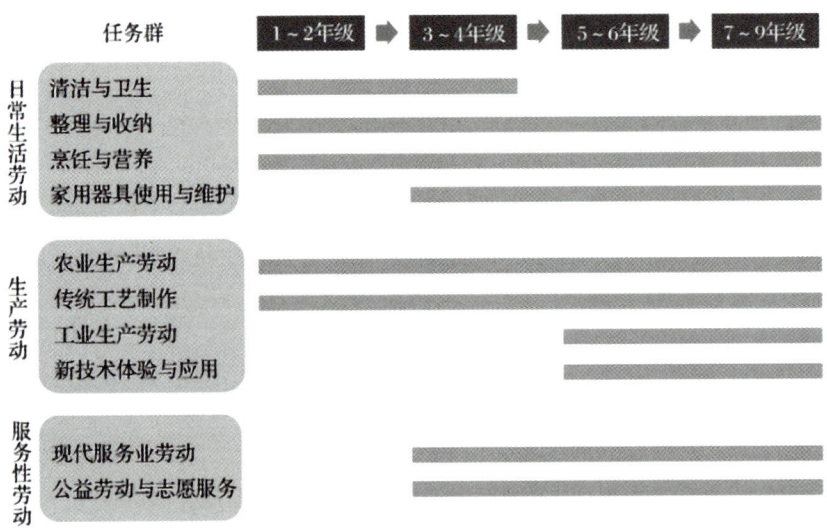

劳动课程内容结构示意图

项目一　开发劳动课程项目

山东省邹城市凰翥小学孟凡霞老师指导学生上花卉栽培劳动课

摄影：蒋建华

 案例 1-7

日常生活劳动中"整理与收纳"任务群内容的选择方法

案例 1-8
义务教育劳动
课程具体内容

以日常生活劳动中"整理与收纳"任务群为例：1~2 年级可选择"笔袋整理""书包整理"等项目内容，3~4 年级、5~6 年级可选择"整理衣橱""清理使用过的教科书"等项目内容，7~9 年级可选择"书房用品整理与收纳""教室的装饰与美化"等项目内容。从学生个人的学习用品整理摆放逐步过渡到对家庭或者教室等较大空间的整理与美化，从单一到综合，从简单到复杂，逐步发展空间规划能力和整体筹划能力，体现不同学段的纵向衔接与递进关系。

案例点评

指导师在选取劳动教育内容时，要根据不同学段学生的经验基础和发展需要，考虑区域特点和学校劳动教育环境，把握不同学段劳动素养培养要求，围绕体现日常生活劳动、生产劳动、服务性劳动的十个任务群，合理选择和确定项目内容。

本案例由山东省教育学会数字化教育资源专业委员会理事王靓点评。

二、普通高中劳动课程内容

案例 1-9

都匀二中（黔南田家炳中学）组织开展劳动教育实践活动

为了让学生参与劳动，掌握劳动技能，提升学生的社会适应能力，结合学校实际情况，2022年9月12日下午，都匀二中在学校烹饪教室开展以"劳动教育生活化，学生成长更幸福"为主题的劳动教育实践活动。活动前，学生分成六个小组，共同商定小组菜谱及所需食材。然后每组派一个代表跟随老师一起到农贸市场进行采购。到了农贸市场，同学们兴奋地这看看、那瞧瞧，有的同学发现了土豆，就高兴地喊来其他同学："快来快来，这个土豆很好，我们要挑又圆又大，长得漂亮的。"有的同学说："我们要买点折耳根去做蘸水。"有的同学跟着导购员学习认识各种火锅丸子……买好食材，同学们按约定的时间一同到烹饪教室，按照小组的分工，一起削皮、洗菜、切菜、做菜，烹饪教室立马热闹起来。"快来快来，水开了""小葱切好了""洗好的毛肚，需要的小组拿碗来分了""哇，酥肉好香啊"，大家忙碌着，各种声音此起彼伏。同学们做了炸酥肉、红糖糍粑、蒸鱼头、凉拌黄瓜、可乐鸡翅、玉米炖排骨、麻辣火锅……经过一番辛勤的劳动，大家一起享受着用自己的付出换来的劳动成果。活动最后分享时，有的同学说，"自己做的饭菜可真好吃啊"；有的同学说，"原来在农贸市场，什么食材都可以买到呢"；有的同学说，"我学会了做火锅，以后我就可以在家自己做火锅吃了，想想就好幸福啊"；有的同学说，"原来做一顿饭那么复杂啊，有那么多程序，要花那么多时间，比学习麻烦多了，以前在家的时候，我妈妈每天给我做饭可真不容易啊"……

本案例由四川外国语大学成都学院熊旭、文智丽提供。

案例点评

普通高中劳动教育课程内容，要根据教育部《大中小学劳动教育指导纲要（试行）》的要求，结合学校及其所在区域劳动教育资源进行选择。注重围绕丰富职业体验，开展服务性劳动和生产劳动，理解劳动创造价值，接受锻炼、磨炼意志，具有劳动自立意识和主动服务他人、服务社会的情怀。指导学生：

（1）持续开展日常生活劳动，增强生活自理能力，固化良好劳动习惯。

（2）选择服务性岗位，经历真实的岗位工作过程，获得真切的职业体验，培养职业兴趣；积极参加大型赛事、社区建设、环境保护等公益活动、志愿服务，强化社会责任意识和奉献精神。

（3）统筹劳动教育与通用技术课程相关内容，从工业、农业、现代服务业以及中华优秀传统文化特色项目中，自主选择1~2项生产劳动，经历完整的实践过程，提高创意物化能力，养成吃苦耐劳、精益求精的品质，增强生涯规划的意识和能力。

请各普通高中结合自身资源实际参照选取劳动教育内容。

本案例由中国关心下一代工作委员会教育中心专家委员会委员李岑虎点评。

三、职业院校劳动课程内容

 案例 1-10

福建农业职业技术学院组织学生体验农业生产劳动

福建农业职业技术学院召开新时代劳动教育启动仪式暨誓师大会，全面开启耕读育人、劳动教育新阶段。大会具体解读了学院落实新时代劳动教育实施方案的意见，学生代表宣读致全院学生倡议书《劳动最光荣 奋斗正青春》。启动仪式后，学院领导带队前往校内的相思岭劳动公社参加农耕劳动。

福建农业职业技术学院及时出台《新时代劳动教育实施方案》和《落实新时代劳动教育实施方案的意见》，将劳动教育纳入人才培养全过程，具有农院特色的劳动教育模式也被福建省教育厅确定为思政实践育人精品项目。"扎实开展劳动教育，通过劳动竞赛帮助大学生潜移默化地认识劳动的价值和乐趣，树立正确的劳动观，养成劳动习惯。"福建农业职业技术学院党委书记杨振坦介绍，近年来，学校将劳动教育纳入人才培养全过程，融入大学生学习生活，在教育教学、创新创业、校园生活、社会服务中丰富拓展劳动教育内涵与形式，锻造新时代农类高校大学生劳动教育新场域，引导学生以劳树德、以劳促技、以劳强体、以劳育美。

加强劳动教育整体规划，福建农业职业技术学院以培养"一懂两爱"新时代农类人才为目标，扎实推进"一二三"工程，通过成立一个劳动教育指导小组，搭建校内相思岭实践基地与校外专业实践教育基地两个平台，积极畅通日常生活、校内学习与社会实践三条劳动教育渠道，构建全方位劳动教育体系，打造劳育新高地。

来源：福建省教育厅网站。

案例点评

职业院校劳动教育课程内容，要根据教育部《大中小学劳动教育指导纲要（试行）》的要求，结合学校及其所在区域劳动教育资源进行选择。重点结合专业特点，增强职业荣誉感和责任感，提高职业劳动技能水平，培育积极向上的劳动精神和认真负责的劳动态度。组织学生：

（1）持续开展日常生活劳动，自我管理生活，提高劳动自立自强的意识和能力。

（2）定期开展校内外公益服务性劳动，做好校园环境秩序维护，运用专业技能为社会、为他人提供相关公益服务，培育社会公德，厚植爱国爱民的情怀。

（3）依托实习实训，参与真实的生产劳动和服务性劳动，增强职业认同感和劳动自豪感，提升创意物化能力，培育不断探索、精益求精、追求卓越的工匠精神和爱岗敬业的劳动态度，坚信"三百六十行，行行出状元"，体认劳动不分贵贱，任何职业都很光荣，都能出彩。

请各职业院校结合自身资源实际参照选取劳动教育内容。

本案例由中国关心下一代工作委员会教育中心专家委员会委员李岑虎点评。

四、普通高等学校课程内容

 案例 1-11

天津大学组织学生体验农业生产劳动

天津大学组织开展了"青春喜迎二十大　劳动铸就新征程"劳动周和劳动教育月系列活动。党委学生工作部、各学院（部）积极开发校内劳动教育资源，通过劳动理论学习、农作物种植体验、劳动赋能开放日、"最美宿舍"评选展示等54项形式新颖、内容丰富的劳动教育实践活动，引导学生崇尚劳动、热爱劳动、辛勤劳动、诚实劳动，以实际行动迎接党的二十大胜利召开。

要德智体美劳全面发展，不能忽视"劳"的作用。要从小培养劳动意识、环保意识、节约意识，勿以善小而不为，从一点一滴做起，努力成长为党和人民需要的有用之才。各学院（部）以学生党团值班和班级为工作抓手，以党团日活动、班会为载体，通过理论学习、交流研讨、实践活动等多种形式，组织学生深入学习领会习近平总书记有关劳动教育的重要指示精神，通过日常劳动教育、主题实践活动、劳动文化渗透等抓好贯彻落实。党委学工部、后勤保障部在位于北洋园校区西区苗圃的学生农作物种植体验区划分了6块劳动责任田，组织学生在劳动导师的指导下种植小白菜、圆生菜等蔬菜。种植活动由学生独立负责"责任田"的耕地、播种、除草、驱虫、收获、分享全过程，让学生在出力流汗之中、在耕耘劳动果实之后，真切感受到"劳动最光荣，奋斗最幸福"的真谛。

本案例由四川外国语大学成都学院熊旭、文智丽提供。

案例点评

普通高等学校劳动教育课程内容，要根据教育部《大中小学劳动教育指导纲要（试行）》的要求，结合学校及其所在区域劳动教育资源进行选择。强化马克思主义劳动观教育，注重围绕创新创业，结合学科专业开展生产劳动和服务性劳动，积累职业经验，培育创造性劳动能力和诚实守信的合法劳动意识。使学生：

（1）掌握通用劳动科学知识，深刻理解马克思主义劳动观和社会主义劳动关系，树立正确的择业就业创业观，具有到艰苦地区和行业工作的奋斗精神。

（2）巩固良好的日常生活劳动习惯，自觉做好宿舍卫生保洁，独立处理个人生活事务，积极参加勤工助学活动，提高劳动自立自强能力。

（3）强化服务性劳动，自觉参与教室、食堂、校园场所的卫生保洁、绿化美化和管理服务等，结合"三支一扶"、大学生志愿服务西部计划、"青年红色筑梦之旅"、"三下乡"等社会实践活动开展服务性劳动，强化公共服务意识和面对重大疫情、灾害等危机主动作为的奉献精神。

（4）重视生产劳动锻炼，积极参加实习实训、专业服务和创新创业活动，重视新知识、新技术、新工艺、新方法的运用，提高在生产实践中发现问题和创造性解决问题的能力，在动手实践的过程中创造有价值的物化劳动成果。

请各普通高等学校结合自身资源实际参照选取劳动教育内容。

本案例由中国关心下一代工作委员会教育中心专家委员会委员李岑虎点评。

任务三 掌握劳动素养要求

劳动素养要求是对学生在完成阶段性劳动课程学习后需要达成的素养表现的总体刻画。教育部义务教育劳动课程标准对义务教育劳动素养要求做了明确规定。

案例1-12

《义务教育劳动课程标准》有关劳动素养的要求

学　段	要　求
第一学段 （1~2年级）	在简单的日常生活、生产劳动中，认识到人们的衣、食、住、行、用都离不开劳动，懂得人人都要劳动的道理，积极主动参与班级劳动，初步体会劳动对日常生活的重要性；能在力所能及的劳动实践中体会劳动的艰辛和快乐，初步形成喜欢劳动、积极参加劳动的态度。（劳动观念）

第一学段（1~2年级）

在完成清洁与卫生、整理与收纳、烹饪与营养等劳动任务的过程中，初步掌握基础知识、基本步骤与操作方法，初步形成个人生活自理能力；在简单的工艺制作劳动、农业劳动中，初步掌握简单的手工技能，会使用简单的工具，能照顾身边常见的动植物。（劳动能力）

能做到不浪费粮食，爱护学习用品、生活用品等，懂得珍惜劳动成果；在劳动过程中遵守劳动纪律和安全规范；初步养成"自己的事情自己做"、认真负责、有始有终的劳动习惯和品质。（劳动习惯和品质）

能在劳动过程中不怕脏、不怕累。（劳动精神）

第二学段（3~4年级）

通过日常生活劳动，懂得"一分耕耘，一分收获"的道理；在简单的生产劳动和服务性劳动中，认识到劳动无高低贵贱之分，知道尊重劳动、尊重普通劳动者；主动为身边人提供服务，形成初步的服务意识和社会责任感；具有主动承担力所能及的劳动的意识，初步养成热爱劳动的态度。（劳动观念）

能在日常生活劳动中发现存在的问题，选择和运用恰当的劳动技能加以解决，形成生活自理能力；能在简单的生产劳动过程中，了解常用的材料，认识并使用常用的劳动工具，能设计与制作简单的工艺作品，具有初步的植物种植、动物饲养的能力；在学校、社区的服务性劳动中，初步形成关爱他人、积极参与学校和社区建设的劳动意识和能力。（劳动能力）

主动遵守劳动纪律和安全规范，养成自觉自愿、认真负责、专心致志、有始有终的劳动习惯和品质。（劳动习惯和品质）

形成勤俭节约、不怕困难的精神。（劳动精神）

第三学段（5~6年级）

通过日常生活劳动，认识到劳动对家庭幸福、社会进步的意义；在基本的植物养护、动物饲养、工艺品制作等生产劳动过程中，初步形成劳动创造财富的观念，理解普通劳动者的光荣和伟大；形成主动服务、关心社会、扶助弱势、热心公益、关爱生命、热爱自然的意识，在劳动过程中初步形成劳动效率意识和劳动质量意识。（劳动观念）

能发现日常生活劳动中存在的问题，综合运用生活基本技能解决问题，增强生活自理能力；能发现生产劳动中的需求与问题，运用基本生产知识与技能，选择合适的工具、材料，合作完成简易工业产品的设计与制作，初步具备从事简单生产劳动的能力；在服务性劳动中，运用已有劳动技能服务他人、服务学校、服务社区。（劳动能力）

在劳动过程中吃苦耐劳，主动承担力所能及的劳动，养成安全劳动、规范操作、坚持不懈，以及诚实劳动、合法劳动的劳动习惯和品质。（劳动习惯和品质）

初步形成不畏艰辛、积极探索、追求创新的精神。（劳动精神）

第四学段（7~9年级）

通过持续参与日常生活劳动、生产劳动和服务性劳动，理解劳动创造美好生活的道理，增强家庭责任意识，认识到劳动对国家富强、人类发展的意义，尊重和平等对待各行各业的劳动者，自觉向优秀劳动榜样学习；形成初步的职业意识和生涯规划意识，进一步增强公共服务意识和社会责任感，在劳动过程中注重劳动效率和劳动质量。（劳动观念）

在具有一定挑战性的日常生活劳动中，比较熟练地运用家政技能，提高生活自理能力；能在生产劳动中发现存在的需求和问题，进行劳动方案的选择和劳动过程的规划，按照安全规范要求，选择适当的材料和工艺、工具和设备，综合运用劳动技能解决问题，并能根据实施情况，对方案进行必要的改进与优化，发展创造性劳动能力；能在服务性劳动中，

项目一　开发劳动课程项目

第四学段（7~9年级）

初步掌握现代服务业劳动的基本知识与技能，熟悉公益劳动与志愿服务的组织、实施，提升运用相关的劳动知识与技能服务他人、学校、社区的基本能力。（劳动能力）

具有持续参加劳动的积极性，在劳动过程中持之以恒，诚实守信，有责任担当；养成自觉遵守劳动规范、劳动法规的习惯，形成认真负责、吃苦耐劳的劳动品质。（劳动习惯和品质）

劳动中能不断追求品质、精益求精，牢固树立勤俭、奋斗、创新、奉献的劳动精神。（劳动精神）

注："五四"学制学段劳动素养要求参照学段目标研制。

案例点评

本案例根据教育部《义务教育劳动课程标准（2022年版）》归纳整理而成。作为国家义务教育课程标准，义务教育阶段的学校或者对义务教育阶段的学生开展劳动课程，要无条件执行。

本案例由全国劳动教育教学指导委员会专家巫常清点评。

任务四　确定劳动教育场域资源

劳动场域是项目实施的基础条件。在实际操作过程中，要根据不同的项目科学、合理地确定劳动场域，包括劳动场所、工具设备、材料及劳动文化氛围等。劳动场所是指工厂、农场、专用教室等适合不同劳动项目的场所；工具设备主要指完成项目必需的劳动工具与设备；材料是项目操作过程中需要使用的消耗性物品及安全防护用品等；劳动文化氛围主要指劳动场域中与相应项目相关的文化元素，包括张贴的标语牌、模范人物挂图、操作规程图、劳动任务统计表等。

上九古村劳动教育实践基地一角　摄影：李岑虎

案例 1-13

用科技提升劳动课的"生命力"
——北京海淀劳动教育的创新探索（片段）

引入高校、科研院所资源

海淀高校林立、科研院所众多。如何利用科技资源聚集的优势，探索劳动教育与科技有机融合的实施路径？

在教室顶部安装专业电源设备、窗台上摆放着一排排不同类型的传感器、可以通过感受喉部声带振动而识别语音的专业设备……11月1日，在人大附中新改建而成的智能感知实验室里，课程教师郑晓告诉记者，作为生产劳动实践模块的其中一门劳动课，学生们可以在实验室里研究智能感知技术，并运用所学编程和智能硬件技术解决生活中遇到的很多实际问题，提高同学们创造性劳动的能力。

记者了解到，人大附中充分利用周边高校、科研院所、高新科技企业资源，基于学生发展需求，开设面向未来的新型课程。无人机科学工程实验室、智能感知实验室就是学校与北京理工大学合作共建的实验室。

在人大附中，用于劳动课的专业实验室有十几个，其中不少都得到了高校的支持。同时，在课程教研中，高校的专业力量也参与其中。比如，人大附中的劳动教师何玲燕与生物老师王肖月合作开发的植物染课程，在北京服装学院专家的指导下进行了跨学科的实践与探索。除了体验古老的植物染技艺之外，学生还要寻找染料固色的秘密，甚至来一次染色的"考古"：同样是提取栀子的颜色，古代与现代有何不同？与高校合作开发劳动课程，是学校促进教师专业发展的有效措施。通过这种方式探索"双师多能型"劳动教师的培养路径，取得了很好的效果，促进了学校劳动教育的高质量发展。

北京一零一中也与高校和科研院所展开了亲密合作。2020年9月，该校英才学院正式揭牌。这是一零一中与清华大学、同济大学、北京理工大学、中国科学院大学、中科院以及中国人民解放军军事科学院创新学院等高校和科研机构联手创建的，国内高水平的专家和院士领衔在"英才学院"创建实验室，并亲自担纲指导。

在中学阶段即引入高校资源，突出跨学科、实践性和创造性，让学生提前感知前沿科技，不断拓宽探索的边界，这样的课程设置让中学生受益颇多。

今年8月28日，在中国科学院计算技术研究所举办的第一届"一生一芯"技术论坛上，在一系列由本科生、硕士生和博士生为主体的报告发言代表中，穿着北京一零一中校服的黄益安和烟雨松尤为显眼。在这次论坛上，两人汇报了自己设计芯片的感想。

"这两个学生就是通过英才学院的'芯片集成电路实验室'课程学习到芯片知识的。毕竟跟大学不一样，高中的芯片课程主要是培养学生对芯片的兴趣、开发潜能。"吴雅雯说道。

到2025年，建成50个劳动教育实践基地

今年暑假，北京一零一中校内的桃林硕果累累、桃子飘香。150余名学生回到校园，变身"小桃农"收获果实。通过线上义卖，同学们利用自己亲手种植、养护、采摘的桃子赚得了"第一桶金"，这些款项将捐助给该校对口支援的四川省凉山彝族自治州的学生。

吴雅雯告诉记者，2021年1月，该校课程教学中心设计开发了"校园桃树园艺课程"，学校非毕业年级的学生都参与了桃树管理课程，每个班级认领

一两棵桃树、选派两名桃树管理员，学生们跟着专业的园艺师从剪枝、疏花、疏果，到施肥、病虫害防治、套袋，再到采摘、果实的品质鉴定，体验完整的桃树种植养护过程，学习其中的科学知识，体会劳动的艰辛与不易。

除了这片桃林，北京一零一中还充分发挥家校社联合育人的功能，走出校园，开拓劳动教育社会实践基地。比如，与香山革命纪念馆合作，成立红色故事志愿讲解团；与圆明园合作，参与走进圆明园志愿活动，为游客免费提供中英文历史讲解。

学校劳动教育发展从来不是"单兵作战"，需要家校社共同发力，也需要从顶层设计到校园实践的统筹规划。

2021年5月，海淀区被教育部评为全国中小学劳动教育实验区。此后，海淀区委教工委、区教委组建专项领导小组，为统筹推进劳动教育提供制度保障；将中小学劳动教育实验区工作纳入区"十四五"教育改革重点任务中，制定了《海淀区全面加强新时代中小学劳动教育的实施意见》，对全区中小学开展劳动教育的目标体系、课程体系、实施体系和保障体系提出了明确要求；评选97所区级劳动教育特色学校、实验学校和研究学校，组织84所学校参与劳动教育课题研究，评选出区级劳动教育学科带头人25名，对全区各学校主管劳动教育的干部教师进行培训指导。

海淀区也在不断建设多层级、多形态的劳动教育实践基地群

"帮助学校跟劳动教育实践基地更有效地对接，找到适合学校的基地课程。"海淀区教委德育科相关负责人表示，劳动教育实践基地的建设也有助于衔接校内、校外，联合社会力量推动劳动教育发展。

该负责人透露，目前，海淀教委正在积极谋划在海淀北部利用海淀区中小学综合实践教育中心挂牌海淀区中小学劳动教育总部基地，"用它来引领所有的基地建设"。同时，在海淀南部成立海淀区中小学劳动教育指导中心，利用专家资源优势，指导学校的劳动课程建设。

根据计划，到2025年，海淀要在全区建成50个中小学劳动教育实践基地、建设200节劳动教育精品课。目前，首批劳动教育实践基地评选已提上日程。

来源：新京报（2022-11-06）。

项目一　开发劳动课程项目

> **案例点评**

本案例是劳动教育场域资源利用的案例。如何巧妙地利用好现有的劳动教育场域资源，我们认为要做好以下工作：

1. 统筹和利用好社会、家庭和学校的现有资源

结合当地历史文化、自然资源及本校校情等，利用当地博物馆、非物质文化遗产馆、生态园、茶艺馆、校史馆、研学基地等劳动教育资源和空间，实行"一区一案""一校一案""一家一案"等，开展个性化的劳动周活动。

2. 统筹和利用好各类活动资源

可结合校园科技节、校园文化节、校园劳动节等活动，也可通过组织全校劳动技能竞赛等方式，对劳动周进行系统、整体安排。

3. 统筹和利用好教师资源

除了劳动教育专门师资外，可聘请不同行业的优秀工匠、非物质文化遗产传承人及经验丰富的农民、技术工人等担任指导教师。

4. 多方优化和开发劳动教育资源

学校可优化设计劳动实践环境，如建设"校园生活馆""快乐农场"等。家庭可开辟阳台、露台"种植角"。教育行政部门应加强统筹，打通区域壁垒，共建共享青少年劳动实践基地。

本案例由中国关心下一代工作委员会教育中心专家委员会委员李岑虎点评。

任务五　选取劳动教育教学方式

劳动教育方式是指导教师在进行劳动课程教学时，为完成新时代劳动教学目标，而灵活使用的各种形式。在劳动教育活动实践中，出现的劳动教育方式多种多样，譬如，设计制作式、社会服务式、大学专班式、场馆参观式、党团队劳动教育活动式等。

一、设计制作式

案例 1-14

"筷"乐生活

杭州市萧山区青少年素质教育实践中心　朱银桥

一、教学理念

中国传统木匠技艺作为中华民族悠久文化的一部分，是我们的艺术瑰宝。说起木匠技艺，我们一定会想到伟大的发明家、木工技艺的祖师爷——鲁班，我们现在的很多木工工具都是他发明的。木匠技艺需要年轻一代去传承和发扬，而木匠艺术又涉及数学、化学、物理、生物等学科，考验中小学生的耐力和创造力。一次传承手工实践课带给学生的不仅是一个作品，更多的是树立严谨的态度、拓展思维模式、提炼组织的能力。为了让中小学生感受中华优秀传统文化的魅力，增进学生对传统木艺的了解，开设了老底子木工系列之"'筷'乐生活"课程，以传承文化为己任，通过开展一系列富有特色的木艺课程，在校园内营造人人热爱传统木作的浓厚氛围，使校园成为木艺文化的传承和保护的重要阵地，让学生成为木艺的传播者与传承人。

二、教学目的（卡片告知学生）

劳动观念：通过参与筷子制作的劳动，体会木工劳动的细致与严谨，树立严谨认真的劳动观念。

劳动能力：通过筷子制作过程中刨、锉、磨等环节，初步掌握台虎钳、一字刨、黄金锉刀、磨砂纸基本知识及操作技能。

劳动精神：通过筷子的设计、制作和展示说明，培养劳动创新精神，形成热爱劳动、崇尚劳动的精神。

劳动习惯与品质：在筷子制作过程中，养成规范劳动、尊重劳动、有始有终的劳动习惯，形成认真负责、团结合作、珍惜劳动成果的品质。

三、教学对象

本活动主要对象为小学 5~6 年级学生。

四、教学内容

了解筷子的历史文化和寓意,掌握制作筷子所需的工具,并设计、制作一双有创意的筷子。

五、教学方式

设计制作式。

六、教学方法

多媒体教学法、讲解说明法、实践操作法、小组合作法、成果展示法。

七、教学时间

活动时间为 100 分钟。

八、教学重点、难点

重点:筷子制作过程中的台虎钳、一字刨、黄金锉刀的使用。

难点:工具使用过程中的方法与技巧。

九、教学过程

筷子作为我国最具代表的餐具,使我们能快速享受食物的美味。在享受美味的同时,我们想过筷子的历史吗?筷子有什么寓意?有哪些材料可以制作筷子?我们可不可以设计制作有创意的筷子?

项目一:看一看,筷子历史真悠久

1. 看资料,讨论课前问题

中国筷子简史

筷子在先秦时代称为"梜",汉代时已称"箸",明代开始称"筷"。筷子是世界上常用餐具之一,中华饮食文化的标志之一,发明于中国,后传至朝鲜半岛、日本、越南等汉字文化圈。

中国筷子形状近似长方体或圆柱体,较长且厚重,标准长度是七寸六分,象征人的七情六欲。筷子通常一头圆、一头方,圆象征天,方象征地,对应天圆地方,这是古人对世界基本原则的理解。筷子在使用的时候,讲究配合和协调。一根动,一根不动,才能夹得稳。两根都动,或者两根都不动,就夹不住。这是中国的阴阳原理,也有西方力学的杠杆原理。

筷子的材质多以木质或竹制为主,也有用象牙、红木、金银等名贵材料制作的。工艺品箸,更善运用雕刻工艺,彰显典雅,极具古典气质。金丝楠木是制作筷子的最佳材料之一。

金丝楠木，又叫桢楠、紫楠，是中国特有的珍贵木材。主要产于中国四川、湖北西部、云南、贵州及长江以南省区，属国家二级保护植物。木材有香气，纹理直而结构细密，不易变形和开裂，为建筑、高级家具等优良木材。

2. 讨论分享问题

（1）筷子的历史演变

（2）筷子的寓意知识

（3）筷子的材质

（4）筷子的原理

每个小组推荐一位同学在班里分享讨论结果。

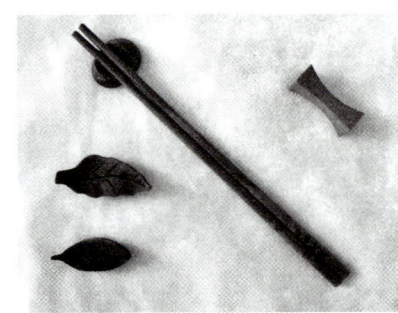

项目二：认一认，学用工具有味道

教师通过实物与多媒体展示相结合，介绍各工具的名称、使用方法和技巧，以及注意事项。

1. 台虎钳使用方法

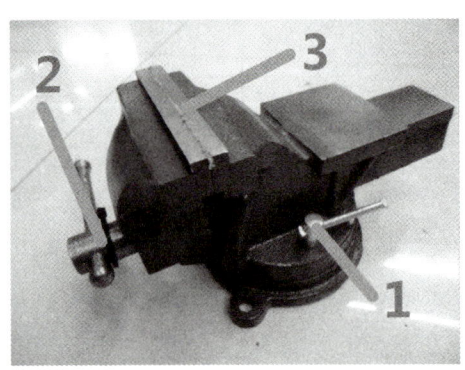

（1）图例说明

上图中"1"表示夹紧手柄，固定钳身所处操作台的方向。

"2"表示旋转丝杠，带动活动钳身向固定钳身移动，从而夹紧工件。

"3"表示钳口，用来夹紧工件。

旋转丝杠逆时针转时张开钳口，张大到能放进工作件，放稳工作件再顺针转，直到把工作件夹紧。

（2）台虎钳使用注意事项

①夹持工作件要松紧适当，过松会造成工作件跌落，过紧则有可能损坏工作件。

②台虎钳钳口处只能用于夹持物体，而不能在上面敲击压接物体。

③长期不用的时候，要放置在通风干燥的地方，避免造成台虎钳生锈，影响使用。

④要经常在丝杠地方加注润滑油，保证虎钳的流畅和省力。

2. 一字刨使用方法

双手握住左右手柄，大拇指按压在刨口上方，双腿一前一后，身体半蹲，平行向前推行，眼睛观察刨削面是否平整。

注意事项如下：

①先观察木料纹理，然后顺着纹理刨削。

②刨口平贴木料，双手用力均匀，平行向前推行。

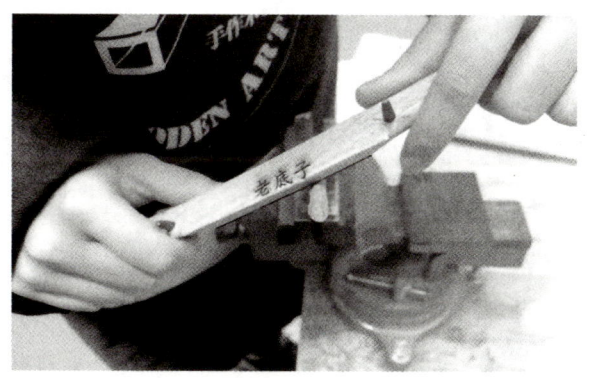

③观察刨削面的平整性来调整刨口大小，从而达到最佳的刨削效果。

④刨削过程要不断改变刨削面，使筷身成圆形。

3. 黄金锉刀使用方法

右手握住锉柄，食指压在纹面上。端住锉刀，右胳膊夹在腰部，用腰向前使劲。只向前蹭不向后拉。

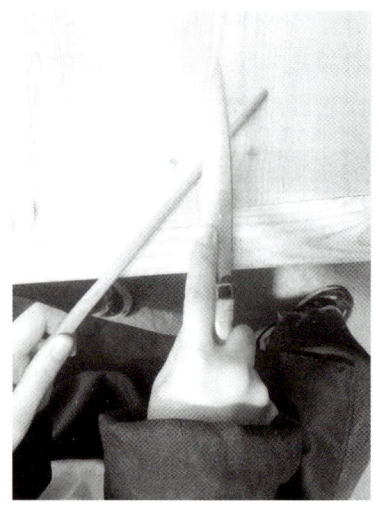

在用黄金锉刀对筷子进行锉削整形时，锉刀只向前蹭不向后拉，使筷子的粗细变化更均匀。也可以运用什锦锉刀进行一些小的设计。

4. 磨砂纸使用

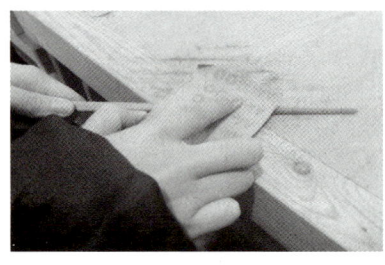

（1）选用不同型号的砂纸时，抛光方向应该要进行适合的角度变换，这样可以区分使用不同的砂纸抛光后留下的条纹阴影的作用。

（2）在换不同的型号砂纸之前，最好用棉花蘸取酒精之类的清洁液对抛光表面进行仔细地擦拭，因为往往一颗很小的沙砾留在表面都会毁坏接下去的整个抛光工作。

项目三：做一做，我是鲁班我自豪

1. 教师通过多媒体展示筷子制作过程

老师讲解示范。

第一步：在木料的约三分之一处用木工笔画一条线，表示筷子圆与方的分界点，在刨的过程中不能越过这条线（见步骤图1）。

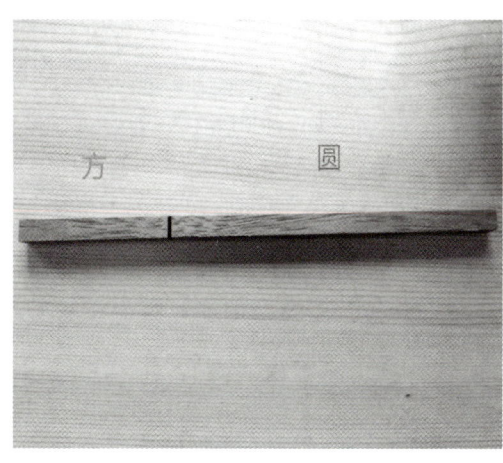

步骤图 1

第二步：把木料表示方的那一端夹到台虎钳上，木料与台虎钳形成一个小的夹角，便于下一步操作（见步骤图2）。

步骤图 2

第三步：把木料表示圆的部分用一字刨削成粗细变化均匀的圆柱状筷子半成品。即刨削步骤图2台虎钳上端部分，在刨削过程中要不断改变方向，使筷子成圆头方尾。

第四步：用黄金锉刀对筷子进行锉削整形，锉刀只向前蹭不向后拉，使筷子的粗细变化更均匀。也可以运用什锦锉刀进行一些小的设计。

第五步：先后用不同目数砂纸进行打磨，然后也可用抛光神器进行抛光。

第六步：在干净的棉布上涂上木蜡油，擦拭筷身，最终使筷子光滑锃亮。

2.学生动手操作

学生根据多媒体上制作步骤进行操作。

（1）学生制作过程中，教师进行指导。

（2）关注学生动态，尤其是工具的规范操作，时刻提醒学生注意安全，特别是黄金锉刀的头很尖，操作时尖端绝对不允许对着任何一个人。

（3）在巡视过程中，对操作到位、制作较好的学生进行肯定，并要求在班级里进行分享，起到榜样的作用。

项目四：晒一晒，筷乐分享真有趣

（1）学生当堂展示已经做好的新筷子，并详细说明设计理念和制作过程中遇到的困难，以及解决方法（目的：在达到"做"的目标的基础上，培养学生对作品的表达能力）。

（2）学生带作品参与学校艺术节、主题活动周等活动，现场讲解筷子制作创意与工艺（与学校相关活动整合实施）。

十、教学评价

本活动采用实施过程与结果相结合的评价方式，注重过程性评价，强调以评促学、以评展能，通过"我的评价""展物配文"等评价方法，引导学生关注学习过程，鼓励学生积极参与，并进行大胆创新。

附件：

活动评价表

姓　名		班级		主题		日期		备注	
我的感受	1. 我的态度： 2. 我的积极性： 3. 我打算这样做：								
	设计图								
同学认为我	1. 用心程度 _____ 颗星 2. 筷子创意 _____ 颗星 3. 动手能力 _____ 颗星 4. 同伴互助 _____ 颗星								
整体评定	优秀 ☆☆☆☆☆			良好 ☆☆☆☆			合格 ☆☆☆		

十一、教学反思

（略）

本案例由杭州市萧山区青少年素质教育基地徐淼龙提供，杜丽卿改编。

案例点评

设计制作式指学生运用各种工具、工艺（包括信息技术）进行设计，并动手操作，将自己的创意、方案付诸现实，转化为物品或作品的学习过程，如动漫制作、编程、木工、陶艺创作等。它注重提高学生的技术意识、工程思维、动手操作能力等。在课程实施过程中，鼓励学生手脑并用，灵活掌握、融会贯通各类知识和技巧，提高学生的技术操作水平、知识迁移水平，体验工匠精神等。设计制作的主要教学流程包括：明确劳动教育目标、创意设计、选择活动材料或工具、动手制作、交流展示物品或作品、反思与改进。

本案例是杭州市萧山区青少年素质教育实践中心一名教师设计的劳动教育课程。课程融合了筷子的历史发展、文化传承、制作木质筷子的技艺、木工工具的使用、工匠精神的体悟、成果展示、教学反思等。在这一设计制作式课程的实施过程中，教师首先告知学生劳动目标，运用了教师讲解说明法、示范演示法、小组合作、成果展示法等多种方法开展筷子制作课程。教师指导和激励学生正确使用工具、掌握操作流程、科学运用技巧，精益求精地设计制作筷子。在劳动的过程中，学生们感受到了制作一双筷子，从技能、体力等方面的不容易，也体会到匠人劳动光荣，经历了动脑、动手劳动所创造的美好。课后教学评价科学、规范、新颖、独特、有创意。老师的教学反思真心实意，不流于形式，更能反映出作者对劳动的敬仰和对自己职业的痴爱。如此兢兢业业的人民教师，必定浇灌出盛开的劳动教育之花。

本案例由中国关心下一代工作委员会教育中心劳动教育标准起草专家组杜丽卿点评。

中国工艺美术大师彭沛与同事交流石雕的设计制作

摄影：李岑虎　张家宁

二、社会服务式

案例 1-15

金华职业技术学院开展"劳动青年说"实践周系列活动

红马甲和志愿服务组成了五月鲜花的最美绽放方式。近期,金华职业技术学院医学院"医路·健行"实践队开展了以"劳动青年说"为主题的一系列劳动实践活动,旨在进一步增强学生服务社会的能力,加强劳动教育,让学生在做中学、学中做,用奋斗诠释"崇尚劳动、热爱劳动、辛勤劳动、诚实劳动"的劳动精神,在实践服务中陶铸仁心、践行仁爱、精湛仁术。

递仁心温度——我为劳动者做件事

近日,来自金华职业技术学院医学院仁心康复协会社团的学生志愿者走进社区,在马路边、小区里,为社区中的老人、环卫工作者开展了颈肩康复的服务。学生志愿者以自身专业所学为社会输出应用技能型服务,在做中学、学中做,一改往日在教室中的腼腆,化身"社牛",和在场的老人和劳动者亲切交流,询问他们的劳损部位,为其提供了针对性的康复服务,获得了大家的一致好评。

环卫工作者每天 8 个小时拿着扫把簸箕清扫路面,肩膀和颈椎伤害很大,学生志愿者重点给他们进行了肩颈部保健康复。"给我按了这么久,你太辛苦了,真是太谢谢你们了。"环卫阿姨感谢学生志愿者帮助自己缓解疲劳,还夸赞他们的手法娴熟专业。

"阿姨,这包口罩送给您!疫情防控背景下,您工作时要做好个人防护,在马路边打扫时戴上口罩也可以阻挡灰尘。"学生志愿者还给环卫工作者送上爱心防护口罩,并提醒她们在工作时要注意安全。

担青春使命——社区爱心义诊

连日来,金华职业技术学院医学院护理专业的学生志愿者走街道、进社区、上门入户,给一些出行不便的老人送口罩、测血压、做康复,帮助老人整理过期药品，并且提醒他们平常生活中饮食要清淡，注意休息，预防高血压。

"爷爷，我们之前来您家贴过春联呢！"来到人民解放军南海舰队退伍老兵王维洪同志的家中，学生志愿者熟络地自我介绍。对于来自金华职业技术学院医学院的志愿者，老人非常熟悉，老人还热情地给在场服务的学生志愿者讲述了许多那段峥嵘岁月里的红色英雄故事。倾听"英雄的声音"、重温"红色的记忆"、感悟"革命的誓言"……大家有滋有味上了一堂党史课，真真切切地品味信仰的味道，增强党史学习教育的效果。

话仁术担当——"救"在身边在线课堂

疫情背景下，掌握一定的急救知识成为居家生活所需要的一项技能。金华职业技术学院医学院"医路星光"宣讲团特协助社区，组织开展了一次"救"在身边在线课堂，通过线上宣教的形式，为大家讲解了海姆立克急救法、预防高血压与糖尿病等生活中的急救保健知识，让居民能够掌握一定的急救能力，以应对居家生活中的突发情况。

宣教当天，医护学生化身"主播"，在社区活动室"演播厅"里展开了宣教。志愿者利用假人模拟、情景演示等，给镜头前的观众进行了一场直观的急救知识宣教，让大家在居家生活中掌握基本的急救技能。

"通过线上课程的形式，让居民足不出户就能掌握一定的急救知识，以备不时之需！"护理专业学生的施雯雅说。与此同时，在精心设计课件的过程中，她们也进一步提升了自身的医护专业技能和服务社会能力。

传青春初心——"突击队"指引"预备队"

为充分发挥自身专业所学，金华职业技术学院医学院的各团支部纷纷走出校园，为中学生开展了一堂堂生动的急救知识体验课堂。

"同学们，心肺复苏的要点是找对按压部位和按压频率，大家可以在自己身上找一下胸骨角中下部。"临床211团支部的团员骨干，前往金华市江南中学为中学生开展了一次关于夏季传染病预防、常用急救知识科普的体验课。近90名中学生分批参与了此次体验学习。台上的学生志愿者讲得生动，台下的中学生听得仔细，随后在课堂的现场还开展了急救知识的小品演绎和"快问快答"，帮助中学生牢记急救要领并学以致用。

项目一　开发劳动课程项目

此次活动旨在加强青少年急救和疾病预防知识普及，同时让学生志愿者在服务过程中增强专业宣讲能力，真正让专业所学服务社会。团支部负责人陈杭佳说："开展和参加这样的专业活动，带同学们一起投入实践服务中，既加强了自身的实践能力，又增强了支部的组织凝聚力。"

接下来，金华职业技术学院医学院将继续投身基层、服务基层，以实践服务促推学生劳动教育，为地方输出应用技能型服务，充分发挥志愿服务在思政育人和基层治理中的重要作用，用实践服务与青春担当迎接党的二十大胜利召开。（通讯员：王翊　编辑：周飞腾　严梓文）

来源：现代高等职业技术教育网。

案例点评

社会服务指学生在教师的指导下，走出教室，参与社会劳动，以自己的劳动满足社会组织或他人的需要，如公益劳动、劳动志愿服务、勤工俭学等。社会服务的主要流程包括：明确新时代劳动教育目标，明确服务对象与需要，制订服务劳动计划，开展服务劳动，反思服务劳动经历，分享服务劳动经验。本案例中的金华职业技术学院开展"劳动青年说"实践周社会服务系列活动，促进了大学生劳动教育的开展，得到了社会广泛好评。

本案例由中国关心下一代工作委员会教育中心专家委员会委员李岑虎点评。

三、大学专班式

 案例1-16

东北石油大学采用"专班"模式开展劳动实践教育

在智能化战略目标的新时代背景下，石油勘探开发领域智能化转型发展是能源行业极为核心与避不开的重要战略研究目标，须开启全新"智能数据"，构建"平台+数据+模型+应用"AI赋能体系。东北石油大学积极探索举办智能油气专班、页岩油气专班等，实行全新教学模式。本科学生可以根据自身情况在大学二年级与导师双向选择，采用课题制、导师立项、学生选题、双向考核的形式开展劳动教育。

黄河钻井总公司油田抽油机　　　　　摄影：林毅

每个专题项目完成时间为 16 周，学生通过项目结题答辩后获得创新学分。学生在参与科研劳动的过程中，可以提升技能，成为跨学科的应用型人才。2022 年第一学期智能油气专班共计有 15 名学生参与选题，如下表所示。

教师姓名	职称	课题名称	学生姓名
	教授	储层压裂声发射传输人工智能算法	牟清
	教授	川渝页岩气水平井卡钻智能预测技术	陈世儒
	教授	断溶体油气藏随钻智能导向技术研究	华境萱
	副教授	页岩油藏注气过程中沥青质沉积对地层损害预测研究	杨国宇
	教授	大数据方法井间井层关系动态模型研究	王贺
	副教授	油气田开发调整智能决策技术研究	谢宇航
	教授	钻井液设计的智能应用研究	王劲草
	副教授	基于机器学习的井间连通性评价研究	王银龙
	教授	页岩储层数字岩心构建	张梦秋
	教授	堵水调剖井层选择智能决策技术	赵欣玥
	副教授	纳微米尺度微观剩余油智能量化识别技术研究	李子正
	副教授	碳纤维连续抽油杆设计智能优化	张家瑞

续表

教师姓名	职称	课题名称	学生姓名
	副教授	基于机器学习实现渗吸用表面活性剂优选	王杰
	教授	钻具摩阻力大数据智能拟合技术	杨振宇
	讲师	低渗透油藏微生物发酵参数智能优化	刘雅洁

实验室为学生提供计算机和网络超算服务器，学生须按照指导教师给出的课题完成前期的文献调研和软件的学习，并通过计算机编程完成项目。选择《碳纤维连续抽油杆设计智能优化》的学生建立了物理模型，添加流体场，完成流固耦合模型的建立和运算。学生完成全部设计后，要以答辩的形式结题，方可获得对应的创新学分。

本案例由东北石油大学曲国辉编写。

案例点评

举办专班的形式，可以让学生紧跟学科前沿，不仅可以提升核心专业能力，还可以发扬学生求真务实的科学精神，强化基础知识的应用，体会劳动的真实价值，增强自信心。多数学生利用课题申报大学生创新创业训练计划项目，在生产实践中重视新知识、新技术、新工艺、新方法的运用，提高发现问题和创造性解决问题的能力，在研究过程中创造有价值的劳动成果，特别是第一个模型建立完成并运行成功时，异常兴奋，劳动的幸福感溢于言表。

实行课题制的最大难点是课题的选择。有的选题难度近似于硕士研究生的毕业设计题目，显然让本科生在16周的课余时间完成是非常困难的。建议在研究生的毕业设计中截取部分内容，可以分成多个小课题，让多个学生在16周的周期内完成，既有系统性，又有延续性。第二个难点是课题是否具有应用价值。当前智能油气方面的研究是油田的前沿，尚在探索阶段，应遵循企业命题、高校解题的基本科研规律，设置难度适中的课题。第三是须建立监督机制。有些教师不能投入足够的精力指导学生，最后的工作是由研究生指导完成的，难免使学生产生倦怠和应付的心理，导致部分课题的完成质量不够高。

本案例由东北石油大学曲国辉点评。

四、场馆参观式

案例 1-17

广州中学师生走进华南农业博物馆参观访学

1月19日上午，广州中学师生240余人来到华南农业博物馆参观访学。

在神农氏雕塑旁，谢正生馆长对师生们的到来表示欢迎，对馆楼历史、馆舍布局、馆藏资源进行了总体介绍，结合学校的办学实际，综述了现代农业发展的广阔前景，以便学生们通过馆藏丰富的农业博物展品的观览，去畅想构建一个综合的农业概念，并鼓励有意愿的学生报考华南农业大学这所百年高校。接着，来访师生分五批，在老师和志愿讲解员的带领下，逐个展厅开始参观。除介绍馆藏展品、知名人物、农业人文与自然知识，还结合高中的知识体系，重点讲述了华南农业大学相关专业的设置和研究成果。同学们认真听讲，碰到和自己所选科目相关的内容，积极互动、刨根问底，表现了极大的兴趣。此次参观为广州中学来访学生提供了新的专业选择方向和思路，也是农博馆面向高中学生开展的第一次大规模农业科普教育活动。本次活动由王茹、刘明骞、王利英、吴志辉四位老师及麦绮雯、王博通两位学生担任协调、讲解，是"许文彪科普专项基金"系列活动之一，是与本科生院协同开展的招生宣传之高校参访服务活动。

本案例由四川外国语大学成都学院熊旭、文智丽提供。

案例点评

场馆参观是指学生在教师的指导下，对博物馆、纪念馆、纪念地、事发地、旧址等场馆进行关于劳动教育内容的参观、考察、探究、体验、设计、制作。譬如，走进农耕博物馆、历史博物馆、军事博物馆、海洋博物馆、水稻博物馆、劳模博物馆、劳务工博物馆，见证劳动之美丽，聆听劳动者之歌。场馆参观的主要流程包括：明确劳动教育主题目标，选择场馆劳动内容，参观并听讲解，体验探究，设计制作，参观后的劳动任务实施、劳动实践体会，分享参观后的劳动成果交流、劳动知识拓展，回顾、反思与总结。大中小学开展场馆劳动教育,建议按照此流程开展教学活动,达到劳动育人之目的。

本案例由中国关心下一代工作委员会教育中心专家委员会委员李岑虎点评。

五、党团队教育活动式

  案例1-18

上城党团队 一起来劳动

合肥市南门小学上城国际分校党支部、共青团、关工委,联合该校少先队开展了以"党团员教师助力劳动教育"为主题的义务劳动。一天下午,在支部书记王艳的带领下,该校全体党团员来到学校操场周边的荒草地和消防通道的院墙边,为少先队开辟劳动教育基地。党团员同志或徒手除草,或脚踩铁锹翻土,或修整地面,忙得热火朝天。很快,学生也纷纷自发地参与其中。众党员老师面对孩子们的好奇提问,倍感压力山大,纷纷表示,自己必须要加强农耕知识、节气知识及科学知识的学习,切实做到教学相长。

本案例由四川外国语大学成都学院熊旭、文智丽提供。

案例点评

党团队劳动教育活动是指由中国共产党、中国共青团、中国少先队组织机构开展的影响学生身心发展的有目的性的劳动教育主题活动,如党旗下的劳动工匠技能比武、我为团旗添光彩、植树劳动比赛、红领巾制作行动等。党团队劳动教育活动的主要流程包括:明确活动目的,制定活动计划,开展劳动教育活动,劳动成果展示,反思与改进。大中小学开展党团队劳动教育活动,建议按照此流程开展教学活动,达到劳动育人之目的。

本案例由中国关心下一代工作委员会教育中心专家委员会委员李岑虎点评。

任务六　掌握劳动教育教学方法

劳动教育教学方法是指导教师和学生为了实现共同的劳动教学目标，完成共同的劳动教学任务，在劳动过程中采用的教学方式、途径和手段的总称。劳动教育教学方法包括指导教师教授指导的方法和学生学习的方法两个方面。在劳动教育实践中，常用的教学方法有讲授示范法、小组合作法、头脑风暴法、情境体验法、角色扮演法、参观访问法、成果展示法、跨学科教学法、PBL 教学法、"从做中学"教学法等。

一、项目式教学法

 案例 1-19

校园农场之项目式教学法

邹城市凰翥小学位于国家历史文化名城、"亚圣"孟子故里邹城市东北部的孟林景区南麓，是山东省首批省级绿色学校，山东省卫生先进单位、全国零犯罪学校、济宁市教育教学先进单位，也是劳动教育先进学校。该校在劳动教育教学方面积累了丰富的教学经验，其中项目式教学法颇具成效。

该模式教学过程主要包括以下五个步骤：确立劳动项目、制订教学目标、规划项目、实施项目、项目检查和教学评价。

1. 确立项目

邹城市凰翥小学在校园边角开辟数块场地作为农场，取名"校园农场"，让学生在这里耕种、播种、施肥、除草，管理、收获绿色蔬菜。此项目和学校现实、学生生活密切相连，极具现实性、趣味性和挑战性。

2. 制订目标

在校园农场项目式学习过程中，引导学生查阅文献资料，掌握蔬菜种植的基本知识，并将其运用到具体实践中，通过从整地、播种到收获的实践，体验劳动的艰辛和收获的喜悦,树立劳动意识,培养劳动习惯,养成热爱劳动人民的美德。

3. 规划项目

规划校园农场项目基本要求:校园农场种植以蔬菜为主,按照绿色农业种植模式运行,不使用农药和化肥;管理上按照年级划分区域,让学生自主决定种植种类;分为准备阶段、实施阶段和总结提高阶段。各班班长负责,班主任指导。

4. 实施项目

首先,为保证项目顺利实施,根据学生们的兴趣爱好、优势特长,以班级为单位,自愿分组,班主任协调分工,确定项目执行负责人和各部分的责任成员。其次,学校指导老师设计驱动性问题,明确劳动任务,确定劳动教学目标,安排劳动内容。再次,分组探究,设置蔬菜种植过程中的核心问题。从环保和绿色食品角度建设校园农场,并创设劳动情境,淬炼种植操作,激发学生兴趣,开展分组讨论、种植,总结不同绿色蔬菜的种植方法。最后,项目延伸。引导学生业余时间到凰鬵、付庄、山头等附近村庄农业基地,开展社会调查,考察、探究现代蔬菜种植技术,立志为社会主义新农村服务。

校园农场老师指导学生参加劳动体验　　摄影:高磊

5. 项目检查和评价

在丰收的季节,集中公开展示蔬菜项目成果,包括蔬菜成品展示、作文展示、奖品激励等,同时要求学生自评和互评,总结收获,找出不足,激发热爱劳动的热情。

劳动的师生最美丽——指导老师徐祥勇教学随笔

清晨,邹城市大束镇凰翥小学校园农场,各色蔬菜挂满枝头,大片的辣椒,正寻找太阳。孩子们的到来打破了这份静默。

"哇,你看西红柿像一个个红灯笼!"

"茄子!我看到茄子了,紫色的,真好看。"

"还有黄瓜,还有蒲瓜……"

在老师指导下,孩子们细细观察各种蔬菜的株秆、叶子、果实,以及它们生长的土壤等环境。孩子们主动拔除垄间的杂草,并从枝头采摘了新鲜的蔬菜。随后,孩子们开始徒手收割。小青菜一手就能轻轻拔起,不一会儿一箩筐就满了,孩子们的脸上洋溢着收获的喜悦。"快来帮我拔白菜!""我从来没有收割过这么大的白菜啊!"孩子们惊喜的同时合力拔起,欢声笑语在田间地头荡漾。带着满兜的蔬菜,孩子们回到教室。体验完毕的孩子开始用文字记录采摘的事。

今天的采摘活动发挥了校园农场这一功能区的育人功效,在让学生获得体验的同时,接受劳动教育,完成了从知到行的过程。对孩子们来说,这样的劳动实践很有意义,不仅学会了果蔬采摘,更明白了劳动的艰辛,体会了父母的辛苦,学会了珍惜,学会了感恩。通过劳动实践活动,引导学生树立劳动意识、磨炼意志品质、激发创造能力,使学生感悟"生活靠劳动创造,人生也靠劳动创造"的道理,为学生终身发展和人生幸福奠定基础。同时很好地进行了课程整合,把科学课、劳动课、语文课有效地融合,提高了育人实效。

本案例由山东邹城市凰翥小学蒋建华编写。

案例点评

项目式教学法是以项目为载体,以学习为目的,将复杂而真实的劳动问题分解成一个又一个具体的劳动项目,学生通过完成这些项目,掌握相关的各种劳动知识和技能的一种教学方法。其教学流程是:选择劳动项目,制订劳动计划,执行劳动计划,完善劳动方案,展示劳动成果,劳动评价反思。

本案例中的凰翥小学系山东省级先进学校、地方名校,有着十分丰富的管理经验。学校重视劳动教育,注重培养学生核心素养,在土地资源有限的情况下，巧妙利用校园各个角落，开设校园农场，采用学校统筹、年级分区、班级管理的方式进行劳动管理。劳动教学过程中采用小组合作法、头脑风暴法、查阅资料法、调查访问法、奖品激励法等，跨学科应用，达成学生核心素养的提高，取得良好的育人效果，堪称义务教育学校劳动教育之典范。

本案例由中国关心下一代工作委员会教育中心专家委员会委员李岑虎点评。

二、实验教学法

 案例 1-20

走进开放式实验室　深度参与科研探索

工科类专业本科生在专业课学习期间，依托于实践教学环节和课内实验让学生具备了一定的专业技能，但是距离独立完成科学研究的研究生阶段还有一定距离，尚未掌握现实工作中的基本技能，也不能顶岗作业。一些本科高校鼓励学生在完成专业课程学习后，走进实验室，参与实际科研课题。例如，北华大学，学生进入实验室参与教师的课题，经考核后给予相应的劳动学分。东北石油大学鼓励本科生参与教师的科研项目，发表的论文、专利等科研成果学生为第一作者，可获得相应的奖金，课题组也会根据学生的工作量和完成质量支付不高于 5000 元/月的劳动报酬。本案例为东北石油大学本科生参与实际课题的劳动教育情况。

石油工程专业是东北石油大学的主干专业，以钻井、采油和开发三个方向的科学研究为主，年初会面向本科生公布教师的课题和招生人数及岗位（表1）。

表1　开学初公布的可选课题名称

序号	项目名称	工作内容	时间（小时）	联系人
1	常规油不同渗透率储层多介质补充能量机理及适用性研究	驱油实验12组	60	
2	三类油层压驱渗流机理研究	起裂规律实验15组	120	

续表

序号	项目名称	工作内容	时间（小时）	联系人
3	回注水配制调驱体系技术研究	弱凝胶配方优化实验35组	75	
4	应力变化下小岩心相对渗透率测试	气测渗透率实验30组	90	
5	乌石17-2油田举升方式评价	使用有限元建模	120	
6	老油田压驱采油技术攻关研究与试验	应用ABQUS数值模拟研究裂缝起裂规律	120	
7	微裂缝岩心驱替实验	驱油实验6组	40	
8	原油热力学参数测定	稠油PVT测试	75	
9	深水开发井控水工艺及应用研究	微电极平板岩心驱油实验2组	40	
10	无碱二元复合驱预测模型研究	应用Eclispe数值模拟	170	
11	薄差油层剩余油分布及动用界限研究	储层数据处理	120	
12	大型压裂过程复合压裂液体系提高采收率机理	压裂液性能评价实验3组	30	
13	注聚后期井网滞留区剩余油挖潜方式研究	应用Eclispe数值模拟	150	
14	杏南开发区葡13层聚驱转后续水驱影响因素研究	储层数据处理	50	
15	煤层压裂复杂裂缝形成机理与压后裂缝导流能力评价研究	应用ABQUS建模	120	
16	考虑弹性湍流的聚合物驱微观渗流机制及其对驱油效率的影响	微观驱替实验12组	90	
17	油藏条件下泡沫形成条件及渗流规律研究	细管实验6组	40	
18	致密油蓄能体积压裂渗流机理研究	应用ABQUS建模	100	
19	稠油多介质蒸汽驱技术研究与应用	应用CMG数值模拟	130	
20	龙26区块致密油水平井泡沫油产生原因及分布规律室内实验及数值模拟分析	原油PVT物性测试	55	
21	木146区块氮气泡沫驱油效率实验研究	驱油实验15组	80	

表1中项目3《回注水配制调驱体系技术研究》是东北石油大学与中石油

项目一　开发劳动课程项目

华北油田公司合作开展的攻关项目，研制耐温抗盐的弱凝胶体系和微球体系开展现场调驱工作，以解决"凝胶注不进、微球堵不住"的技术难题。研发方面难度系数较高，主要由研究生完成，溶液的配制和评价难度系数相对较低，由本科生参与完成。

教学流程：本科学生李秀男和李博文进入实验室后学习使用电子天平称重（流程图1），按照不同区块回注水的离子浓度配平以后配液。两名学生在研究生的指导下调整电子搅拌器旋转速率完成聚合物在水溶液中的溶解（流程图2），重点是配液前期需要一定的耐心，以防聚合物不溶解，出现悬浮物。本科生在研究生的监督和指导下第一次使用微球乳液加入无水乙醇，再通过离心机分离提纯（流程图3）。该操作重点是保证高速离心机的平衡，需要严格按照操作规程。这些动手部分需按照操作规程操作，危险系数低，学生能够轻松独立完成。两名本科生共计完成黏度、流变性、膨胀性测试实验和老化成胶实验35组，学会了使用精密电子天平、哈克流变仪、电热鼓风干燥箱、电动搅拌器、离心机等实验装置。在教师指导下，两名本科生进行数据的处理和分析（流程图4），通过正交实验确定聚合物、交联剂和促胶剂的最优比例，展示成胶效果（流程图5）。

流程图1　本科生操作电子天平药剂称重
摄影：曲国辉

流程图2　在研究生指导下操作电动搅拌器完成溶液配制

摄影：曲国辉

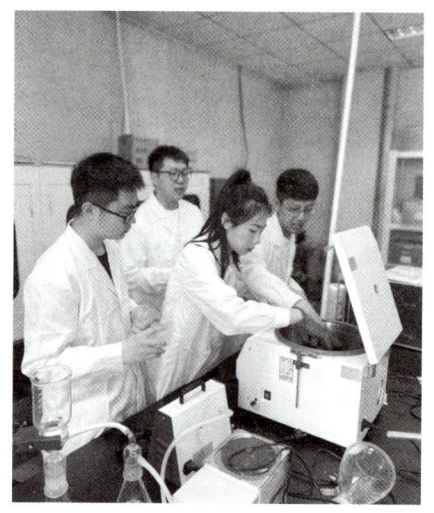

流程图 3　在两名研究生指导下学习离心机操作

摄影：曲国辉

流程图 4　本科生独立完成后期的数据处理

摄影：曲国辉

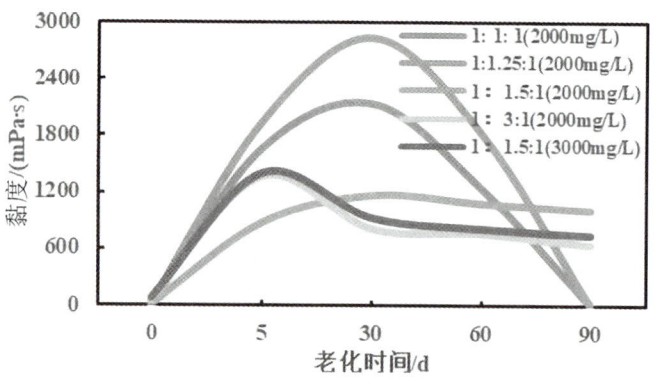

 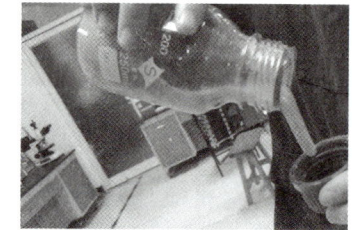 

流程图 5　本科生独立完成实验部分成果展示　　摄影：曲国辉

本案例由东北石油大学曲国辉编写。

> **案例点评**

实验教学法是指学生在指导教师的指导下，使用一定的劳动设备和材料，通过控制条件的操作过程，引起实验对象的某些变化，从观察这些现象的变化中获取新知识或验证知识的劳动教学方法。本案例在尊重和信任学生的前提下，基于学生的兴趣，让学生走进开放式实验室，深度参与科研探索，在劳动中建立自信，并对于专业知识能够有更加深刻的领悟。学生在实验室可以在教师和研究生的指导下发挥主观能动性，学习氛围更加宽松，也能够培养学生的团队协作能力。这个案例中由于学生已经掌握了通用的劳动科学知识，尽管参与实验的时间超出了预期，但学生依然能够保持良好的精神状态，这种"求实、奉献"的大庆精神和铁人精神在劳动中得到了充分的体现，学生也传承了到艰苦地区和行业工作、奋斗的优良传统。

本科学生参与科研活动热情比较高，受制于操作手法不够熟练，在操作内容和方法上要着重选择危险系数低、有足够的安排保障的工作，重点是前期的培训和安全教育必不可少。通过参与科研项目，很多学生更倾向于读本校本专业研究生。学生上手快、出成果快，在劳动中收获成果和喜悦，师生能够建立起良好的合作关系。

本案例由东北石油大学曲国辉点评。

三、榜样激励法

宁脏我一个　换来万人洁
——记清河县环境卫生管理处主任侯凤改

侯凤改，女，十七岁入党，十八岁担任村党支部书记，曾任县棉织厂副厂长，1991年调任县城监大队副队长兼环卫队队长，现任清河县环境卫生管理处主任、党支部书记，清河县政协常委。她从事环卫工作十七年来，带领三百多人的职工队伍，风里来雨里去，每天把清河县城的大街小巷打扫得干干净净，为城区居民营造出一个舒适、整洁、美好的生活环境，"宁脏我一个 换来万人洁"已成为她的团队的共同心声。由于长年超负荷工作，侯凤改先后患上了高血压、糖尿病和乳腺癌，长时间的化疗给她造成了巨大的伤痛，但她没有因病而影响工作，她身先士卒、忘我工作的精神鼓舞和激励着全处的环卫员工。多年来凡是到过清河的各级领导、各国宾朋，每当提到清河城区的环境卫生，没有不竖大拇指的，而这些无不浸透着侯凤改同志的辛勤和汗水。

本案例由四川外国语大学成都学院熊旭、文智丽提供。

案例点评

榜样激励法就是指导教师选择在实现劳动教育目标中做法先进、成绩突出的学生或班级集体，加以肯定和表扬，要求大家学习，从而激发全体学生劳动积极性的方法。其教学流程包括：明确新时代劳动教育目标，课前发现、确定并推出榜样，课中树立榜样、研究榜样、宣传榜样，课后交流评价、回顾与反思。

在劳动教育实践中，如果采用榜样激励法开展劳动教育，建议按照此流程开展教学活动，更好地达到劳动育人之目的。

本案例由中国关心下一代工作委员会教育中心专家委员会委员李岑虎点评。

四、社会调查法

案例 1-22

分析某酒店的微观营销环境

【参加对象】河南职业技术学院酒店管理专业大二学生

【调查目的】

选择一家本地酒店，以小组（5~6人）为单位查阅资料；开展实地调查；分析酒店的内部情况，酒店供应商、中间商、竞争对手，社会公众等因素对该酒店营销的影响；形成总结报告。

【活动要求】

（1）以小组为单位，有组织、有计划地通过查阅相关资料，收集所在城市酒店业发展的相关资料。

（2）以小组为单位深入酒店实地调查。

（3）小组成员共同讨论、分析，形成有建设性成果的总结报告。

【活动准备】

（1）指导教师通过有关部门联系能提供学生实地调研的本地酒店 3~5 家供学生选择。

（2）学生根据本任务学习，提前设计好调查分析方案，要求调查分析方案内容聚焦被调查酒店的微观营销环境，从该酒店内部各部门协同、酒店供应商、中间商、竞争对手、社会公众等因素调查分析。

【调查过程】

（1）计划包括以下四个方面：人员分配、时间安排、解决步骤、设备和工具。

（2）从以下三个方面记录：搜集的资料、过程记录、实施中遇到的问题及解决办法。

（3）小组口头汇报讨论结果。

（4）指导教师进行总结、归纳。

【活动考核】

准备 PPT 进行汇报。要求课件制作精美，观点鲜明，逻辑清楚，论据充分，调查结果真实可靠；语言流畅，脱稿表达；汇报人有良好的礼仪规范。

考核成绩：学生团队互评（60%）+ 教师评价（40%）。

案例点评

社会调查法是学生在老师的指导下，开展有目的、有计划、有系统地搜集有关劳动教育研究对象现实状况或历史状况材料的方法。社会调查方法是劳动教育研究性学习常用的教学方法，它综合运用谈话、问卷、个案研究、测验或实验等科学方式，对有关劳动现象进行有计划的、周密的、系统的了解，并对调查搜集到的大量资料进行分析、综合、比较、归纳，借以发现存在的问题，探索有关规律的研究方法。其教学流程如下：

（1）制订社会调查主题活动目标，明确自己所要采访的对象及范围。

（2）根据社会调查主题查阅参观访问对象的相关资料，提出社会调查假设和研究的主题或观点。

（3）确定社会调查方法、路线、地点及有关人员。

（4）编写设计社会调查访谈问卷，选择并设计社会调查的内容。

（5）预约被访谈者，初步听取或参考被访谈者的意见、专家的建议，并参考相关文献的研究。

（6）进入相关单位进行实地调查，与被访谈者相见交流，做好记录。

（7）整理访谈过程中所收集的资料，并在资料整理的基础上提出解决问题的办法，或对原先的理论假设进行检验或修改。

（8）补充相关资料，收集二手资料等。

（9）社会调查行程结束后，进行简短的讨论、总结，查看是否到达预期目的。

（10）社会调查评价反思。

在劳动教育实践中，如果采用社会调查法开展劳动教育，建议按照此流程开展教学活动，更好地达到劳动育人之目的。

本案例由中国关心下一代工作委员会教育中心专家委员会委员李岑虎点评。

五、讲授示范法

案例1-23

清华大学举办"劳模进课堂"线上讲座

训练中心"手工制作创新实践"课程以线上的形式举办了"劳模进课堂"活动。活动邀请了全国劳动模范、全国五一劳动奖章与首届大国工匠荣誉称号获得者李万君；全国劳动模范、首都劳动奖章与全国女职工建功立业标兵获得者刘宏，全国劳动模范、全国技术能手、首都劳动技能勋章与北京市能工巧匠获得者王文华。三位劳动模范，分别以"为祖国的富强无私奉献精神"、"做又红又专的国家人才"和"工匠精神与核心技术"为主题，精美制作演示文稿，以网课形式，与选修"手工制作创新实践"课程的清华与北大学生、训练中心教职工以及相关院校师生等近百人进行分享交流。

本案例由四川外国语大学成都学院熊旭、文智丽提供。

项目一 开发劳动课程项目

邹城市五一劳动奖章获得者张朋向学员讲解汽车故障维修方法

摄影：李岑虎

案例点评

讲授示范法，即讲授式教学方法，是教师通过语言系统地向学生描绘情境、叙述事实、解释概念、论证原理、阐明规律，并在劳动场地现场示范的一种教学方法。讲授示范法是一种古老而又广为应用的传统的劳动教学方法，也是行之有效的一种劳动教学方法，是指导教师向学生传授劳动知识不可缺少的重要手段。讲授示范法的教学流程如下：

（1）回顾知识。回顾以前学校学过的、与劳动教育基地资源有关的课本知识；确定学生已经掌握了以前学过的知识，并懂得课本知识和以前的劳动教育知识，与现在将要学习的劳动教育新知识之间的联系。

（2）确定目标。在劳动教育课的一开始，用学生可以理解的语言把新时代劳动教育教学目标陈述清楚。

（3）导入新课。导入劳动教育新知识，认真组织劳动教育新内容，并且用趣味性的方式陈述出来。反复地检查是为了确定学生是否理解了信息。

（4）开展新课。开展劳动教育新课程教学时，教师先讲授新课知识内容，然后教师现场示范，引导学生淬炼操作，开展劳动项目实践；引导学生以组为单位，单独进行劳动实践时，继续监督学生，检查差错；指导学生劳动实践的全过程，确定他们进行了正确的劳动实践，评估成绩，提供正确的反馈、指导意见；全程可采用榜样激励法，用典型学生带动全体学生。

（5）反思交流。劳动教育项目完成后，按照约定的方式和方法，围绕劳动价值、意义的建构，引导学生总结、交流，促进学生形成反思交流习惯；指导学生思考劳动过程和结果与社会进步、个体成长的关联，避免停留在简单的苦乐体验上；组织学生交流分享劳动的体验和收获，肯定具有积极意义的认识，纠正观念上的偏差；将反思交流与改进结合起来，使学生在劳动中获得成长。

在劳动教育实践中，如果采用讲授法开展劳动教育，建议按照此流程开展教学活动，更好地达到劳动育人之目的。

本案例由中国关心下一代工作委员会教育中心专家委员会委员李岑虎点评。

六、参观访问法

 案例 1-24

杭州富春七小走访全国五一劳动奖章获得者方榴仙女士

历史烛照时代，榜样传承精神。先进典型是有形的正能量，也是鲜活的价值观。"伟大的时代呼唤伟大的精神，崇高的事业需要榜样的引领。"为了传承劳动精神，富春七小二（2）班的七彩小队来到金富春集团走访全国五一劳动奖章获得者方榴仙女士。金富春集团是一家生产丝绸的优秀企业。小朋友们聆听方阿姨的奋斗史，进入车间参观，最后小朋友们一起欣赏美丽的丝绸，感受劳动的成果。"六一"儿童节期间，全国五一劳动奖章获得者方榴仙等十六位劳模亲临七小为新入队的孩子们佩戴红领巾，并作了精彩发言，给孩子们留下深刻印象。劳动的人最美丽，富春七小表达对劳动者最崇高的敬意。劳动创造世界，小朋友们来到方阿姨工作的车间，与方阿姨一起体验劳动创造的美好！随后，方阿姨给七彩小队介绍了她的成长经历，勉励小朋友们爱上劳动，好好学习，用劳动改变世界！

本案例由四川外国语大学成都学院熊旭、文智丽提供。

案例点评

参观访问法是指劳动指导教师通过有计划、有组织地安排学生到劳动单位参观访问，使学生得到启发，巩固所学的劳动知识和劳动技能，提高劳动觉悟的一种教学方法。这种方法的优点是，通过劳动者典型的现身说法，学生可以迅速接受某一新方法、新事物。参观访问法主要适用于某些无法或不易于在理论上讲述的劳动教育内容。通过参观，帮助学生了解现实劳动世界的一些真实情况，了解书本理论与劳动实际之间的差距。其教学流程如下：

（1）明确自己所要采访的劳动对象及范围。

（2）联系参观的劳动地点及有关人员。

（3）根据参观访问主题查阅参观访问对象的相关资料。

（4）教师可协同组织并设计参观访问的路线及人员。

（5）选择并设计参观访问的内容。

（6）要求学生带好记录工具，做好记录。

（7）教师以例证方式进行具体指导，如在描写参观劳动对象时，要写清方位、布局、形状、色彩、构造、特色、功能等，能用数字说明的尽量用数字说明；注意所写内容的科学性、知识性和趣味性；用词要求准确、形象。

（8）参观行程结束后，进行简短的讨论总结，查看是否达到预期目的。

在劳动教育实践中，如果采用参观访问法开展劳动教育，建议按照此流程开展教学活动，更好地达到劳动育人之目的。

本案例由中国关心下一代工作委员会教育中心专家委员会委员李岑虎点评。

任务七　掌握劳动项目安排技巧

项目安排依据三大类劳动教育内容及十个任务群在各学段的分布设计，总体体现"整体规划、纵向推进、因地制宜、各有侧重"的原则。依据学段任务群所体现的课程内容要求，选择和确定所需实施的任务群，整体安排每个学段的项目，体现项目在不同学段的纵向衔接与递进关系。

一、学年项目安排

一些工农业生产和工艺制作项目周期较长、耗时较多，需要持续地学习与实践，学校可以从学生的兴趣和学校实际出发，以学年为单位安排项目。

案例 1-25

劳动项目安排（7 年级示例）

劳动内容	任务群	7 年级上学期	7 年级下学期
日常生活劳动	整理与收纳	教室图书角的整理与美化	学校走廊的整理与装饰
	烹饪与营养	蔬菜的营养搭配与烹饪	面食的制作与营养配餐
生产劳动	农业生产劳动	无土栽培芽苗菜	巧做豆制品
	传统工艺制作	布艺环保袋的设计与制作	制作陶制实用器皿
	工业生产劳动	多功能木制笔筒的设计与制作	
	新技术体验与应用		三维打印制作家用小台灯
服务性劳动	现代服务业劳动	学校食堂餐饮服务	社区网络安全风险防控服务
	公益劳动与志愿服务	社区疫情防控宣讲志愿者	流浪动物救助

二、每周项目安排

一些日常生活劳动和简单的生产项目周期较短、耗时较少，不需要持续地学习与实践，学校可以从学生的兴趣、家庭和学校实际出发，以劳动周为单位安排项目。

案例 1-26

每周劳动项目开发清单

学 段	劳动类型	劳动清单	劳动素养
小学低年级	日常生活劳动	简单认识花草树木名称；简单认识动物名称；系鞋带、扣扣子；叠衣服；洗碗洗锅；一周房间大扫除，一周学一样技术	培养劳动意识，懂得人人都要劳动

续表

学　段	劳动类型	劳动清单	劳动素养
小学低年级	生产劳动	田地里简单锄草；参观小麦玉米的播种、收割；参观工厂流水线生产	欣赏劳动过程，爱惜劳动成果
	服务性劳动	到社区或敬老院慰问	培育爱心和公德心
小学中高年级	日常生活劳动	简单认识花草树木种类；简单认识动物种类；系鞋带，扣扣子；一周房间大扫除，一周学一样技术；叠衣服；洗碗洗锅；做两样拿手的饭菜，会煮简单的饭和汤；会使用测电笔，接电源排插，排查电器故障	强化劳动意识培养，注重养成劳动习惯
	生产劳动	田地里锄草；参观小麦玉米的播种、收割，粮食的晾晒；参观工厂流水线生产	开展劳动教育，体会劳动光荣
	服务性劳动	到社区或敬老院参加公益性劳动，献爱心	初步养成热爱劳动、热爱生活的态度
初　中	日常生活劳动	认识花草树木种类；认识动物种类；叠衣服被子，整理床铺，一周房间大扫除；洗碗洗锅；做三样拿手的饭菜，会煮简单的饭和汤；会使用测电笔，接电源排插，会修简单的电器；疏通水管，疏通马桶等	培养独立自主、积极乐观的生活习惯
	生产劳动	田地里锄草；参与小麦玉米的播种、收割、粮食的晾晒；到工厂参观、劳动	开展职业启蒙教育；体会劳动创造美好生活，养成认真负责、吃苦耐劳的劳动品质
初　中	服务性劳动	到社区或敬老院参加公益性劳动，献爱心	增强公共服务意识和担当精神
高　中	日常生活劳动	会做几样拿手的菜；电动车、自行车基本故障的判断及维护；基本会炒菜煮饭；家用电器的故障排查及维修；每天保持房间整洁有序，一周进行一次大扫除；疏通水管，疏通马桶等	养成独立自主、积极乐观的生活习惯
	生产劳动	田地里锄草、喷药；体验一种新技术的使用到工厂参观、劳动	丰富职业体验，开展生产劳动，培养劳动自立意识
	服务性劳动	到社区或敬老院参加公益性劳动，献爱心	培养主动服务他人、服务社会的情怀

注：基本上每周一个主题，循序渐进培养劳动习惯。以上各学段的劳动课程开发，仅供参考。劳动教育指导教师可以发挥自己的主观能动性，开发出切实可行的符合自身特点的劳动课程。

本案例由山东单县一中教育集团吕远提供。

案例点评

劳动教育项目开发要注意以下事项：

1. 强化劳动与教育的有机统一

项目开发既要关注劳动知识和劳动技能的学习，更要关注劳动价值的引领、劳动精神的培育。

（1）要结合不同学段学生身心发展特点，考虑项目的劳动强度和实施方式的适宜性，如小学入学适应期的项目设计与实施要考虑劳动教育启蒙的特点和项目趣味性。

（2）要引导学生从现实生活中的劳动需求出发，筹划设计劳动方案，综合运用所学知识和技能解决问题，完成真实、综合的实践过程，激发学生的主动性和创造性。

（3）要将劳动内容与当地的传统文化相联系，让劳动教育成为激发学生学习中华优秀传统文化、树立民族自豪感的重要渠道。

2. 注重项目与其他课程的紧密结合

在具体项目实施过程中，灵活运用其他课程所学的知识进行劳动实践，提高学生的综合素质，发挥劳动育人功能。例如，在开发农业生产项目时，可与科学、地理、生物学、化学等课程中相关知识的学习有机整合；在开发传统工艺制作项目时，可与艺术的造型知识，物理、化学的材料知识相联系。

3. 关注课外、校外劳动实践体验的有效拓展

充分利用课外、校外劳动实践场所，自主开发项目，满足多样化的劳动实践需要，将劳动教育与学生个人生活、校园生活和社会生活有机结合，丰富劳动实践体验，让学生养成良好的劳动习惯和品质，深化对劳动价值的理解。例如，结合校园环境维护，开发"冬季校园树木维护"项目；结合志愿服务劳动，开发"社区公共卫生维护"项目。

本案例由中国关心下一代工作委员会教育中心专家委员会委员李岑虎点评。

专家访谈

孔凡平谈如何上好劳动教育课

劳模工匠

像蚕一样执着　像丝一样闪亮
——记全国劳动模范胡毓芳

家乡是蚕乡，丝绸即乡愁。胡毓芳与丝绸有着天生的情缘："她出生在春蚕时分的 5 月，还差点出生在蚕房里。父母都从事桑蚕行业，从小耳濡目染，正是家乡这片蚕丝古镇的土壤，这段得天独厚的蚕桑历史，培养了她对蚕丝的认知与喜爱，从而选择了丝绸。"

20 世纪 90 年代初，胡毓芳辞去小学老师的铁饭碗，投身商海。2006 年，她创办了苏州太湖雪丝绸股份有限公司，主要生产蚕丝被。与绝大多数创业者一样，胡毓芳的太湖雪起步艰辛，但苦、累、难都没有改变她那颗逐梦的心。"她从事的是'一根丝'的实业。别人十年磨一剑，她是十年磨一丝。"针对蚕丝被容易板结变形、蚕丝夏被轻薄易脏等"卡脖子"难题，她四处学习取经，拜访前辈，并与苏州大学蚕桑研究所专家反复探讨，共建实验室，成功破解了传统难题。从此，蚕丝被的市场迅速打开。

胡毓芳在如今的丝绸界名气不小。她创立的"太湖雪"这个充满诗意的丝绸品牌已传遍全球，她本人也获得了全国三八红旗手、巾帼建功标兵、乡村致富带头人、全国劳动模范等一系列荣誉。

凭着坚毅与魄力，胡毓芳用一根丝织成无数床优质蚕丝被，开发出一系列丝绸产品；公司成为集研发设计、生产加工、品牌推广、渠道建设和销售服务于一身的新三板上市企业，通过了省级高新技术企业、国家级服务型制造示范企业、江苏省电商示范企业等认证。"太湖雪"获得中国十大丝绸品牌、全国茧丝绸创新品牌、江苏精品等称号。

胡毓芳与蚕娘周勤娥交流养蚕经验　　供图：胡毓芳

坚守"用丝绸改变生活"的发展之路，胡毓芳让中国传统丝绸焕发出新的活力与荣光，也圆了自己儿时的梦想。

创新，为传承丝绸文化

一个个稀松平常的蚕茧，在老师的指导下，经过一群小朋友的画、剪、粘等手工操作，不一会儿，有的做成了机灵的小女孩，有的变成呆萌的小男娃，件件充满童趣。以蚕为本，太湖雪的文创业风生水起。

在胡毓芳心目中，要让传统丝绸文化生生不息，就要在传承中创新。

研发新蚕种，蹚出科技养蚕的新路。胡毓芳遍访高校、科研院所，寻求合作攻关。目前，包括黄金茧、彩色茧、双宫茧、多层茧等新品蚕种，有的已规模化养殖，有的正在试养中。"这些新品种优势明显，产量高，蚕丝品质好，氨基酸含量更高，用彩色茧丝做文创产品，更受游客欢迎。"

得益于智能技术的加持，太湖雪一年四季都能养蚕，一天可以看到蚕的一生。在胡毓芳的带领下，太湖雪不断挖掘江南文化内涵，集成苏绣、缂丝、宋锦等丝绸工艺，开发出百余个真丝家纺产品，打造时尚真丝精品。

一批"90后""00后"新生代设计师，在太湖雪这个平台上，创意无限地设计出一件件巧夺天工的文创作品：蚕宝宝的粪便成了高价值的蚕沙红茶，丝绵脱胶后的残留物变成美容产品，还有桑葚膏、桑果酒、桑芽茶等，经济价值大大提升。围绕一根蚕丝，太湖雪开发专利45项、版权96项、商标权

72件，参与制定国家标准2项、行业标准1项，成为第53届世乒赛官方唯一指定丝绸品牌。

自2020年涉足直播销售起，太湖雪销售模式创新按下快进键，已自建3个直播团队，日均销售5000多件蚕桑制品，跨境电商销售也迅速崛起，2022年电商销售占了全部销售额的近1/4。

当下，胡毓芳又在琢磨"桑基鱼塘"系统，通过"塘上种桑、桑叶喂蚕、蚕沙养鱼、鱼粪肥塘、塘泥壅桑"，进一步延伸丝绸产业链，推进农文旅融合发展。

创富，为助力乡村振兴

家乡，始终是胡毓芳事业进步的根。回报家乡，带领父老乡亲共同富裕，被她当作应尽职责。围绕一棵桑、一只蚕、一粒茧、一根丝、一条蚕丝被，太湖雪积极打造农旅文商融合发展的多元化蚕桑丝绸产业链，在传播传统丝绸文化的同时，为乡村振兴赋能助力。

抢抓长三角区域生态发展示范区建设机遇，太湖雪瞄准打造江南文化地标企业目标，以"智慧蚕桑"为切入点，与湿地片区的苏小花、五亩田、柴米多等联手，助力震泽文化产业高质量发展示范区和乡村振兴示范区建设。

在一根蚕丝上的执着，胡毓芳不仅成就了企业和品牌，也引领和推动了震泽蚕丝产业成为兴农产业和富民产业，逐步形成了金花领衔、小花跟随、百花齐放，年产值达20亿元的产业集群，带动2万农民增收致富。

太湖雪金晓春谈胡毓芳的梦想　　摄影：沈皓宸

"产业复兴百花齐放,是丝绸人的使命。她愿做一只执着的春蚕,围绕一根丝,为丝绸产业的发展和乡村的振兴奉献使命与担当。"胡毓芳深信,像蚕一样执着,就会像丝一样闪亮。

本文由苏州旅游与财经高等职业技术学校周颖霞提供。

综合实训

1. 结合所在地劳动教育资源和学生实际,编写一份《劳动教育教学方式实施方案》(字数3000字左右)。

2. 结合所在地劳动教育资源和学生实际,编写一份《劳动教育教学方法实操手册》(字数3000字左右)。

项目二
设计劳动教育课程

项目导读

本项目主要包括与劳动教育课程设计有关的四个方面的任务,即编写劳动课程项目清单、设计劳动周课程、设计劳动主题活动方案、设计劳动专题课程方案。本项目是本书的重点项目,也是整个劳动教育工作不可缺少的核心环节。一个完整的劳动教育课程设计,对于劳动教育活动的准备、实施,对指导教师的培养、执教都有着非常重要的意义。

潍坊市中小学生示范性综合实践基地　　供图:吕莹

思维导图

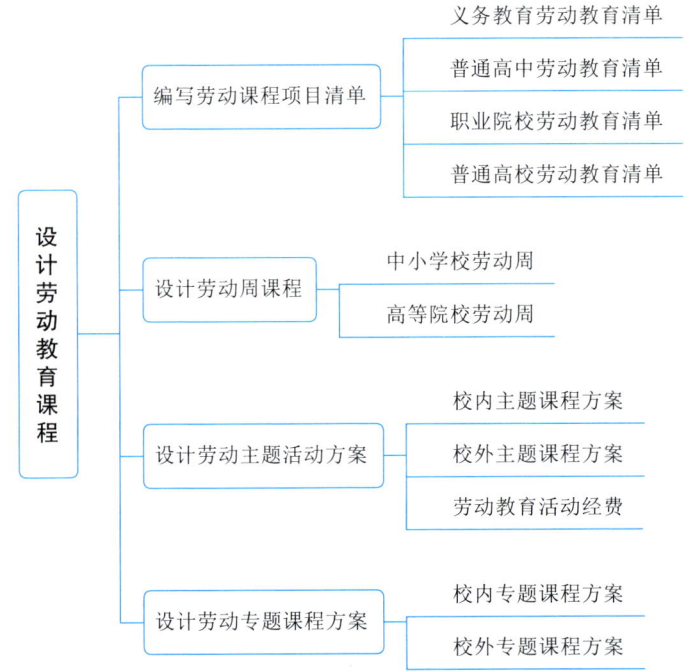

项目二　设计劳动教育课程

任务一　编写劳动课程项目清单

编写劳动课程项目清单，是指依据劳动课程标准、选择和组织劳动课程内容、预设劳动方式的活动，是对劳动课程目标、劳动经验和预设劳动方式的具体化过程，是新时代劳动教育课程设计的重要特色和重要组成部分，劳动课程项目清单一旦确定，学校、家庭、社区就要结合学生实际情况，根据清单准备劳动内容，并对劳动内容进行计划、组织、实施、评价、修订，最终完成劳动课程目标。

案例 2-1
家庭劳动清单
（示例）

一、义务教育劳动教育清单

 案例 2-2

杭州市中小学生家庭劳动清单

小学段

1~2 年级	生活小当家	1. 卫生	①早晚刷牙，七步法洗手和正确佩戴口罩 ②扫地拖地，用抹布擦拭桌椅 ③学会基本的垃圾分类 ④独立洗澡，合理使用沐浴用品，注意节约用水
		2. 整理	①学会系红领巾和洗红领巾 ②起床后整理自己床铺，帮助家人折叠衣物 ③收纳玩具，整理学习用品，收拾书包、书桌（柜、抽屉） ④合理存放压岁钱
		3. 饮食	①洗水果、蔬菜 ②学会削水果皮、剥鸡蛋、剥虾壳 ③制作简单饮品
	创意小天使	4. 农活	①学会在家人陪同下去菜场或超市购物 ②学会养护 1~2 种植物或 1~2 种小动物
		5. 手工	①学会纸工等 1~2 项传统工艺制作，如折纸、剪纸 ②制作节日卡、小礼物表达爱心谢意

续表

年级	类别	项目	内容
1~2年级	家庭小帮手		①饭前主动为家人摆碗筷和盛饭，饭后自行收拾碗筷放入水槽 ②主动接待客人并提供茶水，帮助家长收取快递 ③进出门与长辈打招呼，主动为他人扶门 ④遇险情及时寻求帮助或拨打119、110、120
3~4年级	生活小当家	1. 卫生	①学会剪指甲 ②学会系鞋带，清洗自己的鞋袜、内衣和书包 ③正确使用卫生工具，分类投放垃圾 ④公共场所自觉做好个人健康防护
		2. 整理	①整理个人物品及房间 ②根据季节变化整理当季衣物，根据天气变化及时增减衣物 ③合理选择衣架晾晒衣物，保持适当距离，并及时收取 ④在家人指导下学会记账存储，知晓防骗和自我保护
		3. 饮食	①学会切菜、削水果皮 ②学会做凉拌菜和水果拼盘 ③学会加热馒头、包子、包馄饨、水饺、煮鸡蛋（羹）、水饺
		4. 器具	①学会使用电水壶、电饭煲、吹风机、吸尘器等小家电 ②学会使用洗衣机分类清洗衣物 ③践行节电节能
	创意小天使	5. 农活	①尝试自己独立购物 ②主动照料家中的植物或小动物
		6. 手工	①学会纸工、泥工、木工、布艺、编织等1~2项传统工艺制作，如自制窗花、小灯笼、香袋 ②学会小礼品包装与美化装饰
		7. 数智	学会正确使用电子产品上网
	家庭小帮手		①每周为家人做一次早餐 ②帮家人分担家务活 ③设计生日活动
5~6年级	生活小当家	1. 卫生	①与家人共同完成家庭大扫除 ②长发女生自己洗头 ③学会清洁灶台和厨具 ④学会使用工具清洁卫生间
		2. 整理	①定期整理取舍物品，合理利用家居空间 ②学会整理自己的衣被和换洗枕头、床单、被套 ③学会废旧物品循环利用，变废为宝 ④有计划、合理使用压岁钱，参与家庭理财
		3. 饮食	①初步了解食品安全常识和营养搭配 ②学会简单烘焙 ③学会烹制一荤一素一汤或两道当地传统菜肴、特色美食

续表

5~6年级	生活小当家	4. 器具	①学会阅读说明书并规范使用常用家电家具 ②协同家人清理冰箱 ③学会使用螺丝刀、老虎钳等五金工具进行简单维修
	创意小天使	5. 农活	①参与家庭日常购物或当地农忙活动 ②种植养护1~2种常见果蔬花草或饲养1~2种常见家畜
		6. 手工	①学会缝扣子 ②学会搭帐篷 ③学会陶艺、纸工、布艺、编织、印染、皮影、木版画等1~2项传统工艺制作,具体如自制风筝、中国结、孔明灯等
		7. 数智	在家长指导下学会电子支付
	家庭小帮手		①每月为家人做一顿晚餐 ②学会照顾生病家人的饮食起居 ③参与策划一次家庭出行活动 ④主动参与社区公益活动

初中段

7~9年级	生活小主人	1. 卫生	①定期参加家庭日常清洁卫生和大扫除劳动 ②科学规划作息 ③分类投放垃圾,节约用水
		2. 整理	①学会分类整理换季衣物,掌握不同材质的清洗保养技能 ②外出远行时独立完成行李箱整理与收纳 ③参与制订家庭居室、环境美化方案并参与相关劳动
		3. 饮食	①按照家庭特点和营养科学,每季度为家庭设计一次一日三餐食谱,并独立完成3~4道菜的制作 ②学会做2种家乡小吃,向家庭展示自己的厨艺 ③策划家庭聚会活动,设计好采购计划并独立完成采购、烹饪任务
		4. 器具	①正确使用家庭常用电器,掌握拆卸、清洗、安装技能,如清洗空调滤网、电风扇、饮水机、吸尘器等 ②掌握木工、金工、电工等基本技术,简单维修家用器具 ③更换简易灯泡、煤气灶电池、花洒等
	创意小能手	5. 农活	利用家庭阳台、窗台、院子等空间,进行种植或养殖
		6. 手工	①熟练掌握1~2项手工技能,并成为爱好特长 ②用自己擅长的手工技能制作节日小礼物

续表

7~9年级	创意小能手	7. 工业	就近走访调研，了解生产状况，体验劳动过程
		8. 数智	①尝试完成一件科技小制作 ②知晓专利申请、知识产权基本常识，并能初步践行
	公益小达人	9. 服务	①陪伴及照顾家中长辈，会使用家庭配备的急救包 ②独立策划一次家乡劳动教育路线、住宿等，并使用软件展示 ③主动到第二课堂等基地、场馆，当一回小小讲解员
		10. 公益	①积极参与家庭所在社区的环境保护志愿者活动 ②定期参加社区助残、敬老、扶弱等活动 ③参与同龄人结对帮扶活动

高中段

1年级	日常生活劳动	①保持日常良好的仪容仪表 ②掌握基本的烹饪技术，坚持参与休息日家庭烹饪工作 ③能够正确使用灭火器等消防安全器材
	生产劳动	①利用已有材料帮助家庭栽培阳台、庭院绿色蔬菜、花木等 ②了解本地非物质文化遗产，尝试制作能够体现地方文化特色的物品 ③了解父母职业特性，走进父母工作岗位，拍摄制作短视频与同学分享
	服务性劳动	①学会心肺复苏、海姆利克腹部冲击法等应急救援技能，熟悉周边医疗救助系统 ②能够选、赠物品，并知晓馈赠礼仪 ③为社区内有需要帮助的孤寡老人、残疾人、留守儿童等提供志愿服务
2年级	日常生活劳动	①记录整理家长一周家务劳动，选择承担其中3项日常劳动 ②掌握基本烘焙技术，休息日为家人准备一份可口的早餐 ③参与设计配置智能家居
	生产劳动	①熟悉并正确运用基本五金工具，拆装清理家用器具 ②清洁维护家用电器 ③学习一种新技术、新工艺，如激光切割、3D打印等
	服务性劳动	①了解当地有代表性的风景名胜，能够为外地亲朋好友当"小导游" ②使用软件设计制作家庭纪念册或社区宣传视频 ③参与社区公共区域卫生打扫、绿化修剪、简单修理服务等劳动
3年级	日常生活劳动	①深度参与家庭清洁、美化劳动，帮助家庭洗涤大件物品 ②了解家庭经济状况，协助家长完成水费、电费、物业费等费用的线下或线上缴纳工作 ③利用个人零花钱，完成一项简单家居修缮项目

续表

3年级	生产劳动	①设计制作一个设备或装置，解决生活中的一些小问题，如声控电风扇、智能计算器等 ②走访了解家乡主要产业结构，学会介绍当地特色支柱产业发展情况 ③走访当地人才市场，了解人才求职方式和要求，编制一份自我应聘简历
	服务性劳动	①参加社区志愿服务 ②跟踪寻访一位劳模、工匠、技能大师或农耕好手，生动介绍其感人故事 ③熟悉当地人文环境，设计制作文创产品，用义卖所得参与慈善活动

注：

（1）本清单对标国家最新课程方案和课程标准，以提升学生的劳动观念、劳动能力、劳动习惯和品质、劳动精神等核心素养为目标，围绕日常生活劳动、生产劳动、服务性劳动三大类内容，以任务群为基本单元进行设计，供家庭教育对照。

（2）本清单中的部分内容在学校相关课程中已有涉及，家长可在条件允许的情况下为孩子提供家庭和社区的实践机会。

（3）各劳动项目成效实行星级评价，分自我评价和家长评价。自我评价分劳动参与、劳动技能、劳动精神三层面，各层面分别以★（一般）、★★（较好）、★★★（好）进行评价。家长评价按★（他人帮助下基本完成）、★★（他人帮助下完成）、★★★（独立完成）三个等次进行评价。

来源：杭州市教育局网站（2022-08-28）。

案例点评

杭州市教育局发布的《杭州市中小学生家庭劳动清单》，对标国家最新课程方案和课程标准，以提升学生的劳动观念、劳动能力、劳动习惯和品质、劳动精神等核心素养为目标，围绕日常生活劳动、生产劳动、服务性劳动三大类内容，以任务群为基本单元进行设计，为学校和学生家长罗列了从小学一年级到高中三年级的家庭劳动项目，对很多家长开展家庭劳动教育具有指导意义。

清单按照年级不同将家庭劳动内容分为生活小当家、创意小达人和家庭小帮手三部分，并对每个部分进行了细分后，罗列了具体的劳动内容，利于家长指导学生开展劳动活动。

清单内的各劳动项目成效评价，实行星级评价，分学生自我评价和家长评价，科学合理。评价以★（一般）、★★（较好）、★★★（好）三个等次进行评价，打破原来的分数评价方式，利于调动学生的积极性，对各地都有借鉴作用。

本案例由中国关心下一代工作委员会教育中心专家委员会委员李岑虎点评。

案例 2-3

成都市中小学劳动教育项目清单（试行）

小学低段

目标	学会日常生活自理，培养劳动意识和劳动安全意识，感知劳动乐趣，爱惜劳动成果，懂得人人都要劳动		
类别	任务群	劳动项目	实施建议
日常生活劳动	清洁与卫生	1. 做好个人卫生 2. 清洗小件衣物 3. 打扫房间卫生	①个人卫生自理，维护仪容仪表，如会正确洗手、刷牙、洗脸、洗头、洗澡；能正确穿衣、穿鞋 ②完成小件衣物的清洗、晾晒、整理，如红领巾、内衣、袜子等 ③完成卧室、教室等处的清扫，如熟练地使用扫把扫地、拖布拖地、抹布擦桌子；能独立倒家庭垃圾，正确分类
	整理与收纳	1. 整理学习物品 2. 摆放、收拾餐具	①完成个人学习物品的整理，如收拾文具盒、书包、书桌、抽屉 ②独立摆放和收拾碗筷，如饭前摆碗筷、饭后收拾碗筷、擦净餐桌
	烹饪与营养	1. 择洗瓜果蔬菜 2. 蒸煮简单食品 3. 拌炒简单菜肴	①完成简单择洗蔬菜和剥水果皮，如择洗绿叶、根茎、瓜果类蔬菜，手剥如柑橘、桂圆、荔枝、香蕉等水果皮 ②蒸煮易熟食品，如煮鸡蛋、汤圆、饺子，蒸红薯、山药，电饭锅煮饭等 ③制作简单餐食，如凉拌黄瓜、番茄炒蛋
	家庭事务管理	1. 参与家庭购物 2. 接待来访客人	①参与家庭购物，如与父母一起去超市和菜市场购买家庭生活必需品 ②帮助家长接待客人，如客人来访前的准备工作等
生产劳动	农业生产劳动	1. 养护水培植物 2. 种植盆栽花草 3. 照料家中动物	①养护1~2种水培植物，并观察记录植物生长全过程，如富贵竹、绿萝、铜钱草、菖蒲 ②栽种1~2种盆栽花草，如万年青、仙人掌等，并观察记录植物生长全过程 ③照料1~2种小动物，如金鱼、乌龟、兔、家蚕等
	工业生产劳动	无	

续表

类别	任务群	劳动项目	实施建议
生产劳动	传统工艺制作	1. 制作实用手工 2. 制作趣味玩具 3. 制作装饰作品	①尝试简单手工制作生活中实用物品，如简易垃圾盒、拉花贺卡等 ②利用纸、泥、布、毛线等材料制作玩具，如沙包、毽子、不倒翁、风车等 ③制作一些小装饰品：书签、吊坠、发夹、窗花等
生产劳动	新技术体验与应用	1. 参观现代农场 2. 参观现代工厂	①走进现代农场，了解新技术创造性解决农业生产过程的问题 ②走进现代工厂，感受高新技术提高生产效率、降低加工成本、提升工件质量的意义
服务性劳动	公益劳动与志愿服务	1. 做好班级值日 2. 做好用餐管理 3. 参与社区公益	①做好班级值日工作，如擦黑板、整理讲台、摆放卫生用具等；班级图书角的排序、借阅等 ②协助老师管理用餐，如餐品发放、纪律管理等 ③初步参与社区公益活动，如担当社区绿色小卫士、派发宣传单等
服务性劳动	体验现代服务业劳动	体验校内服务岗	体验校内的服务岗位，如体验保安、清洁工、园艺工等，并用笔和照片记录他们的工作情况

小学中高段

目标	主动分担家务，养成劳动习惯，学会与他人合作劳动，体会劳动光荣，尊重普通劳动者，初步养成热爱劳动、热爱生活的态度		
类别	任务群	劳动项目	实施建议
日常生活劳动	清洁与卫生	1. 清洗个人衣物 2. 做好厨卫清洁 3. 清洁教室等 4. 完成垃圾分类	①完成个人衣物清洗，如洗鞋子、擦皮鞋，根据衣物材质和颜色分类手洗或用洗衣机清洗 ②清洁家庭功能区域，如清理卫生间，清理灶台或炉盘 ③清洁教室及公共区域，如教室大扫除，清洁走廊、厕所、功能室等公区 ④完成班级垃圾分类，如正确分类并投放垃圾
日常生活劳动	整理与收纳	1. 整理美化房间 2. 清理校园绿地	①完成家庭房间的整理美化，如整理书柜书籍、衣橱衣物，会自己换床单和被套，根据季节整理换季衣服，辨识生活物品限用日期，并清除过期物品 ②完成校园绿地清理，如绿地植物修剪、维护
日常生活劳动	烹饪与营养	1. 切削蔬菜水果 2. 制作简单餐食 3. 制作川味小吃	①完成蔬菜水果切削，如蔬菜切片、切丁、切丝等，如削苹果、梨等 ②学会日常面食及儿童餐食制作，如汤圆、饺子、汉堡、布丁等 ③制作四川地方特色小吃，如担担面、凉粉、三大炮、凉糕等

续表

日常生活劳动	家庭事务管理	1. 完成家庭购物 2. 照顾弟弟妹妹 3. 使用家用器具	①与父母共同规划一周生活用品的购买清单，并与父母完成购买 ②照顾弟弟妹妹或比自己年龄小的孩子，如讲故事、做游戏、换衣服、喂饭等 ③使用小家电，如使用吸尘器吸尘、扫地机器人清理地面等
生产劳动	农业生产劳动	1. 开辟一方菜园 2. 参与四季劳作 3. 体验动物饲养 4. 采摘蔬菜瓜果	①在阳台屋顶利用种植箱或在房前屋后开垦一片地，种植白菜、萝卜、辣椒等蔬菜 ②了解"二十四节气"的科学知识及传统农业文化，参与时令作物的种植、养护、收获等 ③饲养小动物，如小猫、小狗等；或走进农业饲养场，体验猪、牛、羊等动物的喂养 ④到合适的地方学习采摘，如家庭农场、校园农场、大棚种植园等
	工业生产劳动	1. 学习简单木工 2. 初试陶瓷艺术 3. 体验布艺编织	①学习制作简单的木工制品，如木质小玩具、相框等 ②尝试简单陶艺，制作泥人、小碗、小工艺品等 ③制作完成1~2件布艺作品，如小布袋、杯垫、小围巾等
	传统工艺制作	1. 考察工艺博物馆 2. 尝试"非遗"项目	①参观、考察博物馆或工艺品制作工厂，如陶瓷厂、皮影戏剧社、蜀绣坊等 ②尝试"非遗"作品的制作，如熬制中药、绘制糖画、竹编等
	新技术体验与应用	1. 学习三维打印 2. 学习智能控制	①了解3D打印技术，有条件的学校完成作品打印 ②了解智能控制系统的基本组成，如传感器、主控器和执行器等
服务性劳动	公益劳动与志愿服务	1. 参与校园服务 2. 结对帮扶新生 3. 帮助关爱老人 4. 参与社区公益	①参与校园服务工作，如门口执勤、维护公区卫生等；在运动会、艺术节等活动中参与服务 ②帮扶一年级学生入学，如熟悉校园环境、指导打扫教室等 ③为身边老人提供力所能及的服务，如讲故事、做清洁等 ④参与社区公益活动，如环境维护、公益宣传等
	体验现代服务业劳动	体验小区服务岗位	选择1~2个服务岗体验，感受该服务性劳动的工作内容和过程，如小区物业管理、安保工作、垃圾回收工作等

初中阶段

目标	主动分担家务，养成劳动习惯，学会与他人合作劳动，体会劳动光荣，尊重普通劳动者，初步养成热爱劳动、热爱生活的态度			
类别	任务群	劳动项目	实施建议	
日常生活劳动	清洁与卫生	1. 清洁各种家电 2. 保持仪容仪表 3. 全面参与扫除 4. 深度清洁厨卫	①完成家电的清洁，如冰箱、电扇、电饭煲等 ②保持衣物的整洁，如钉纽扣、缝补衣物的开口等 ③参与家庭、学校大扫除，如擦玻璃、拖地板、清理卫生死角等 ④完成厨卫的深度清洁，如清洗厨房水池、马桶，完成消毒等	
	整理与收纳	1. 整理家庭公共区域 2. 美化家居环境 3. 美化教室环境	①整理家庭公共区域，如保持客厅、书房、阳台等处物品井然有序 ②完成家庭环境的美化，如布置陈设品和摆放绿植、悬挂艺术作品等 ③完成教室环境的美化，如墙面美化、绿植摆放等	
	烹饪与营养	1. 制订营养菜单 2. 烹制特色川菜	①制订营养的家庭日常菜谱，如营养早餐、晚餐、病人餐等 ②学会制作特色川菜，如回锅肉、水煮肉片、鱼香肉丝等	
	家庭事务管理	1. 参与活动管理 2. 照顾家中长辈	①参与家庭活动管理，如组织安排家庭文化娱乐活动、拟订家庭出游计划或出行攻略等 ②照顾需要扶助的家人，如生病的、年迈的长辈等	
生产劳动	农业劳动	1. 学会园艺嫁接 2. 学会农业堆肥 3. 参与四季劳作 4. 使用简单农具	①学习树木嫁接方法，如芽接法、劈接法、靠接法、切接法等 ②学习堆肥，如利用厨余垃圾、农作物秸秆、畜禽粪便等沤制有机肥 ③根据节气选择种植农作物，如地瓜、土豆、向日葵、葡萄、玉米、小麦等 ④了解使用简单的传统和现代机农具，如使用犁铧、锄头、镰刀、除草机等	
	工业劳动	1. 创制木工作品 2. 尝试简单金工 3. 制作简单布艺 4. 尝试器具维修	①创意制作木工作品，如笔筒、小木凳、手机支架等 ②学习操作金工基础工具和材料制作简单金属作品，如九连环、铁环等 ③运用缝制穿针、打结、拱针等布艺技法缝制布艺作品，如帆布袋、布艺头饰、基础款T恤等 ④尝试对简单家电进行维修，会安全使用电笔、螺丝刀、剥线钳等工具，解决生活中的小问题，如更换灯泡，更换炉灶电池，修理桌凳等问题	
	传统工艺制作	1. 体验非遗项目 2. 参与校园文创	①选择1~2项"非遗"项目进行完整体验，如藤编、糖塑、制作豆瓣等 ②了解校园文化内涵，利用陶瓷、木艺、布艺等技术，完成校园文创产品的加工、生产制作	

续表

生产劳动	新技术使用与体验	1. 体验智能控制技术 2. 学习激光切割技术 3. 参观高新技术产业园	①利用合适的材料制作简单的智能控制系统，如声控小风扇、光控小台灯等 ②学习激光切割技术的基本原理和基本方法，观摩金属、皮革、木材等不同材料的激光切割过程 ③参观高新技术产业园，了解学习电子信息技术、航空航天技术、生命科学技术等现代高新技术
服务性劳动	公益劳动与志愿服务	1. 服务校园活动 2. 参与社区治理 3. 参与场馆服务 4. 参与社会公益	①承担校园服务岗位的工作，如校园美化、爱心捐赠、艺术节展、运动会等活动 ②实地考察社区（村镇）管理遇到的问题，如安全管理、环境维护等，围绕问题开展服务 ③为科技馆、纪念馆、博物馆、动植物园、流浪动物救助站等场馆提供力所能及的服务 ④参与社会公益项目，如保护大熊猫、防艾宣传、禁毒宣传等
	体验现代服务业劳动	1. 体验现代信息服务 2. 体验现代教育服务	①体验校园基于现代信息技术的服务，如基于数据分析的食堂管理服务，基于视频数据采集的校园安保系统等 ②为有需要的儿童提供线上学习指导，如体验东方闻道、成都数字学校相关岗位等

山东省邹城市凰翙小校教师郝玉娜、孟凡霞指导学生利用玉米皮编织工艺品

摄影：刘国睿

> **案例点评**

本案例是成都市的义务教育劳动教育清单,全国其他城市的中小学也可以参照此清单,结合本校实际,编写本校的劳动教育清单。

本案例由全国劳动教育教学指导委员会专家巫常清点评。

二、普通高中劳动教育清单

 案例 2-4

成都市普通高中劳动教育项目清单(试行)

目标	培养劳动自立意识和主动服务情怀,熟练掌握一定的劳动本领,理解劳动创造价值,增强生涯规划的意识和能力,接受锻炼、磨炼意志。		
类别	任务群	劳动项目	实施建议
日常生活劳动	清洁与卫生	1.洗涤大件物品 2.深度清洁房间 3.保持仪容仪表	①完成大件物品的洗涤,如按洗涤标识正确选择洗涤剂、正确晾晒等 ②完成房间的深度清洁,如完成地面清扫消毒、清洁淋浴房等 ③注意形象,如熟练熨烫衣物、缝补裤脚边等
	整理与收纳	系统收纳物品	主动整理家中柜子,如衣柜、书柜、橱柜,确保科学合理
	烹饪与营养	准备小型家宴	①重视膳食营养,如主动向父母提出健康生活建议,制订家人健康生活计划 ②独立准备小型聚会餐食,如制作具有成都特色的麻婆豆腐、回锅肉、宫保鸡丁等三道热菜,凉拌三丝、烧椒皮蛋两道凉菜,蔬菜圆子汤等一道汤菜;或者是四川火锅、汤锅的策划、准备和制作
	家庭事务管理	1.参与经济管理 2.制订家庭公约 3.鼓励照顾家人	①参与家庭经济管理,如尝试管理一周或一月家庭生活开支、拟定生活用品采购清单并购买等 ②和家人一起制订全家需遵守的各类规定 ③独立照顾家人,如照顾弟弟妹妹,陪伴父母长辈看病,照顾生活起居等
生产劳动	农业劳动	1.实践四季劳作 2.体验现代农业	①参加四季劳作,如翻土、平整土地、栽种、浇水、施肥、光照、松土、除草、剪枝、防虫、治病等生产实践,能够通过探究解决生产过程中遇到的问题 ②结合资源条件开展现代农业实践,如绿色食品、品种资源的保护和引进、无土栽培、营养与饲养、病虫害预测及综合治理、农副产品等

续表

生产劳动	工业劳动	1. 服装设计与制作 2. 建筑装饰与设计 3. 汽车保养与维修 4. 电子控制技术	①了解服装的发展概况、审美和穿着品位，充分体验设计图的绘制、立体纸模的制作、服装改造制作 ②熟悉技术设计的过程与方法，对建筑的整体或局部开展设计或改进性设计 ③掌握汽车日常维护的主要内容，检查发动机机油、刹车油等品质，对发动机、汽车底盘、汽车电器等进行一级维护 ④运用传感器、数字电路、电磁继电器和电子控制系统技术等，组合成一个控制系统，并应用新设计
	工艺制作	完成"非遗"作品	制作一项"非遗"作品，如川派盆景、棕编、漆艺、酿酒等
	新技术使用与体验	1. 制作简易机器人 2. 设计智能家居	①了解机器人的基本构成、典型结构和应用背景，根据功能需求，设计制作一款简易机器人，掌握机器人常用路径规划和运动控制 ②利用合适的材料，制作模拟住宅，以模拟的家居电器及家电设备为主要控制对象，利用网络通信技术、自动控制技术等搭建智能家居系统，并进行操作和远程控制
服务性劳动	公益劳动与志愿服务	1. 服务校园活动 2. 帮扶弱势群体 3. 参与赛会服务 4. 城市志愿服务	①全程承担1~2项校园服务岗位工作，如校园美化、爱心捐赠、艺术节展、运动会等活动 ②满足弱势群体的需求，如对孤寡老人、自闭症儿童开展服务 ③参与大型赛会的宣传与志愿服务，如大运会、"非遗"文化节、西部国际博览会等 ④参与公园城市志愿服务，开展绿道宣传活动、公园定点服务等
	体验现代服务业劳动	1. 体验现代旅行服务 2. 体验现代销售服务	①基于当地地理、文化、历史等，开展旅行景点设计等现代旅行服务，如在网络平台制作并发布熊猫基地、金沙遗址等地电子导游指南等 ②针对当地的某一特色产品开展基于营销方案设计的现代销售服务，如在电商平台上直播推销柑橘、茶叶、农场产品等

案例点评

本案例是成都市的普通高中劳动教育清单，全国其他城市的普通高中也可以参照此清单，结合本校实际，编写本校的劳动教育清单。

本案例由全国劳动教育教学指导委员会专家巫常清点评。

案例2-5
厦门市思明区
高中劳动教育
清单

三、职业院校劳动教育清单

案例 2-6

案例 2-7
职业院校开展劳动教育参考清单

成都市职业院校劳动教育清单

目标	提高职业劳动技能水平，培育工匠精神和爱岗敬业的劳动态度，增强职业荣誉感和责任感，立志成为"成都造"高素质技术技能型人才		
类别	任务群	劳动项目	实施建议
日常生活劳动	清洁与卫生	1. 洗涤个人物品 2. 设计自我形象 3. 清洁环境卫生	①正确洗涤及晾晒个人物品，如丝绸、羽绒服等不同材质衣物，床单、窗帘等大件物品 ②结合职业、身份、场合，设计自我形象，如妆发服饰搭配、形体礼仪改进等 ③选择适当工具清洁环境卫生，如结合实际，选择合适的提高劳动效率的清洁工具、用品，定期清洁个人房间、宿舍、教室、校园等区域
	整理与收纳	1. 系统收纳物品 2. 美化生活环境	①系统收纳物品，如科学合理规划与收纳衣柜、书柜、橱柜物品 ②运用相关知识或技巧对生活环境进行美化，如对寝室、房间进行美化设计，并动手改造
日常生活劳动	烹饪与营养	1. 注重膳食营养 2. 策划聚会餐食 3. 烹饪节日家宴	①根据营养需要，制订个人健康饮食计划，如营养早餐、晚餐、节假日餐等 ②根据规模、人员组成，策划聚会餐食，如选聚餐地点、订餐、配餐等 ③为节日聚会制作家宴，如年夜饭、中秋团圆宴、生日宴等，或者是四川火锅、汤锅的策划、准备和制作
	生活事务管理	1. 处理个人事务 2. 承担家庭事务	①中职阶段要学会处理个人事务，高职阶段要能够独立处理个人事务，如独立安排自己的生活、建立良好的师生与朋友关系 ②中职阶段要尝试承担家庭事务，高职阶段能够主动承担家庭日常事务，如照顾老弱幼小、拟订家庭出游计划等
生产劳动	专业劳动	1. 见习实训实习 2. 参与技术比武	①在专业学习、生产实习中，结合专业特点安排对口劳动，如专业见习、专业实训、顶岗实习等 ②广泛开展全员性岗位练兵、技术比武活动，打造"天府工匠"，培养"技能川军"，如参加各级各类技能大赛、加入大师工作室做学徒等

续表

生产劳动	新技术应用与创造	1. 新技术的应用 2. 新工艺的物化	①探索新技术的发明与创造，如结合自身专业，开展课外学术科技工作，设计和发明新技术 ②结合自身专业实际开展科技发明制作，形成物化产品，并与社会、企业合作将发明予以推广
	专业服务	专业技能服务	以专业技能和特长为依托，结合第一课堂、第二课堂以及"三下乡"等社会实践方式对所需要的人群提供服务
	现代服务业劳动	体验社会服务	根据专业特长和兴趣爱好，选择物流、文化、娱乐、旅游等行业中1~2个服务岗位参与体验
服务性劳动	公益劳动与志愿服务	1. 校园公益活动 2. 城市志愿服务	①利用劳动周、劳动月，有组织地参与校园管理服务，如校内活动志愿者、担任学生干部 ②成为注册志愿者，参与城市志愿服务，如组织或参加"三城三都"建设的志愿服务活动、关爱老人的服务活动等

案例点评

本案例是成都市的职业院校劳动教育清单，全国其他城市的职业院校也可以参照此清单，结合本校实际，编写本校的劳动教育清单。

本案例由全国劳动教育教学指导委员会专家巫常清点评。

四、普通高校劳动教育清单

案例 2-8

成都市普通高等学校劳动教育清单

目标	积累职业经验，树立正确的择业观，培育创造性劳动能力和诚实守信的合法劳动意识，具有扎根基层、成才报国的远大志向			
类别	任务群	劳动项目	实施建议
日常生活劳动	清洁与卫生	1. 洗涤个人物品 2. 设计自我形象 3. 清洁环境卫生	①分类洗涤个人物品，如各类衣物和床单、被套等大件物品 ②学习掌握形体礼仪，如结合职业规划、身份、场合，合理搭配妆发服饰 ③学会定期清洁，如对个人房间、宿舍、教室、校园等环境进行全面清洁

续表

日常生活劳动	整理与收纳	1. 系统收纳物品 2. 熨烫各类衣物 3. 美化生活环境	①主动系统收纳物品，如科学合理规划与收纳衣柜、书柜、橱柜物品 ②掌握熨烫衣物技巧，如正确分类熨烫桑蚕丝、羊毛、棉麻等材质的衣物 ③提高个人审美素养，如对寝室、房间、校园环境进行设计美化
	烹饪与营养	1. 注重膳食营养 2. 策划聚会餐食 3. 烹饪节日家宴	①掌握营养需要，制订个人健康饮食计划，如营养早餐、晚餐、节假日餐等 ②学会策划聚会餐食，如根据人员、计划经费，选取食物，安排日程 ③学习传统家宴菜系，如针对不同的节日选取当季食物，烹饪传统美食，或者是四川火锅、汤锅的策划、准备和制作
	生活事务管理	1. 处理个人事务 2. 承担家庭事务	①学会独立处理个人事务，如独立安排自己的生活、建立良好的师生与朋友关系 ②主动承担家庭日常事务，如照顾老弱幼小、拟订家庭出游计划等
生产劳动	实习实训	1. 参与见习 2. 参与实训 3. 参与实习	①参与见习，如全面了解专业背景、操作的基本原理、程序、规则 ②重视实训，如模拟真实职业情景，提升专业技能，领悟劳动精神 ③强化实习，如拓展自身知识面，扩大与社会的接触面，提升理论与实践相结合的能力
	专业服务	专业技能服务	以专业技能和特长为依托，结合第一课堂、第二课堂以及"三下乡"等社会实践方式对所需要的人群提供服务
生产劳动	创新创业	1. 新知识的运用 2. 新技术的运用 3. 新方法的运用 4. 新工艺的运用	①掌握新知识的理解与运用，如通过课堂、讲座以及实践活动掌握新知识，联系实际在新旧知识联系的基础上促进知识的迁移，探究解决问题的办法 ②鼓励新技术的创新与创造，如结合信息技术、生物技术、新材料和新能源技术等手段创造有价值的物化劳动成果 ③探索新方法的改进与创新，如结合时代特征、科技发展、产业变革，打破僵化思维，推陈出新 ④重视新工艺的研发与应用，如结合劳动技术变迁、劳动形态的变化，创新劳动途径、方式和过程，发挥劳动的育人价值
服务性劳动	现代服务业劳动	体验社会服务	根据专业特长和兴趣爱好，选择物流、文化、娱乐、旅游等行业中1~2个服务岗位参与体验
	公益劳动与志愿服务	1. 校园公益活动 2. 城市志愿服务	①积极参与校园公益活动，如利用劳动周、劳动月，有组织地参与校园管理服务 ②主动参与社会实践活动，如在共青团组织及其授权的志愿者组织注册登记，组织或参加"三城三都"建设的志愿服务活动

来源：成都市人民政府网站。

案例点评

本案例是成都市的普通高等学校劳动教育清单,全国其他城市的普通高等学校也可以参照此清单,结合本校实际,编写本校的劳动教育清单。

本案例由全国劳动教育教学指导委员会专家巫常清点评。

任务二 设计劳动周课程

劳动周是指每学年设立的,以集体劳动为主的,具有一定劳动强度和持续性的课外、校外劳动实践时间。劳动周是劳动课程的重要组成部分,劳动周与每周至少 1 课时的劳动课不能相互替代。劳动周的设置丰富、拓展了劳动教育的实施途径,有助于发展学生的劳动意识与能力,打通学校与社会的联系,发挥劳动教育的综合育人价值。

一、中小学校劳动周

  案例 2-9

中小学劳动周设计

主题名称		收获花生喜悦多
劳动对象		小学六年级
资源背景		花生是一种常见的农产品,其收摘与简易加工是一种传统的生产劳动,蕴含着丰富的劳动教育资源。金秋时节,某校 6 年级以"收获花生喜悦多"为主题组织学生到农业生产基地开展为期一周的生产劳动
劳动目标		通过全程参与花生收获与花生产品加工制作劳动,了解农产品加工知识和方法,进一步感受农业生产劳动的艰辛和愉悦,更加懂得珍惜劳动成果,养成安全劳动、规范操作的劳动习惯和品质
劳动周任务规划	第一天	在花生种植基地开展"收花生"劳动。参观花生种植基地,与种植人员交流,了解花生生长特点和种植过程。学习挖花生的方法,能正确地使用钉耙等工具刨花生,能按照要求摘豆。体验出力流汗的劳动过程,体悟土地对于农作物生长的重要性

续表

主题名称		收获花生喜悦多
劳动周任务规划	第二天	在花生烘干车间开展"烘干花生"劳动。学习清洗和烘干花生的方法，能按照要求对收获的花生进行清洗烘干和分拣操作，体验现代劳动形态，培养专心致志、兢兢业业的劳动品质，体悟劳动工具革新的重要性
	第三天	在花生加工车间开展"初加工花生米"劳动。明确任务要求，熟悉花生米初加工工作的标准，了解主要工具和使用方法。在劳动中，进一步习得劳动技能，强化质量意识，学习科学生产的方法，感受劳动过程中分工与合作的重要性
	第四天	在花生产品加工车间分组开展"制作花生油"和"制作花生酱"劳动。认识压榨花生油和制作花生酱的设备，了解压榨、过滤花生油及制作花生酱的方法。感受农产品加工的价值，感悟诚实劳动、合法劳动的重要性
	第五天	在花生产品加工车间开展"多样化的花生食品包装"劳动。学习花生油装瓶、花生酱装瓶技能及简易包装设计
总结分享	总结、交流	劳动周的感想，展示、分享劳动成果。感受劳动成果的多样性，形成珍惜劳动成果的劳动品质

来源：教育部义务教育劳动课程标准。

案例点评

本案例是一个规范化的劳动周的设计案例。对劳动周的设计教育部提出了明确的建议和要求。我们在对劳动周做设计时要注意以下几点。

1. 主题选择

（1）注重价值引领。主题设置应体现劳动价值观的培育和劳动精神的培养，如"三百六十行，行行出状元""发现身边的劳动者""世界青年技能日"等。

（2）以学生的生活实际和社会生产实际为出发点。劳动周的主题，建议结合校外学工学农等生产劳动、校外服务性劳动等进行选择，如"走进美丽乡村"。

（3）具有半开放性。一般就主题覆盖的范围作出规定，可根据劳动环境、实施条件等进行具体主题的选择和规划，加强与已有实践活动主题的有机结合。

（4）体现劳动任务的持续性。通过设置一些跨时空、长周期的劳动主题，让学生在完成一系列项目和劳动任务的过程中，养成吃苦耐劳、持之以恒等劳动品质。

（5）注重传统技术和现代科技相结合。主题选择既要考虑传统劳动，也要考虑新形态劳动。

2. 内容设计

劳动周的内容安排，应围绕劳动主题的意义建构，设计一系列劳动任务，促进学生在完成任务和解决问题的过程中发展核心素养。

（1）要注重劳动任务序列化。强调项目和任务循序渐进、相互关联、互为支撑。既可按照劳动实施的自然顺序，也可按照劳动主题，确定劳动内容、分解劳动任务。

（2）要注重劳动任务综合化。劳动任务的确定，既要注重把劳动实践与其他课程学习有机结合起来，也要注重覆盖多个任务群，引导学生综合运用所学知识和技能解决实际问题。

（3）要注重劳动任务科学化。劳动周的任务设计，要体现与学段相适应的劳动强度和难度，考虑时间安排的合理性。

（4）要注意劳动任务形态的多样化，尽可能地丰富劳动周的活动形式，如劳动项目实践、技能竞赛、劳模大讲堂、主题演讲或辩论、成果展示、职业体验等。

3. 时间安排

（1）劳动周一般在学年内或寒暑假自主安排，也可以根据农业时令特点安排在夏季农忙时节或秋收时节等，还可以安排在学雷锋纪念日、植树节及爱国卫生运动周等时间。

（2）劳动周一般每学年安排一次，具体时间可根据劳动周的内容设计和具体任务确定。

（3）劳动周的时间安排可以打破年级限制，进行统筹实施，让不同年级的学生在共同的劳动周活动中，互帮互学、合作建构，形成良好的劳动合作与竞争氛围，促进劳动育人价值的实现。

4. 资源利用

（1）统筹和利用好社会、家庭和学校的现有资源。结合当地历史文化、自然资源及本校校情等，利用当地博物馆、非物质文化遗产馆、生态园、茶

项目二　设计劳动教育课程

艺馆、校史馆、劳动教育基地等劳动教育资源和空间，实行"一区一案""一校一案""一家一案"等，开展个性化的劳动周活动。

（2）统筹和利用好各类活动资源。可结合校园科技节、校园文化节、校园劳动节等活动，也可通过组织全校劳动技能竞赛等方式，对劳动周进行系统、整体安排。

（3）统筹和利用好教师资源。除了劳动教育专门师资外，可聘请不同行业的优秀工匠、非物质文化遗产传承人及经验丰富的农民、技术工人等担任指导教师。

（4）多方优化和开发劳动教育资源。学校可优化设计劳动实践环境，如建设"校园生活馆""快乐农场"等。家庭可开辟阳台、露台"种植角"。教育行政部门应加强统筹，打通区域壁垒，共建共享青少年劳动实践基地。

本案例由中国关心下一代工作委员会教育中心专家委员会委员李岑虎点评。

 案例 2-10

杭州市中小学"劳动周"活动内容

（1）劳动主题教育活动。开展"劳动周"启动仪式、主题晨会、主题班会、劳动故事会、家长会等活动，通过仪式教育、国旗下演讲、学习习近平总书记关于劳动的重要论述和新时代劳动教育内容等形式，进一步加深学生对劳动的正确认识与理解，继承与弘扬劳动精神，一起奏响劳动主旋律、唱响教育好声音。

（2）校园劳动实践活动。开展校园劳动实践、劳动基地实践、校园志愿者服务等活动，通过校园卫生清扫、班容班貌美化、劳动基地除草种植、校园文明劝导等形式，让学生动手实践，出力流汗，接受锻炼，磨炼意志，积极营造"劳动最光荣"的氛围。

（3）校外劳动实践活动。开展社会志愿服务、田间劳作、工业生产、职业体验等活动，利用社区（街道）、养老院、商场、工厂、农耕园等社会资源，让学生体验不同的工作岗位，感知劳动的不易，努力践行劳动精神。

（4）家庭劳动实践活动。开展以杭州市中小学生家庭劳动清单为基本指引的家庭劳动实践活动，通过日常生活中卫生清洁、营养烹饪、收纳整理、设备安装、创意设计、工艺制作、购物理财、家居美化清洁、家居花草种植、家居物品维修等形式，与父母共筑温馨之家，弘扬勤劳传统美德，体认"劳动即生活、生活即教育"的实际价值。

（5）劳动技能比拼活动。开展校园劳动技能大比拼活动，通过开展日常生活技能、小发明小制作、劳动知识、劳动征文等线下比赛和家务整理、洗涤缝补、拿手菜、变废为宝等线上视频作品赛，让学生比拼劳动成果，掌握劳动技能，使劳动潜移默化地在学生心里扎根。

（6）劳动成果展示活动。开展学生劳动成果展示活动，通过晨会、展示区、展示课等形式和宣传栏、电子屏幕、微信公众号、抖音等平台，利用照片、视频、作品、书画、现场秀、讲演等素材，全面展示学生劳动成果，丰富校园文化生活，呈现学生人人热爱劳动、人人参与劳动、人人享受劳动的新景象。

来源：杭州市人民政府门户网站（2022-11-17）。

案例点评

这是劳动周的活动内容案例。我们在编写劳动周组织与实施方案时，务必注意以下几个方面。

1. 周密计划和组织动员

（1）周密计划，做好详细的劳动周方案

对劳动周涉及的人、财、物、事，以及时间、空间等要素有缜密的统筹和规划，并做好安全防范预案、意外事件处理紧急预案等；对劳动主题选择、劳动任务分配、劳动流程设计、材料选择、工具使用、过程记录、成果分享与处理、活动评估与改进等方面进行细致安排；对每日活动、每项任务进行明确、有序的组织与监控；对组织、协调、指导和参与管理的人员有明确的分工，使其有清晰的职责。

（2）组织动员，凝聚各方面共识

提前对教师、学生和家长做好充分的动员教育，帮助师生及家长理解劳动主题的意义，明确劳动周的任务及其要求，做好各方面的准备。

发挥学校的主导作用、家庭的基础作用和社会的协同作用，引导家庭和社会积极参与，使学生参加劳动周活动在实践上有支持、时间上有保证、资源上有保障。

2. 注重各方面衔接

（1）劳动空间的衔接

劳动周的活动空间主要在课外和校外。譬如，小学1~2年级一般以家庭、班级、校园为主；3~4年级可以到社区等校外场所；5~6年级及以上可以走入农业、工业、现代服务业的真实社会场域，有条件的地方和学校应适当考虑到高新技术企业体验现代科技条件下劳动实践的新形态、新方式。

（2）劳动内容的衔接

按照学生知识、技术能力的已有基础和发展进阶设置劳动任务。从1~2年级开始，劳动内容难度按照"简单—复杂—综合"逐渐提高。例如，可根据季节更替，将春种秋收的任务有效衔接。

（3）劳动时段的衔接

对于某些因受时间限制无法在学校课堂组织或有效完成的劳动任务，可在劳动周补充实施。

3. 重视劳动实践的内化

在劳动周的活动安排中，要鼓励学生立足动手做，结合用脑想、用笔写，促进其核心素养的发展。

通过让学生查阅相关资料、讨论劳动周主题的意义、参与劳动周的计划制订等活动，让学生形成对劳动周活动的积极期待和良好情感。

通过出力流汗、坚持不懈地完成有一定难度的劳动任务，掌握生活技能、生产技能和服务技能，培养学生精益求精的工匠精神。在活动过程中，鼓励学生主动思考、自觉参与、小组合作、积极探究，注重培养学生的问题解决能力和创造力，发展学生的劳动能力和劳动品质。

通过分享交流及评价，深化学生的劳动体验和价值体认。1~2年级可采取画五角星、打钩、画漫画、谈体会等形式进行交流评价；3~4年级及以上可鼓励学生采用多种方式分享交流，如写劳动周志，记录自己的心得体会和任务完成情况等，并指导学生依据各项评价标准对自己和他人在劳动过程中的表现作出评价。

本案例由中国关心下一代工作委员会教育中心专家委员会委员李岑虎点评。

二、高等院校劳动周

案例 2-11

材料一：青岛科技大学经管学院开展劳动教育实践周活动

孙一君

为进一步贯彻落实《中共中央、国务院关于全面加强新时代大中小学劳动教育的意见》文件精神，教育引导学生崇尚劳动、尊重劳动、热爱劳动，全面提高学生劳动素养，在"五一"国际劳动节来临之际，经管学院组织全院学生开展劳动教育实践周活动。

以"工匠精神"为主线，赋予劳动精神新内涵

本次劳动教育实践周以"工匠精神"为主线，通过多角度、多内容的主题学习，引导学生树立正确的劳动观。学院依托劳动教育课，就如何理解劳动教育的重要意义、如何把握劳动教育的基本原则、如何切实做好劳动教育工作等话题与学生展开热烈讨论。各团支部召开主题团日活动，结合时代主题，组织观看《首届大国工匠创新交流大会开幕式》，并引导青年学生深入学习宣传贯彻习近平总书记致首届大国工匠创新交流大会贺信精神，教育团员青年正确理解劳动观，把握劳动精神和奋斗精神的实质和内涵，培养学生正确劳动价值观和良好劳动品质。

以行为习惯为抓手，树立日常劳动新观念

学院立足日常生活劳动，注重培养学生良好的生活能力和卫生习惯，组织全院学生开展学生宿舍卫生清洁与内务整理，引导学生践行健康文明生活方式，能独立处理个人生活事务，提高劳动自立自强能力，养成勤于劳动、善于劳动、乐于劳动的良好习惯。学院以常态化卫生检查为基础，组织开展优秀宿舍评比，发挥榜样的示范作用，以点带面，带动全体学生积极参与日常生活劳动。

以志愿服务为载体，引领劳动教育新常态

学院通过探索"志愿服务+劳动教育"的实践模式，进一步培养学生的主人翁意识，锤炼意志品质，敢于在困难与挑战中完成行动任务，强化公共服务意识和面对重大疫情主动作为的奉献精神，丰富劳动教育内容及内涵。组织学生对校园绿化带进行清扫，既净化环境、美化校园又增强服务意识、展现劳动风采；组织学院"暖心愿"志愿者参与食堂文明引导，督促同学们佩戴口罩，引导取餐人员在排队取餐时保持一米间隔，维持秩序；组织学生党员成立"疫情防控青年突击队"，有效协助学校核酸检测工作，筑起了学校的安全屏障。

以服务社会为目标，构建劳动教育新模式

学院以劳动实践周为契机，不断深化协同育人机制，依托校内自有实验室、校外企业等实践场所，结合学科和专业知识设置实践训练，积极拓展大学生劳动教育领域，鼓励学生通过劳动锻炼了解产业发展、工艺创新，提高在生产实践中发现问题和创造性解决问题的能力，实现服务社会与劳动实践的统一。学院依托劳动教育支撑创新创业教育，开展研究性学习、创业计划和创业模拟活动，助推学生把握创新创业机会，在适应中提升劳动技能水平，逐步提升就业创业能力，在动手实践的过程中创造有价值的物化劳动成果。

经管学院始终紧密结合经济社会发展变化和学生生活实际，将劳动教育纳入人才培养全过程，以上好劳动教育课为主渠道，积极探索具有经管特色的"校内+校外""理论+实践""必修+选修"的劳动教育实践模式，让大学生真正上好劳动教育这门"必修课"。下一步，经管学院将以本次劳动教育实践周为契机，持续探索和完善劳动教育体系，不断培养德智体美劳全面发展的社会主义合格建设者和可靠接班人。

来源：青岛科技大学网站（2022-04-30）。

材料二：芜湖职业技术学院网络工程学院开展劳动周活动

劳动教育是学生成长中的重要组成部分。为培养学生树立正确的劳动价值观，弘扬助人为乐的精神和保护环境的意识，网络工程学院开展"让青春在劳动中绚丽绽放"为主题的劳动周系列活动。主要活动有"电脑义诊"活

动和十里江湾环境保护活动。

网络工程学院在文津校区三食堂门口举行"电脑义诊"活动。作为学院的传统特色志愿活动，该活动主要是为广大在校师生提供系统重装、系统清理、硬件组装及维护和软件安装及注册服务。志愿者们为前来寻求帮助的同学解疑答惑，并且讲解一些关于电脑方面的知识。"授人以鱼，不如授人以渔。"以自己的专业知识帮助别人，让同学学会如何自己进行电脑维护及系统优化。该活动赢得了广大师生的一致好评。"电脑义诊"活动不仅帮助了有需要的同学，还提升了志愿者自身的专业技能，在这个互联网化的智能时代维护了大家最基本的办公工具，普及了电脑知识，提高了同学们的科学文化素养，锻炼了志愿者运用专业知识解决实际问题的能力，展现了学院志愿者良好的精神风貌。

为贯彻习近平总书记提出的"绿水青山就是金山银山"的理念，网络工程学院青协继续开展十里江湾环境保护活动。在十里江湾公园，志愿者们体会到了自然风光的美好：道路两旁的大树、一望无际的绿茵、水天一色的江面，让久居校园生活的同学们的身心得到了放松。但也有一些虽小却不可忽视的现象：路边散落着许多垃圾。本次志愿者们的任务就是捡拾这些垃圾，以保护环境。

本次劳动周系列活动弘扬了学院学子助人为乐的奉献精神，并增强了同学们心中的环保意识。希望同学们未来的时间里能以新时代青年风貌面对社会，对社会建设和环境保护作出自己的贡献。

来源：芜湖职业技术学院网站。

技术人员介绍丝绸扎染技术

摄影：太湖雪桑蚕文化园沈皓宸

> 案例点评

本案例两个材料都以新闻报道的形式，展示了高职院校劳动周活动开展情况。既有校内的劳动周活动，也有校外的劳动周活动，都是非常典型的、有积极意义的做法。但是这里我们仍然要提醒大家，在劳动周活动中，要切实保障学生劳动安全。

第一，要建立健全安全教育与管理并重的劳动安全保障体系。

要以安全、适度为原则，合理安排劳动任务强度和时长，在场所设施选择、材料选用、工具设备和防护用品使用、活动流程等方面制订详细、科学的操作规范，强化劳动过程中每个岗位的管理，明确各方责任，防患于未然。

要加强对师生的劳动安全教育，强化学生劳动安全知识的学习，建立劳动风险意识，提升应急处理能力，培养学生在场所设施的安全性判断、劳动实践中的安全操作、劳动实施全程的安全防护等方面的基本能力。

要科学评估劳动实践活动的安全风险，制订风险防控预案，完善应急与事故处理机制。

第二，确保劳动环境安全。

要充分考虑劳动中可能遇到的在田埂、渠道、河边、山坡、建筑工地等处行走的安全问题，防止雷暴、冰雹、高温等天气引发的安全事故，加强生产劳动中有害气体的防范及重污染天气的防范等。

第三，确保劳动过程安全。

劳动场所设施选择、材料选用、工具设备和防护用品使用、活动流程规划等方面，要符合操作规范要求，规范生产工具、设备的使用，预防生产安全事故的发生；要注意用火、用电、用气及可能使用到的化学试剂等的安全，防止触电、火灾、烧烫伤等事故的发生。

第四，注意提醒学生，在集体活动中不要掉队、不要擅自离开集体，注意自己的人身和物品安全等。

本案例由中国关心下一代工作委员会教育中心专家委员会委员李岑虎点评。

任务三　设计劳动主题活动方案

前文讲过的设计劳动周、编写劳动清单都是劳动主题活动方案的重要组成部分。但是劳动主题活动方案，除了劳动周、劳动清单以外还有其他元素。譬如，教学总目标、教学内容、教学重点、教学难点、劳动工具、教学方式、教学方法、教学流程、教学评价、教学反思、安全管理等。

一、校内主题课程方案

 案例 2-12

校内劳动教育主题课程方案（表格式）

课程名称				设计人	
学校班级		学生人数	带队老师	联系方式	
授课教师		项目专家	总课时	劳动地点	
课程总目标					
教学实施流程 （包括每节课的起止时间、课程内容、实施流程、教学方式、教学方法、项目专家等都要编出）					
第一天					
第二天					
第三天					
第四天					
第五天					
安全管理					
教学评价					
教学反思					

表格设计人：李岑虎

案例点评

校内劳动教育主题课程方案要素包括：课程名称、学校班级、设计人、教学课时、教学总目标、教学内容、教学重点、教学难点、劳动工具、教学方式、教学方法、教学流程、教学评价、教学反思、安全管理等要素。校内劳动教育主题课程方案，请结合当地实际灵活编制。

本案例由中国关心下一代工作委员会教育中心专家委员会委员李岑虎点评。

二、校外主题课程方案

易拉罐变废为宝

招远市中小学综合实践学校　李鸽　张保来

案例 2-14
校外劳动教育
主题课程方案

一、课程背景

日常生活中，总有许多废旧品要遗弃，易拉罐就是其中之一。易拉罐工艺品既具有金属特有的现代气息，也不必雕（挖）去或塑（添）上半点材料，做起来容易，成功率较高。

制造易拉罐的铝皮薄而匀，较之纸张，它有诸多的优越性：韧性好、抗拉力强、视觉上光洁度好、加工时可塑性强，还可以反复使用。如果把易拉罐变废为宝，利用易拉罐的特点制作成各种各样的模型，就能化腐朽为神奇，不仅可以节约制作成本，还可以增强环保意识。

根据小学生的年龄、性格特点，经过调查、研究，我们将易拉罐的手工制作分为两类：易拉罐画和实物模型小制作。制作完成后，还可以指导学生根据作品的特性进行家具的美化。因此，我们采用项目式课堂教学模式。通过一系列的劳动和实践活动，引导学生将铝制易拉罐转化为一件件精美的小艺术品，号召学生传承工匠精神，并利用易拉罐工艺品进行日常生活装饰，将之广泛应用到生活中去。

二、教学对象

小学高年级。

三、课程目标

（1）劳动观念。在将易拉罐变废为宝的过程中，认识到劳动创造价值、创造美好生活的道理，树立劳动最光荣的思想观念。在美化家居的过程中，认识到美好生活是用双手创造的。

（2）劳动知识与技能。熟练掌握金工传统手工艺的相关知识，以及使用剪刀剪切铝皮、铝皮弯折等劳动技能。

（3）劳动精神。通过传统手工艺制作与创新能力交相呼应、相互融合，培养开拓创新、砥砺奋进的时代精神。

（4）劳动习惯与品质。通过精心设计劳动作品，培养吃苦耐劳、精益求精的品质。

四、教学重点与难点

重点：了解易拉罐变废为宝的方法，能动手制作简单的易拉罐工艺品。

难点：养成勤俭节约、热爱劳动的习惯，热爱劳动人民。

五、教学计划

（1）对应任务群：工业生产劳动（金工）。

（2）活动计划。

第一阶段：探究易拉罐变废为宝的方法。（1课时）

第二阶段：创作易拉罐工艺品。（2课时）

第三阶段：交流评价，榜样激励。（1课时）

六、教学准备

教师准备：熟练掌握各种易拉罐作品的制作方法，并进一步处理、简化，使之适合本学段学生操作，优化教学设计，合理设计课件。

学生准备：各种易拉罐、剪刀、手套、双面胶、A4纸等。

七、教学过程

（一）创设情境，生成任务

1. 合理创设情境

PPT出示小明家的垃圾投放情况（垃圾中包括易拉罐），引导学生观察垃圾中哪些物品是可以回收利用的。

学生通过观察，很容易找出很多可利用物品。本环节不仅提高了学生的学习兴趣及参与热情，还可以引出本节课所用到的材料：易拉罐。

2. 明确项目主题

易拉罐除了扔掉，我们还可以怎样处理？如何化腐朽为神奇？

教师通过与学生交流，让学生感受到易拉罐的价值，认识到用自己勤劳的双手，可以将易拉罐变废为宝。教师引出课题：易拉罐变废为宝。

3. 分解研究方向

教师与学生交流易拉罐可以做什么。易拉罐手工制作趣味性较强，制作出的作品很精美，并且学生动手的机会也很多，符合小学生自主创作的个性特征。学生在劳动中学到知识与制作技能，使学生的心情变得轻松而又愉快；而宽松而又愉悦的气氛可以极大地调动学生的学习积极性。

通过学生的回答，结合 PPT 展示精美的易拉罐工艺品，引导学生分解研究方向：易拉罐可以剪成一些平面的图形或者是字，也可以制作成立体的模型。根据选择的主题，合理设计美化家居计划，通过日常生活劳动，将易拉罐手工艺品变成家庭环境中一道亮丽的风景线。

（二）讲解说明，激发兴趣

1. 知识讲解

引导学生观察易拉罐，可用手摸一摸、捏一捏，也可以拿剪刀动手剪一剪，通过看、摸、捏、剪等感官操作，引导学生发现易拉罐的特点。

教师总结：制造易拉罐的材料铝皮薄而匀，较之纸张它有诸多的优越性：韧性好，抗拉力强，视觉上光洁度好，加工时可塑性强，还可反复使用，具有金属特有的现代气息，做起容易，成功率很高。（强调：易拉罐侧面比较锋利，为防止割破手，操作时应戴手套。）

2. 工具及材料讲解

教师展示、讲解本节课主要用到的各种材料及工具，包括易拉罐、剪刀、手套、双面胶、A4 纸等。提示学生还准备了工具箱，各小组可根据实际情况挑选其他所需要的工具。

重点讲解：剪刀。剪刀的作用是剪易拉罐，还可以在易拉罐上扎上痕迹。再次强调剪刀的使用安全。

（三）小组合作，制定方案

（1）各小组根据自己选择的项目研究方向讨论并确定要制作什么作品，并商讨制作步骤，完成具体的实施方案。（学生以小组为单位探究、合作完成制作方案，用时3~5分钟。）

学校		班级	
项目名称	易拉罐变废为宝		
成员		组长	
作品名称			
工具材料			
任务分工			
重点技能			
设计理念及实施步骤			
家居美化计划			

（2）各小组展示自己的方案，适当进行师评和小组互评，完善方案。

（3）教师根据各小组的实施步骤，帮助各小组淬炼出关键步骤，并指导学生掌握重点技能。

以剪易拉罐画为例，重点技能有：①剪罐头和罐底；②剪侧面；③修剪边缘；④贴模板纸；⑤剪轮廓；⑥扎痕迹；⑦去纸完善。

剪罐头重点技能：将剪刀尖头插入易拉罐罐头位置，沿插孔往一个方向剪一圈，将罐头剪掉后，再用剪刀修剪边缘。

（四）淬炼操作，实施方案

制作开始前，教师先进行安全提示说明。注意操作安全，不要割到手；制作前，先把易拉罐洗干净；剪平面的图形或字前，应先把易拉罐上下底面剪掉，将侧面展平，可将要剪的图形或字印到纸上，再将纸用双面胶贴到易拉罐上，这样剪出来的画或字会更加精美；制作立体模型时，应先想好模型的形状，制作过程可小组分工完成。

（五）剪易拉罐画教学过程

要求：制作过程中教师来回巡视，对于学生遇到的问题或操作的不足之处加以解释、引导。

（1）剪罐头和罐底。罐头和罐底剪法大致相同，在淬炼操作时已详细讲解。需要注意的是，要尽量在靠近罐头和罐底位置进行扎、剪操作，确保中间存余部分足够后续使用。

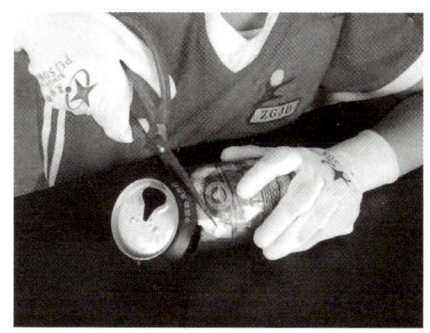 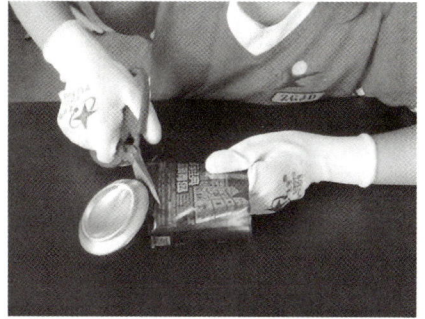

（2）剪侧面。将侧面剪开、铺平。铺平过程中注意安全，不要被边缘毛刺扎到。

 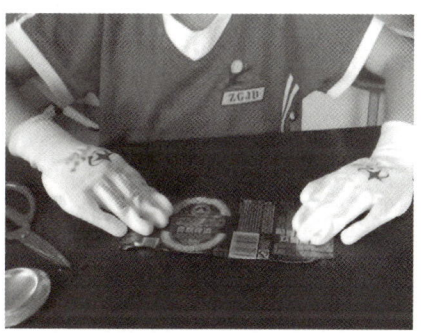

（3）修剪边缘。边缘要根据实际情况进行修剪，没有毛刺了就可以，不要剪得太多。

（4）贴模板纸。准备好配有图案的模板纸（可以打印，也可以自己绘制，图案不必太过复杂，有主要轮廓就可以）。模板纸后面贴上双面胶，剪下相应大小的易拉罐纸，将模板纸贴到易拉罐正面。

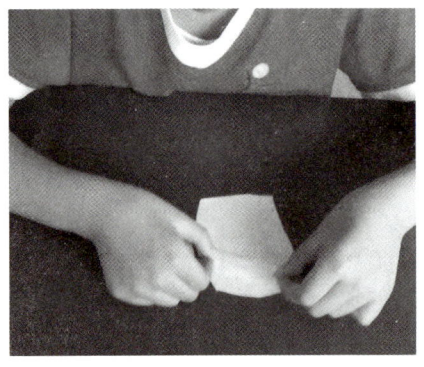 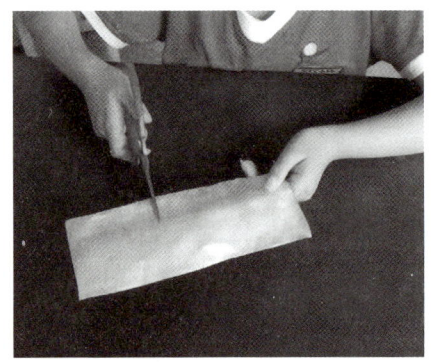

（5）剪轮廓。按照模板纸上图案，用剪刀进行修剪。剪时要注意技巧，特别是剪弧线的时候，要掌握剪刀用力的方向及力度大小。

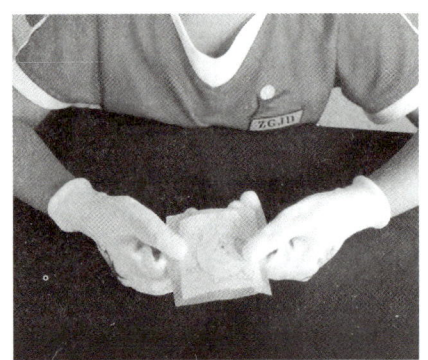 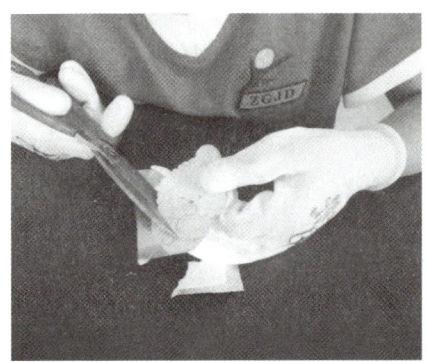

（6）扎痕迹。用剪刀在图案上扎上痕迹。按照从上到下、从左往右的顺序，要用力扎，确保痕迹清晰、紧密。

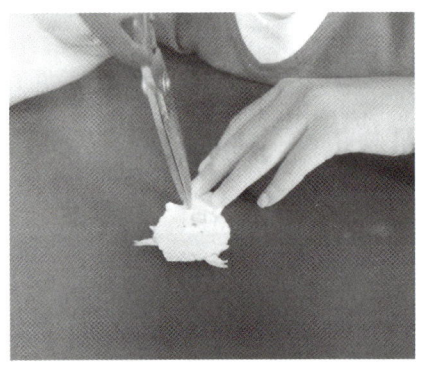 

（7）去纸完善。将模板纸撕下，再略做处理，保证整体的美观性。

（六）成果展示，修改完善，美化家庭

组内评比、作品展示、交流、评价、完善。

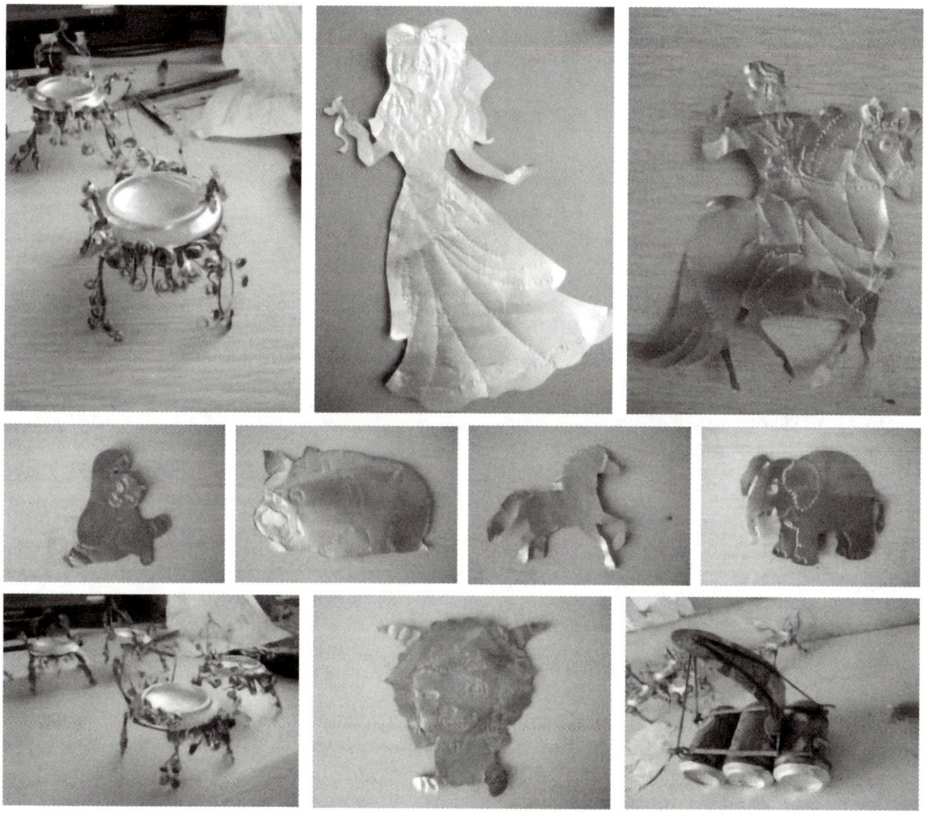

将自己制作的作品拿到家中做装饰品，延伸劳动成果，提升劳动自豪感。比如，将小椅子等立体作品摆放到书桌上，将平面作品放到相框上、贴到衣柜上等。

（七）交流评价，反思提高

交流整个活动中的个人和他人表现，填写评价表。

评价表一级指标包含劳动教育的四维目标及作品呈现，二级评价指标紧扣本节内容。设置家校社三维评价，以学校评价为主。学校评价主要指课堂评价，包括自评、互评、教师评等。

评价要素	评价内容	评价等级	自评	互评	师评	家长评	社会评
劳动观念	热爱劳动	优秀★★★ 良好★★ 合格★					
	善于合作						
	积极参与						
劳动知识与技能	知识掌握	优秀★★★ 良好★★ 合格★					
	工具的操作熟练程度						
	方法和技巧						
劳动精神	制作过程专注、耐心	优秀★★★ 良好★★ 合格★					
	有创新精神						
劳动习惯与品质	吃苦耐劳	优秀★★★ 良好★★ 合格★					
	精益求精						
作品呈现	是否完成	优秀★★★ 良好★★ 合格★					
	干净、精美						
	具有创意						
我的收获							
老师对我说							

（八）激励探究，榜样带动

通过评价，评选出本节课的"劳动小达人""优秀团队"。教师引导其他同学发现"劳动小达人"身上的闪光点，号召全体同学以他们为榜样，向他们学习，努力提高自我。

（九）拓展延伸，情感升华

本节课展现的是变废为宝的良好劳动行为。日常生活中的废弃物数不胜数，除了易拉罐，还有很多可回收再利用的废弃物。教师 PPT 进行部分展示。比如，装洗衣液的桶可制作成花篮，玉米皮可编制成杯垫等。教师呼吁同学

项目二 设计劳动教育课程

们做生活的有心人,积极发现可再利用的废弃物的价值,用自己的双手创造出更多的价值和财富。

本案例由西安中科朗仟信息技术有限公司罗瑛提供。

案例点评

本案例是实操性的劳动教育主题课程方案,全面展示了剪易拉罐画的教学过程。方案教学目标符合《义务教育劳动课程标准》劳动素养目标要求。教学过程中采用讲授法、数字化教学法、小组合作法、考察探究法、榜样激励法、成果展示法等教学方法,恰当合理,灵活娴熟。最后的"拓展延伸,情感升华"做到了举一反三,触类旁通,引发新的思考,拓宽了学生的视野,延伸了劳动教育课堂,利于核心素养的提升。这是一个非常不错的劳动课优质教案,这样的方案在劳动教学实践中也必定是一堂精彩的、深受学生喜爱的劳动课。

本案例由中国关心下一代工作委员会教育中心专家委员会委员李岑虎点评。

三、劳动教育活动经费

 案例 2-15

校外劳动教育活动经费明细表

项　目	单价/单位	数　量	合　计	负责部门	备　注
住宿费					
餐　费					
门票费					
交通费					
指导教师授课费					
项目专家授课费					
劳动机构服务费					
保险费					

续表

项　目	单价/单位	数　量	合　计	负责部门	备　注
服装费					
工具材料费					
教材费					
场地租赁费					
其他费用					
总金额					

案例点评

劳动教育活动经费就是举办劳动教育活动需要的各种费用，是开展劳动教育不可缺少的物质条件，也是课程设计必须学习研究的项目。校外劳动教育活动经费包括交通费、指导教师授课费、项目专家授课费、劳动服务机构服务费、场地租赁费、服务人员劳务费、保险费、服装费、工具材料费、教材费。需要住宿和用餐的时候，还有住宿费、餐费；有的劳动教育基地还需要门票费等。这些都是劳动教育活动前应该考虑的问题。校外劳动教育经费预算要听取学校财务人员和劳动教育服务机构专业人员的意见，他们更懂行情和计算办法，预算出来的经费数额更精准合理、贴近实际。

本案例由中国关心下一代工作委员会教育中心专家委员会委员李岑虎点评。

任务四　设计劳动专题课程方案

专题课程是指在实施劳动教学的过程中，为达到某一专门劳动教学目的或解决某一专门问题而对学生进行的劳动课程，如陶器制作、剪纸技术、我是小厨师体验、荷花盆景制作、自行车维修技术等劳动专题项目。

专题课程方案是对劳动专题课程目标、劳动内容、劳动方式的规划和设计，是劳动教育计划、劳动教育教材等诸多方面实施过程的总和，是对每一堂劳动教育课具体深入的教学准备，是对师生劳动课堂预期的教学活动的设计和描述。专题课程方案也就是中小学教师的课时计划，俗称"教案"。

专题课程方案分为校内专题课程方案和校外专题课程方案两种。

一、校内专题课程方案

 案例 2-16

案例 2-17 校内劳动教育专题课程方案（表格式）

校内劳动教育专题课程方案：凉拌土豆丝

课题名称		凉拌土豆丝	设计人		刘俊凤	
学校班级		山东青岛市即墨区段泊岚中心学校五年级3班	校方代表	姜欣欣	带队老师	刘俊凤
项目专家			指导教师	教学课时	3	授课时间	9月21日
教学目标	劳动观念	体会劳动光荣，初步养成热爱劳动、热爱生活的态度。				
	劳动能力	熟练掌握菜刀的使用方法，掌握拌凉菜的洗—切—拌—装的基本流程，提高动手操作技巧。				
	劳动精神	通过具体的制作过程，体会烹饪的乐趣，掌握基本劳动技术，形成热爱生活、热爱劳动的品质。				
教学目标	劳动习惯和品质	通过做菜活动，培养学生的劳动意识，养成做家务、爱劳动、勤俭节约的良好劳动习惯，尊敬父母、尊敬劳动人民。				
教学内容		让学生熟练菜刀的用法，掌握拌凉菜的洗—切—拌—装的基本过程。				
教学重点		掌握拌凉菜具体的制作过程，体会烹饪的乐趣。				
教学难点		如何培养学生的劳动意识，养成良好的行为习惯，掌握基本劳动技术和形成热爱生活、热爱劳动的品质。				
教学方式		设计制作式、职业体验式。				
教学方法		讲授法、示范法、小组合作法、实践操作法、成果展示法。				
劳动工具		10套，土豆、刀具、案板、拌盆、盘子、筷子、小叉子、一次性手套。				

续表

教学过程		
劳动前	**课前准备，设置问题** 1. 如何制作一道美味的凉菜——凉拌土豆丝？ 2. 制作凉拌土豆丝需要什么材料？ 3. 需要用到什么工具？怎么使用？ 教师准备：拌盆、盘子、筷子、一次性手套、做菜的原料、垃圾桶、刀、案板、调味料、白糖、盐、醋、香油、多媒体课件等。 学生准备：调查凉拌菜资料。	
劳动中	**课堂导入，提出问题** 　　师：蔬菜是生活中必不可少的一种食物，同学们平时家里吃什么菜比较多呢？这些蔬菜为什么每天都要吃？（其中含有大量人体所需的维生素），因此多吃蔬菜有助于我们的健康。瞧瞧这些用蔬菜做出来的美味（幻灯片播放凉菜拼盘照片、视频）多有诱惑力！今天我们也来学一学土豆丝凉拌菜的做法。	
	开展新课，解决问题 　　　　　　　　　　　　制作过程 　　1. 认识各种调料 　　师：把准备好的调料一一展示出来，这些都是我们平时做菜时常用到的调料。 　　2. 观看制作视频《凉拌土豆丝》 　　师：下面请同学们仔细观看制作过程。（视频播放）看清楚了吗？我们知道做菜要讲究色、香、味、形俱全，回顾一下凉拌土豆丝需做哪些准备工作呢？ 　　学生讨论：将需要用到的材料一一列出。 　　3. 探讨制作步骤 　　师：凉拌土豆丝有哪些制作步骤？观看幻灯片，引导学生说出制作步骤。 　　（1）清洗土豆：将选好的土豆清洗干净，去皮。 　　（2）切土豆丝：视频中把土豆切成什么样子的？还可以切成什么形状？ 　　（3）拌土豆丝：先将土豆丝放入清水清洗一下，这样土豆丝吃起来会比较香脆；水开放入锅中焯水1~2分钟；将青椒切细丝，倒入拌盘中，再加入适量白糖、香油、醋等调料；戴上一次性手套，根据个人口味拌匀即可。 　　（4）摆盘：将拌好的土豆丝摆盘即可。在装盘的时候，可以把事先准备好的辅料如胡萝卜、香菜等摆成各种好看的形状，这样就做好了一道可口的凉拌土豆丝。 　　4. 刀具的使用方法 　　师：如何正确使用道具？在家里切菜，爸爸妈妈看到后心里肯定是非常忐忑的。其实，只要掌握了正确的方法，这门技术是可以学好的。（教师讲解示范） 　　（1）八字步站法：两脚自然分开，与肩同宽，站稳，呈八字步站姿；上身稍向前倾，但背部不要弯曲；眼睛盯着两只手操作的部位，身体和菜板保持一定的距离。此站法双脚承重均匀，不易疲劳，适合长时间站立。 　　（2）握刀：握住刀柄的前端，拇指和食指捏住后部，剩余三指自然合拢，握住刀柄，手掌略空握稳。 　　（3）切菜：手指自然弯曲，呈聚拢状；大拇指蜷缩在其余四指内侧；指尖按住土豆，掌心按压在食材或案板上；一只手握住刀柄，利用腕力，紧贴另一只手指背，以垂直的方式向下切，按照长短不同，均匀往后移动。 　　5. 动手实践，巧做凉菜 　　1. 小组合作，明确分工。	

续表

劳动中	2. 切菜时注意安全。 ③戴好一次性手套，注意卫生。 ④不要浪费食材，垃圾不乱丢。 ⑤收拾用具，整理桌面。 学生操作，教师巡回指导（着重指导切菜方法，教师到各组亲自示范切菜方法），随时提醒同学们注意安全，注意卫生。 **教学评价，激励提升** （1）各组选一名学生介绍本小组凉拌菜，老师品鉴后，学生集体品鉴，并进行评价。评价的方式是：自评、互评、师评。 （2）激励提升的方法。颁发"做菜小能手荣誉证书"、做菜成果拍成照片，编辑到《劳动手册》学生优秀成果展示栏目，发给全体家长。 （3）课后作业：回家给爸爸妈妈做一份凉拌土豆丝，请爸爸妈妈品尝评价。
劳动后	**教学总结，反思问题** 1. 课堂小结 师：请同学们总结一下今天的收获，以小组为单位分别讨论，然后派一个代表发言。 生：今天，通过本堂课的学习，我们学会了刀具的使用、土豆丝的制作，会做凉拌土豆丝，也会做其他凉拌菜，学会了各种调味品的使用…… 师：你们总结得都很好，老师给你们点赞。通过制作土豆丝凉拌菜，显示了同学们丰富的想象力和创造力，又加上是你们亲手制作的，所以大家都觉得今天的凉菜特别香，特别有滋味，劳动的果实是最甜的…… 2. 教学反思（课后补） 现在大部分学生都是独生子女，在家里，父母包办了孩子的一切，导致他们都是养尊处优，没有主动劳动的意识，动手能力很差，自理能力也很差，所以，培养孩子热爱劳动、养成爱劳动的习惯就显得特别重要。 凉拌土豆丝是我们生活中比较常见的一道凉拌菜，虽然孩子常吃，但这道菜怎么做、怎么做才好吃，估计知道的孩子就更少了。所以，在这次劳动课上，首先让学生了解什么是调料品，了解调料的作用，使他们在以后的居家生活中，能够把调料品用对、用好；通过观看制作视频，观看教师的制作过程，了解凉拌土豆丝的制作步骤，逐步掌握洗菜的要领、切菜的要领，如何使用材料的方法；最后放手让学生自己进行实际操作，学习凉拌菜的制作和享受品尝凉拌菜的乐趣。 本着劳动教育要实现由课内向生活延伸的本质，我布置了学生回家亲手做一份凉拌土豆丝的小任务。爸爸妈妈品尝后在班级群中的反馈来看，学生们的动手能力的确不容小觑，他们不仅将已经掌握的技能较好地展现出来，在切装时也将自己独立创作的能力发挥得淋漓尽致。孩子们在制作过程中也真切地感受到了劳动的乐趣。让孩子经常进行劳动锻炼，学会做一些家务，就可以改掉他们过分依赖父母的心理，促使孩子形成"自己的事情自己干、不依赖他人帮助"的独立自主的意识。因此，劳动对培养学生的自主意识和创造意识具有极其重要的意义。

案例点评

本方案要素齐全，目标正确，方法恰当。教学过程采用国内知名劳动教育专家李岑虎先生提出的"三步五环教学法"，即"劳动前、劳动中、劳动后""课前准备,设置问题;课堂导入,提出问题;开展新课,解决问题;教学评价,激励提升;教学总结,反思问题"。整体干净利索,一盘小小的凉拌土豆丝,写出劳动大文章,可喜可贺。

本案例由中国关心下一代工作委员会教育中心劳动教育标准起草专家组高霞点评。

二、校外专题课程方案

 案例 2-18

案例 2-19 校外劳动教育专题课程方案（表格式）

编出快乐童年　织就多彩人生
——塑编孔雀劳动专题课程教案

【课题名称】塑编孔雀劳动专题课程教案

【授课时间】40 分钟

【设 计 人】邹城市中心店镇大元小学黄振宝

【指导教师】邹城市郭里镇中心小学尉兰

【学校班级】四年级二班

【教学课时】1 课时

【劳动地点】编织教室

孔雀编织——黄振宝说课

【教学目标】

（1）树立正确的劳动观念。通过学习,认识到通过双手可以创造出价值和美好生活,尊重劳动,尊重普通劳动者,牢固树立劳动最光荣、劳动最崇高、劳动最伟大、劳动最美丽的思想观念。

（2）具有必备的劳动能力。掌握基本的编织知识和技能,正确安全使用剪刀、尖嘴钳等劳动工具,并能根据自己的理解去装饰和点缀,让自己的作品更加漂亮美观,培养良好的审美观。增强体力、智力和创造力,具备完成一定劳动任务所需要的设计、操作能力及团队合作能力。通过体验、欣赏、总结的方法引导学生掌握编织的各种技法。引导学生感受劳动的艰辛和收获的快乐,增强获得感、成就感、荣誉感。

（3）培育积极的劳动精神。通过学习编织作品，引导学生学习和继承优秀民族技艺的思想，领会"幸福是奋斗出来的"内涵与意义，继承中华民族勤俭节约、敬业奉献的优良传统，弘扬开拓创新、砥砺奋进的时代精神。

（4）养成良好的劳动习惯和品质。在编织过程中，注意保持编织教室的干净整洁。能够自觉自愿、认真负责、安全规范、坚持不懈地参与编织活动，形成诚实守信、吃苦耐劳的品质。珍惜劳动成果，养成良好的消费习惯，杜绝浪费。

【教学内容】塑编法编织孔雀，并熟悉各种编织和装饰方法

【教学重点】

（1）欣赏、感受编织技艺，理解和掌握孔雀造型的表现方法，培养学生创造性地设计孔雀点缀和装饰的能力。

（2）提高学生的动手操作能力，提高他们的审美能力，增强民族自豪感。

（3）培养学生安全使用各种编织工具的能力，能够通过掌握的生活常识进行自主设计；培养学生"劳动创造价值"的观念，养成热爱劳动、尊重劳动的良好品质。

【教学难点】

（1）孔雀尾部的整理和整个身体的塑形。

（2）形成热爱劳动、热爱中国传统文化，愿意继承和发扬中华优秀传统文化的思想。

【教学方式】设计制作式

【教学方法】小组合作法、成果展示法、数字化教学法等

【劳动工具】剪刀25把（每生一把）、尖嘴钳5把（每组一把）、斜嘴钳5把（每组一把）、中号仿真剑叶75根（每生3根）、大号仿真剑叶25根（每生1根）、仿真眼50根（每生两根）、亮片300片（每组60片）

【教学过程】

第一步：劳动教育前

课前准备，设置问题

（1）根据学生数量准备好需要的工具和材料，并收集一些关于孔雀的视频和图片。

（2）提前做好一只完整的塑编孔雀。

（3）讲解各种工具的使用方法和使用过程中的安全问题。

第二步：劳动教育中

课堂导入，提出问题

（1）大家来猜个谜语："它像鸡不是鸡，尾巴长长拖到地，张开尾巴像把扇，花花绿绿真美丽"，谁能知道它是什么？

生：孔雀。

（2）那你知道多少关于孔雀的知识呢？

生：孔雀吃玉米、小麦、高粱、大豆及青草为主，还吃鱼粉、骨粉、食盐、小昆虫等。

师：孔雀有绿孔雀、蓝孔雀两种。

（3）展示图片《孔雀开屏》，让学生讨论孔雀开屏的原因。

①雄孔雀开屏，雌孔雀不开屏。

②雄孔雀开屏是吸引雌孔雀，并不是比美。

③孔雀在人多的时候开屏是为了自我保护、防御。孔雀被傣族人称为"吉祥鸟"，是我国珍贵的观赏鸟类之一，要保护好。

④同学们，今天我们就一起来亲自编织一只孔雀。

开展新课，解决问题

（1）展示老师作品，让大家仔细观察作品的结构和材料。

提出要求：

①同学们一定要正确使用剪刀等工具，不要拿着工具随意玩耍，牢记安全第一。

②要及时把产生的垃圾、废料等收纳进垃圾筐，不要随地乱扔，要保持教室干净整洁，要做讲卫生的好孩子。

（2）查看个人的工具和材料，根据老师要求进行材料的裁剪和准备。老师再次提醒正确使用工具，安全第一。及时把产生的废料收纳进筐，保持编织教室的干净卫生，养成讲卫生的好习惯。

孔雀编织教程

（3）播放教学视频，让学生认真观看，初步了解编织孔雀的基本过程，形成初步印象。

（4）继续播放视频，学生跟随视频动手进行孔雀的试编，老师巡回指导，纠正学生出现的错误。

（5）老师就学生的错误进行统一纠正和讲解。学生继续操作，老师进行分组指导。

步骤：（指导老师演示，以小组为单位学生尝试编织。）

①准备好材料，如步骤图1，将中号剑叶依次剪成40厘米、36厘米、32厘米、28厘米、24厘米长。如步骤图2。

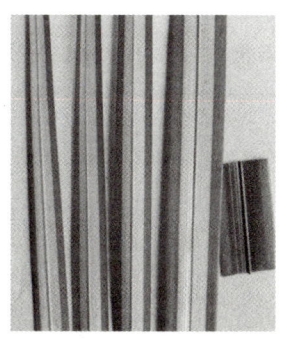

步骤图1

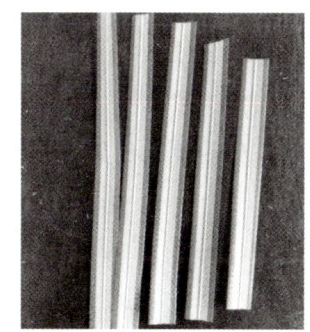

步骤图2

②将剑叶全部对折，对折后用剪刀进行修剪。修剪时，一定要注意羽毛的方向一定和斜角的方向一致，如步骤图3和步骤图4。

步骤图3

步骤图4

③将大号剑叶剪开后铁条保留20厘米，然后将铁条漏出13厘米后弯折，如步骤图5。做一个基本扣，将最长的羽毛插入铁条中间如步骤图6。

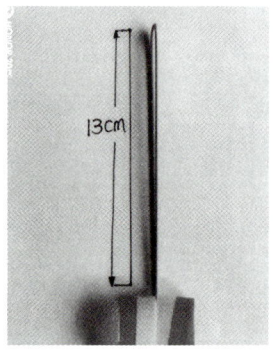
步骤图 5

步骤图 6

④整理好羽毛，做一个基本扣，再插入第二长的羽毛，如步骤图 7 和步骤图 8。

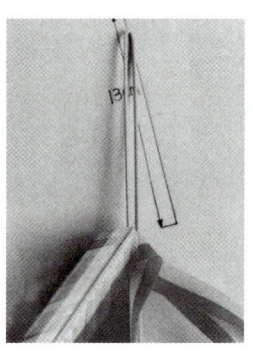
步骤图 7

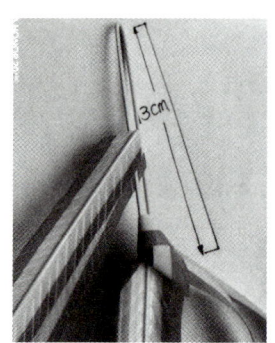
步骤图 8

⑤每加一根羽毛，就编一个基本扣，直到把五根全部完成后再编一个基本扣，并将铁条头部旋转，让两根铁条成水平状态。如步骤图 9 和步骤图 10。

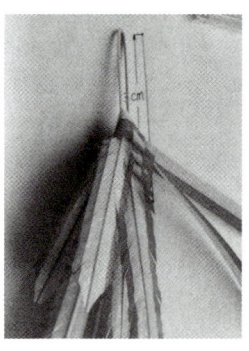
步骤图 9

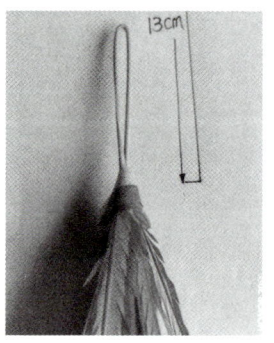
步骤图 10

⑥把剩余带子围铁条分别进行缠绕，最后插到铁条中间，插入后再次绕一圈插入。如步骤图11。将准备好的另一条剑叶进行修剪，如步骤图12。

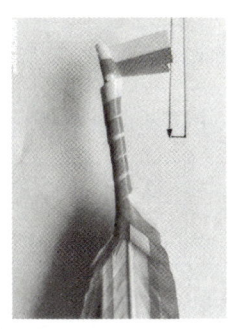

步骤图 11

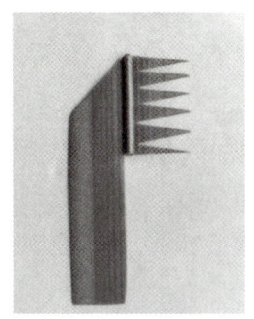

步骤图 12

⑦将羽冠插入后用仿真眼固定住，如步骤图13；将脖子进行整理，如步骤图14。

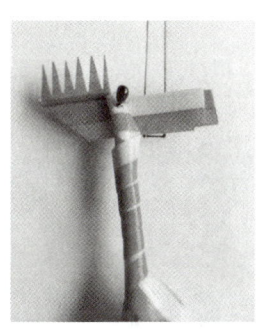

步骤图 13

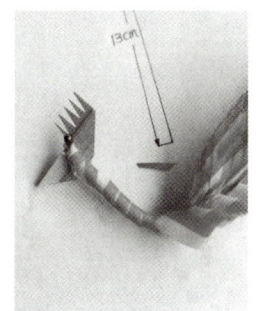

步骤图 14

⑧将羽毛进行整理，一根根向两边分开，如步骤图15和步骤图16。

步骤图 15

步骤图 16

⑨对尾部大号剑叶进行修剪,并将尾部折弯竖起;将羽毛顺时针进行拧转,如步骤图17和步骤图18。

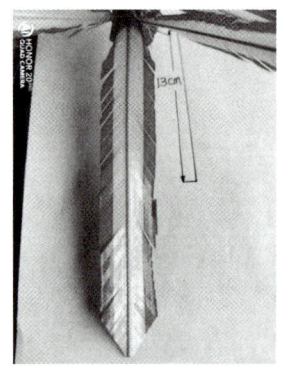
步骤图17

步骤图18

⑩对整个身体进行全面的整理定型,如步骤图19;然后用胶枪固定准备好的亮片,如步骤图20。作品完成。

步骤图19

步骤图20

教学评价,激励提升

(1)学生自评。学生展示自己的作品,并说一说自己编织的作品的优缺点;如果自己编一只,有什么好的创意或者有什么需要提升之处。

(2)学生互评。各小组推出本小组最优作品进行参赛,由全体同学举手表决选出全班最好的三件作品,让作者讲一下自己编织过程中有什么收获。

(3)老师评价。同学们都充分地开动了小脑筋,通过自己动手,编织出了自己的作品。大部分同学的作品基本成型,虽然也有个别同学的作品不是很完美,但是我们收获了快乐,享受了自己动手创造美丽的过程。任何事都不可能一蹴而就,得通过不懈的努力才能成功,相信大家通过多次的勤加练习,一定能编织得越来越好。

(4)奖品激励。学生自主评选后,颁发"编织小能手"奖状,每组一个一等奖,五组共五名。

第三步:劳动教育后

教学总结,反思问题

(1)引导学生总结反思:这节课我们学到了什么?引导学生总结归纳出编织孔雀的步骤,帮助学生回顾并巩固所学内容。每组推荐一个代表上台发言分享总结,反思问题。

(2)教师总结:中国民间编织艺术,是中国编织工艺的主要品类之一,是我国艺术的一枝奇葩,已有近千年历史。编织艺术是我国劳动人民在日常生活中的劳动结晶,寄托着人们对美好生活的向往、对吉祥幸福的期盼。2011年5月23日,棕编经国务院批准列入第三批国家级非物质文化遗产名录。我们的塑编也是棕编的一个分支。通过这节课的学习,同学们对编织技艺有了一定的了解,希望同学们多从日常生活中注意观察,多看,多想、多动手,把我国的编织技艺继续发扬光大。

(3)任务拓展:请同学们自己动手,也可以和父母一起,编织一只自己满意的孔雀作品,到我们的杏花节活动中进行义卖,为留守儿童奉献出自己的一份力量。还可以把这项劳动技能教给身边的人,让更多的人喜欢编织,让更多的人了解中国的编织技艺,将这项技艺更好地传承和发扬下去。

本案例由山东省邹城市中心店镇大元小学黄振宝编写。

案例点评

本方案基本要素齐全,核心素养目标正确,教学方法恰当。教学过程中的"三步五环教学法"使用得淋漓尽致,再配上精美的图片,图文并茂,赏心悦目,仿佛一只美丽的金孔雀跃然纸上,编出了少年学生快乐的童年,织就了人民教师多彩的人生。在此为作者的真情付出和对劳动教育的执着表示崇高的敬意。

本案例由山东省教育学会数字化教育资源专业委员会理事王靓点评。

案例 2-20

弘扬剪纸文化　剪制五角团花
——剪纸文化劳动教育专题课程教案

【课题名称】弘扬剪纸文化　剪制五角团花

【授课时间】40 分钟

【设 计 人】邹城市中心店镇后南宫小学李芳

【指导教师】柏祥国、崔令花

【学校班级】四年级一班

【教学课时】1 课时

【劳动地点】实训教室

【教学目标】

1. 劳动观念

（1）了解民间团花剪纸的基本特点和方法，增加对剪纸艺术的认知，感受劳动人民通过剪纸来表达对美好生活的向往，牢固树立劳动最光荣、劳动最崇高、劳动最伟大、劳动最美丽的思想观念。

（2）让学生在学习和掌握基本剪纸技能的过程中，领悟劳动的意义价值，形成勤俭、奋斗、创新、奉献的劳动精神。

2. 劳动能力

（1）学习五角团花的制作方法，学会正确地设计纹样，掌握五角团花的剪制技巧，能用已掌握的知识技能剪制出漂亮的五角团花，具备完成一幅剪纸作品所需要的设计、操作能力及团队合作能力。

（2）通过体验、欣赏、总结的方法引导学生掌握五角团花剪纸的技法。引导学生感受劳动的艰辛和收获的快乐，增强获得感、成就感、荣誉感。

3. 劳动精神

（1）通过学习、体验，唤起学生对民间剪纸艺术的热爱，培养学生继承、发扬民族艺术的情感。

（2）鼓励学生在学习和借鉴他人丰富经验、技艺的基础上，尝试新方法、探索新技术，打破僵化思维方式，推陈出新。

4. 劳动习惯和品质

（1）学会运用剪纸的基本技法表现作品，能够认真仔细、耐心细心地坚持完成剪纸作品，珍惜劳动成果，形成诚实守信、吃苦耐劳的品质。

（2）提高学生的造型能力和审美感知能力。进一步提高对形式美的认识和感知、创造美的能力的培养。

【教学内容】五角团花剪纸制作

【教学重点】

（1）欣赏、感受剪纸之美，理解和掌握五角团花剪纸造型的表现方法，具备完成一幅剪纸作品所需要的设计、操作能力及团队合作能力。

（2）学生能够创造性地设计剪纸作品，提高学生造型能力和审美感知的能力，增强学生民族自豪感。

【教学难点】

正确把握纹样的连接与完整性来表现自己的创作，尝试新方法、探索新技术，打破僵化思维方式，推陈出新。

【教学方式】设计制作式

【教学方法】小组合作法、成果展示法、数字化教学法、合作探究法

【劳动工具】剪刀32把（每位学生一把）、红纸64张（每位学生两张）

【教学过程】

第一步：劳动教育前

课前准备，设置问题

（1）学生准备：课前每位学生准备一支铅笔、一块橡皮、一把剪刀、两张正方形的红纸。

（2）老师准备：一把剪刀、两张红纸、课件、示范视频、学生作品等。

（3）安全准备：碘伏、医用棉签、创可贴等。

（4）问题准备：同学们还记得五角星是怎样剪的吗？五角折法还可以剪出什么呢？

第二步：劳动教育中

课堂导入，提出问题

（1）师：同学们，我们原来学习了五角星的剪法和五角折法，同学们还记得吗？哪位同学能来给同学们示范一下五角折法呢。

（2）学生代表上台示范五角折法，其他学生跟做。

同学们一定要正确使用剪刀，不要拿着剪刀玩耍。剪刀要时刻放到桌子的左上角，只有在需要用到的时候才可以拿起来使用。使用过程中也一定要小心仔细，不要把手划破！使用完剪刀之后，也要立刻把剪刀放到桌子的左上角。放好剪刀之后，再来打开自己的剪纸作品。

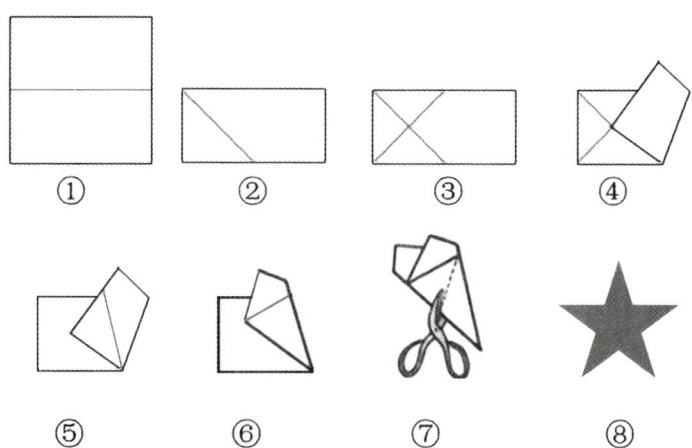

3. 五角折法不仅可以一剪刀剪出五角星，它还可以剪出更加漂亮精美的团花来，今天这节课我们就一起来学习剪制五角团花。团花大多是贴在窗户上的，所以也称为窗花。贴窗花是我国传统的节日风俗。窗花不仅装饰了喜庆的节日氛围，还给人们带来了美的享受。窗花寄托着人们对美好生活的向往和对吉祥幸福的期盼！

开展新课，解决问题

1. 画纹样

窗花是一种比较典型的剪纸艺术。像这么漂亮的窗花，通过今天这节课的学习，同学们也可以轻松剪出来！下面就跟着老师一起来学习吧！

（1）欣赏高年级学生作品。

看一幅团花还原到五角折法的视频，初步了解团花的剪制过程。（详见："示范视频1—还原"）

（2）播放纹样设计方法的教师示范视频。

团花纹样到底应该怎么设计呢？和我们平时的绘画又有什么不同呢？请同学们带着这些问题，仔细观察老师是怎样设计纹样的，并认真思考总结团花纹样设计的方法和特点。(详见:"示范视频2—画")

学生观看后小组内交流讨论,学生代表回答设计纹样时需要注意的问题。课件同时出示。

(3)学生动手设计绘制纹样。学生可以模仿老师画的纹样,也可以自己设计更有创意的纹样。指导教师巡视指导。

(4)在纹样设计中唤起学生对民间剪纸艺术的热爱,培养学生继承、发扬民族艺术的情感。

在中国,剪纸具有广泛的群众基础,剪纸艺术自诞生以来,在中国历史上就没有中断过。它充实于各种民俗活动中,是中国民间历史文化内涵最为丰富的艺术形态之一,表达了广大人民群众的社会认知、道德观念、实践经验、生活理想和审美情趣等。

2. 剪窗花

同学们设计的纹样可真漂亮呀!纹样设计好了,接下来我们就要开始剪团花了。同学们一定都能剪出最美丽的团花!首先呢,我们先来看一看老师是怎样剪的,并认真思考剪的时候需要注意哪些问题。

(1)教师播放示范视频。(详见:"示范视频3—剪")

(2)学生小组内交流讨论,小组学生代表汇报需要注意的问题。课件同时出示。

(3)课件出示温馨提示:

①同学们一定要正确使用剪刀,不要拿着剪刀随意玩耍,牢记安全第一。

②要及时把垃圾、碎纸屑等收纳进垃圾筐,不要随地乱扔,要保持教室干净整洁,要做讲卫生的好孩子。

(4)学生开始剪团花。指导教师巡视指导。

同学们在剪的过程中不要求快,只求好;剪纸要平心静气、不急不躁、稳而不颤;手要平缓有力,控制好剪刀。

剪纸的基本技法就是剪线条,但是线条有长短、曲直之分,怎样去把这长短曲直恰如其分地表现在你的剪纸作品中,需要同学们不断地去揣摩、练习体会。

教学总结,反思问题

(1)同学们,这节课我们学到了什么呢?哪位同学来总结一下呢?引导学生总结归纳出五角团花剪纸的步骤，并板书：折—画—剪（帮助学生回顾并巩固所学内容）。每组选派一名代表上台发言，交流本小组活动收获。

（2）学生认为：中国民间剪纸艺术，犹如一株常春藤，古老而长青。通过这节课的学习，同学们对团花剪纸有了一定的了解，今后还要多从民间剪纸中吸取营养，多看、多想、多动手，并把我国的传统剪纸艺术继续发扬光大。

（3）学生作品展示。评选出一二三等奖。每组第一名为一等奖，奖品为"小剪刀+红纸"；每组第二、三名为二等奖，奖品为"剪纸作品书夹"。

（4）通过分组讨论、合作探究等教学方式，充分锻炼了学生的自主探究能力、团队合作能力。学生在剪纸过程中感受到了劳动的艰辛和收获的快乐，增强了学生的获得感、成就感、荣誉感。

（5）剪纸是艺术，不是闹着玩。同学们要认真仔细，不厌其烦，锲而不舍，从基本功入手，从基本图案入手按部就班，不断地练习，不断地提高。在学习和掌握基本剪纸知识技能的过程中，不断磨炼自己的意志，领悟劳动的意义与价值，形成勤俭、奋斗、创新、奉献的劳动精神。

第三步：劳动教育后

教学评价，激励提升

（1）学生自评。学生评出"最佳创意"，或"精美作品"，并说一说有什么美好的创意或者有什么精美之处。

（2）学生互评。学生代表来说一说他喜欢的其他同学的作品，并说明为什么喜欢。

（3）教师评价。这节课同学们都充分地开动了小脑筋，作品都非常地惊艳，给老师带来了一场别样的视觉盛宴。就这样在几番折叠的纸上不经意地剪上几剪刀，平展开来，意想不到的奇迹之花就在你们的手中绽放开了。

项目二 设计劳动教育课程

（4）拓展延伸。请同学们课下创作一幅有美好寓意的五角团花剪纸作品，参加学校庆五一"剪纸小明星"评选活动。

本案例由山东省邹城市中心店镇后南宫小学李芳编写。

作者立意高远，格调清新，站在弘扬中国传统剪纸艺术的高度，让学生身临其境，亲自动手，真切地感受到古代劳动人民的伟大智慧和对美好生活的向往。透过方案不难看出，在整个教学过程中，作者始终在学生思想中树立劳动最光荣、劳动最崇高、劳动最伟大、劳动最美丽的观念，加上作者温馨细腻的教学风格，以及巧夺天工的剪纸技术，铸就了一座座国家劳动教育的精神高地。这样的劳动课，哪个学生不想上呢？

本案例由中国成人教育协会教师继续教育专业委员会理事王靓点评。

2021年全国五一巾帼奖章获得者名单

程芳琴，山西大学副校长、教授，山西大学国家环境保护煤炭废弃物资源化高效利用技术重点实验室主任

严　玲，鞍钢股份有限公司技术中心研究室主任，教授级高级工程师

郭大为，中国石油化工股份有限公司九江分公司炼油运行四部操作工，技师

杜金环，山东省临沂市郯城县公安局庙山派出所所长，三级警长

— 115 —

李素云，河南中医药大学第一附属医院副院长，主任医师

王　丽，潮州三环（集团）股份有限公司 PKG 事业部常务副总经理，中级工程师

范乔娟，重庆市九龙坡区渝州路街道科一路社区网格长、党委书记

张文妮，延安市城市管理执法支队二级主任科员

刘　杰，中国科学院近代物理研究所材料研究中心主任，研究员

马　婷，中国铁路青藏集团有限公司西宁东车辆段西宁货车检修车间制动钳工

来源：中华全国总工会网站（2022-10-11）。

综合实训

1. 为自己的学校或者所在单位，编写一份劳动课程项目清单。
2. 为自己的学校或者所在单位，设计一份劳动周课程表。
3. 为自己的学校或者所在单位，设计一份劳动主题活动方案。
4. 为自己的学校或者所在单位，设计一份劳动专题课程方案。
5. 为自己的学校或者所在单位，编写一份劳动实践指导手册。

项目三
指导劳动教学过程

项目导读

　　劳动教学过程是劳动教育最重要的实施环节，教学过程的质量高低直接影响着劳动教育质量的提升、学生劳动素养的达成，以及立德树人任务的完成，因此，劳动教学过程指导异常重要。本项目展示了劳动教学过程中的准备阶段指导、情境创设指导、实施阶段指导、抓住关键环节、反思阶段指导、评价阶段指导等方面的案例，供读者参考。

重庆人文科技学院校门　　供图：宋垟竹

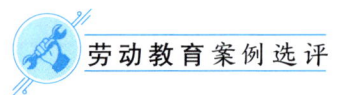

思维导图

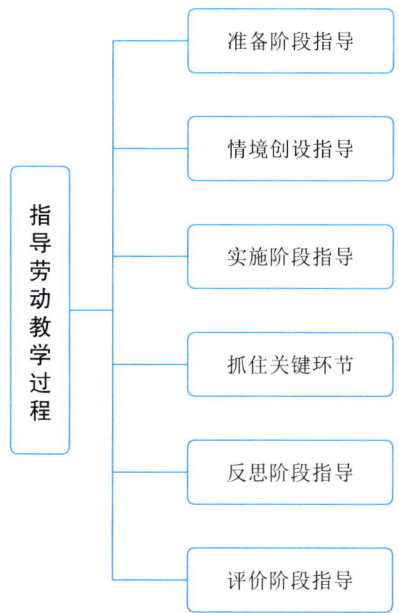

任务一　准备阶段指导

在活动准备阶段，要结合劳动场地、实践要求、操作流程、安全事项等情况，做好劳动工具、劳动耗材、劳动清单、安全教育等准备工作。

案例 3-1

材料一：三明市学校开展校外劳动教育活动的实施方案（片段）

一、做好活动准备

（一）成立工作小组

成立由学校主要领导任组长、分管领导任副组长，各处室负责人为成员的劳动教育工作领导小组，定期召开工作筹备会，确定劳动教育活动地点和主题，合理设计劳动任务，制订具体实施方案和劳动任务清单，安排专人联系保险公司、交通运输公司。

（二）实地安全排查

开展劳动教育活动前，要全面了解劳动场所的安全状况，对劳动地点和途经路线要事先进行实地勘察，认真排查清除各类安全隐患，制定劳动实践活动风险防控预案，完善应急与事故处置流程。对于地理条件复杂、存在明显安全隐患或安全措施不能保障的地方，严禁组织学生前往活动。

（三）落实岗位职责

学校要确定 1 名校级领导带队，按每班师生比的管理配备要求，每班选派 1 名班主任及至少 2 名责任心强的任课教师参与活动管理。对带队领导、带队教师、劳动指导教师、安全员、联络员、管理员等进行职能分工，明确工作任务，落实岗位职责，组织学习《劳动实践活动课程指导手册》，熟悉活动方案、安全预案、应急与事故处置流程和劳动任务清单。

二、注重家校配合

学校开展劳动教育活动，要提前召开一次家长会，发放《告家长书》，将活动的内容、时间、地点、要求等告知家长，加强与家长沟通交流，落实学校为主导、家庭为基础、社会全方位支持的劳动教育联动机制，家校配合共同做好活动准备及安全教育工作。

三、规范审批报备

开展劳动教育活动前，必须提前7个工作日填写活动审批表，按照属地审批报备流程，向教育主管部门提出申请，报告活动地点、参加人员、出行线路、承运单位、车辆资质、驾驶员信息、安全措施、应急预案、事故处置流程等详细信息，按程序履行审批手续，经教育主管部门审批后方可组织实施。

四、加强安全防范

（一）加强安全教育

开展劳动教育活动前，要加强对师生的劳动安全教育，强调劳动实践过程中的安全注意事项、安全应急预案、事故处置流程等，切实提高师生的安全防范意识、应急避险和自救互救能力。

（二）落实安全举措

要强化劳动风险意识，购买学生相关保险。要依据学生身心发育情况，科学设置劳动活动流程，适度安排劳动强度及时长，注重选用场所设施、劳动材料、工具设备及防护用品等，强化劳动岗位管理，切实将安全举措落实到活动全过程。

（三）严把交通安全

需要乘坐交通车辆的，学校要严把交通安全关。必须选择有承运资质的交通运输公司，签订安全责任协议，选派具有客车驾驶资格、安全驾驶3年以上、无违章记录的司机，认真审验租车协议、车辆资质、驾驶员资质等信息，严禁乘坐有安全隐患的车辆，严禁超载、超速行驶。

五、组织理论引导

（一）组织前置学习

布置劳动教育实践课题，设置前置学习任务，组织学生利用学校及家里的多媒体设备，通过网上搜索及课堂学习，了解相关劳动教育理论知识，完成前置学习任务。

（二）开展交流研讨

组织学生以小组、班级为单位进行交流研讨，通过项目化、探究式学习，熟悉劳动实践活动流程，掌握劳动知识和实践技能，培养勤俭、奋斗、创新、奉献的劳动精神。

附件：1. 三明市学校校外劳动教育活动流程图
   2. 三明市学校校外劳动教育活动审批表

三明市学校校外劳动教育活动审批表

申报时间：　　　年　　月　　日

学校名称				
劳动教育主题				
活动时间		活动地点		
参加活动年段及班级数	年级（个班）	参加活学生人数	（人）	
带队领导	姓名：　　　职务：　　　联系电话：			
事前勘察活动场所责任人	姓名：　　　职务：	带队教师人数	（人）	
家校联动情况		拟购买学生保险单位名称		
劳动教育活动流程	1. 2. …… （附实施方案、任务清单）			
安全措施	1. 2. …… （附安全预案、应急处置流程等材料）			
委托交通运输车辆单位	（附单位资质、车辆号牌及驾驶员材料）	车辆数	（辆）	
		每辆核载人数		
学校申请意见	学校（公章）　校长（签字）： 　　　　　　　　　　　　　　　年　月　日			

续表

教育局 业务科室意见	负责人签字： 　　　　　年　月　日	教育局 安全科室意见	负责人签字： 　　　　　年　月　日
教育局 领导意见	签字： 　　　　　　　　　　　　　　　　　年　月　日		

备注：此表一式三份，学校、业务科室、安全科室各留存一份。

本案例由福建省三明市综合实践学校陈岗编写。

材料二：《稼穑劳动实践》教学准备

一、劳动场地准备

（1）根据劳动活动需求，提前选取适合种植的劳动场地，做到场地平整、适宜种植。

（2）查看劳动场地情况，及时消除安全隐患，确保学生活动安全有序。

二、劳动材料准备

（1）根据活动需求，准备好必需的劳动工具和学习用具。例如，平板电脑、塑胶手套、水壶、小锄头、镰刀、剪刀、耙子、簸箕等。

（2）根据活动需求，准备好必需的劳动耗材。例如，种子、秧苗、树苗、农家肥等。

劳动场所及种植树苗准备　　摄影：陈岗

三、劳动实践准备

（1）教师介绍劳动任务，布置劳动项目清单，讲解劳动实践环节，让学生熟知劳动实践的活动流程。

（2）教师讲解劳动工具使用方法，让学生掌握劳动工具的使用技巧。

（3）根据学习记录单，组织学生利用平板电脑搜索相关知识，了解果蔬、水稻等种植方法，提升学生的劳动种植技能。

稼穑劳动实践学习记录单

学生姓名：　　　　劳动地点：　　　　　　日期：

种植物名称	
科名/属名	
种植物价值	
种植方法	
种植物养护	
知识拓展 （学科知识、诗词典故等）	

四、安全事项教育

（1）教师介绍劳动过程注意事项。例如，各小组按劳动区域划分开展活动，劳动过程中不能嬉戏打闹，活动结束时要及时收回工具及剩余材料。

（2）教师介绍劳动工具使用注意事项。例如，小锄头、镰刀、小刀、剪刀等工具较为锋利，提醒学生小心使用。

本案例由福建省三明市综合实践学校陈岗编写。

案例点评

任何劳动教育课程在执行前都需要必要的课前准备。基地、学校在劳动教育开始前，要做好准备阶段的指导，明确劳动任务、做好劳动准备、制订好相应的劳动计划。

明确任务环节是指在教师指导下，学生全面了解劳动任务的目的、要求、成果形式、评价标准等，学会对项目进行任务分解。劳动准备环节要让学生

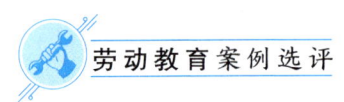

针对具体的劳动任务，了解和熟悉劳动工具与材料、劳动场所布置、劳动过程所需的基本知识与技能，以及师资安排、课前物料陈列、课件教具检查、物料收纳预置等方面的工作；按照准备详单一一对照检查，确保质量达标、数量充足、种类齐全。

指导教师课前准备的内容主要包括：告知课程目标、布置劳动任务、组建劳动教育小组、做好劳动事务准备。劳动事务准备包括：劳动知识准备、劳动物资准备、劳动形象准备、劳动心理准备。

本案例的两份材料都来自福建省三明市综合实践学校，且都是有关劳动教育前如何准备的材料。福建省三明市综合实践学校有着丰富的劳动教育管理经验，对劳动教育前的准备及时到位、精准细致，对其他学校开展劳动教育活动准备具有参考意义。

本案例由中国关心下一代工作委员会教育中心专家委员会委员李岑虎点评。

任务二　情境创设指导

开展劳动教育活动，情境创设是激发学生劳动兴趣、启动劳动积极性的有效办法。情境创设要注重真实性、凸显教育性、体现开放性，既要融合学生的学科知识及生活经验，又要形成问题指向性及思维导向性。

 案例 3-2

《探究游浆豆腐制作的劳动智慧》情境创设教学过程（片段）

【劳动对象】初中二年级

【教学过程】

1. 问题情境创设

（1）教师提出问题，引导学生查找资料，了解豆腐起源、豆腐制作等相关背景知识。

①古代大豆为什么作为五谷之一？五谷都是指哪些粮食？
②中国种植大豆的历史及大豆的品种有哪些？
③豆腐是谁发明的？豆腐衍生的传统佳肴有哪些？
（2）教师提问学生回答，引导学生讲述制作豆腐的环节。

2. 合作情境创设
（1）开展豆腐论坛。

每班学生分成4个小组，组织学生按小组讨论交流，探究游浆豆腐劳动技艺。

（2）两人一组，互相提问豆腐制作环节及讲述其功能等。

（3）每组汇总有关豆腐的知识，推选1名学生交流分享。

①你吃过哪些种类的豆腐？
②你最喜欢哪一种豆腐，为什么？
③什么是转基因，转基因大豆是如何产生的？

3. 游戏情境创设
（1）教师提问有关描写豆腐的诗词，引导学生讨论交流。

（2）每班学生分成4个小组，组织收集描写豆腐的诗词。

（3）每组选派2名学生朗诵诗词打擂台，根据诗词数量、准确程度、朗诵表情及语音语调决定获胜小组。

4. 知识拓展
（1）《豆腐》（宋代·朱熹）

种豆豆苗稀，力竭心已腐。早知淮王术，安坐获泉布。

（2）《豆腐》（南宋·陆游）

浊酒聚邻曲，偶来非宿期。拭盘堆连展，洗釜煮黎祁。

乌忓将新犊，青桑长嫩枝。丰年多乐事，相劝且伸眉。

（3）《豆腐诗》（清代·杨燮）

北人馆异南人馆，黄酒坊殊老酒坊。

仿绍不真真绍有，芙蓉豆腐是名汤。

本案例由福建省三明市综合实践学校陈岗编写。

案例点评

在本案例中，就游浆豆腐制作，作者创设了三个情境，即问题情境创设、合作情境创设、游戏情境创设。在创设的问题情境中，教师提出问题，引导学生查找资料，了解豆腐起源、豆腐制作等相关背景知识，激发学生劳动兴趣，突出了真实性和教育性。在创设的合作情境中，开展豆腐论坛，按小组讨论交流，学生融合多学科知识及生活经验，调动了学生的劳动积极性，体现了劳动教育的开放性，利于形成学生的发散思维。在创设的游戏情境中，教师提问有关描写豆腐的诗词，引导学生讨论交流，分组收集描写豆腐的诗词，朗诵诗词打擂台，极大地展示了劳动之美、劳动之乐，利于培养学生的劳动素养。

本案例由中国关心下一代工作委员会教育中心专家委员会委员李岑虎点评。

任务三　实施阶段指导

在活动实施阶段，教师要认真组织协调，做好示范讲解、操作演练，根据活动需求答疑解惑，分组指导活动的关键环节，适时点评活动，加强榜样激励，引导学生自主操作实践，帮助学生开展劳动实践活动。

案例 3-3

《游浆豆腐制作》教学过程核心环节

1. 示范讲解

（1）讲解豆腐制作的设备、工艺流程及注意事项。

（2）学生现场观摩，及时提出疑问，教师帮助解决问题。

（3）教师示范讲解豆腐制作流程，让学生熟悉豆腐制作的工艺流程。

2. 淬炼操作

（1）教师按实践步骤操作，逐项演练豆腐制作方法及流程。

（2）学生现场观摩，熟知制作流程。

（3）让学生动手操作，掌握豆腐制作的过程环节。

3. 劳动实践

（1）教师分组指导，提示豆腐制作的关键环节。

①煮浆要煮熟。豆浆沸腾后，至少还要多煮几分钟才可食用，否则会出现中毒现象。

②酸浆是头一天制作豆腐过程中压出来的剩水，利用自身的乳酸菌发酵作用而变酸。

③游浆是做豆腐最重要的一个环节，要使用木勺游浆。

④要把成型的豆腐放入水中煮出酸水后，再捞出晾干，豆腐吃起来不会有酸味。

（2）学生开展劳动实践活动。掌握游浆豆腐制作的劳动技能，完成劳动任务，探究劳动智慧，形成劳动价值观。

①选豆去皮。选择饱满无杂质的黄大豆去皮。

②浸豆磨浆。各小组浸泡黄豆，体验石磨磨浆。

③滤渣煮浆。磨浆后过滤豆渣，煮熟豆浆。

④游浆凝固。酸浆兑清水后，用木勺在豆浆中慢慢游转，使豆浆中的蛋白质慢慢凝固成豆腐脑。

⑤豆腐定型。把豆腐脑均匀包裹在帕子里沥干水分，再次翻开整理帕子四角后倒扣，压上木板，压干水分后揭去帕子，即成豆腐。

4. 榜样激励

①教师适时点评指导，让实践成效好的学生示范，激发学生的劳动热情。
②学生之间相互学习、相互鼓励，提高劳动实践成效。

本案例由福建省三明市综合实践学校陈岗编写。

案例点评

本案例《游浆豆腐制作》教学过程的四个核心环节，虽然是提纲挈领，点到为止，但是不难看出作者的教学功底深厚，组织驾驭课堂能力非同寻常。四个环节每一个环节都是大环套小环，一环套一环，环环相扣，引人入胜。尤其是"淬炼操作"和"劳动实践"两个环节，更是一丝不苟，而劳动者喝一碗亲手制作的热腾腾的白玉无瑕的豆腐脑，劳动的美丽和自豪感油然而生。

后期的"榜样激励"又把本次劳动教育推向了高潮。

本案例由中国关心下一代工作委员会教育中心专家委员会委员李岑虎点评。

"蒜你狠"劳动素养大比拼

——小学五年级"烹饪与营养"任务群劳动教学设计

【课程名称】"蒜你狠"劳动素养大比拼

【教学对象】小学五年级学生

【劳动地点】劳动专用教室

【教学目标】

1. 劳动观念

（1）树立乐于为家人做美食、劳动最光荣的观念。

（2）了解端午节传统饮食文化，树立民族自豪感。让学生体悟劳动成果的来之不易，懂得珍惜劳动成果。

2. 劳动能力

（1）学会剥蒜技能。

（2）掌握大蒜烧肉这道菜的烹饪技法。

（3）合作设计大蒜与其他食物合理搭配的菜肴。

3. 劳动习惯与品质

（1）养成劳动后收拾垃圾、整理收纳厨房用具的劳动习惯。

（2）养成吃苦耐劳、团结协作、持之以恒的劳动品质。

4. 劳动精神

（1）在"蒜你狠"劳动素养大比拼过程中，体会奉献精神。

（2）在制作菜肴的劳动实践中，形成积极探索、追求创新、吃苦耐劳的劳动精神。

【教学重点】

（1）学会剥蒜技能。

（2）掌握大蒜烧肉这道菜的简单烹饪技法。

【教学难点】

掌握大蒜炒肉等菜肴的制作方法，通过劳动实践提升学生的劳动素养。

【材料准备】

大蒜烧肉食材：带皮五花肉、大蒜、油、盐、酱油、白糖。

剥蒜工具：罐头盖子、矿泉水瓶。

【教学过程】

比拼一　探寻蒜的身影——确定劳动方向

一、走进美食　了解菜系

（1）老师通过PPT和相关视频介绍中国八大菜系，让学生了解各菜系的文化背景。

（2）学生分小组讨论、畅谈自己喜欢的菜系，分享经典的地方菜，总结归纳各菜系的特点。

（3）中国菜系，是指在一定区域内，由于气候、地形、历史、物产及饮食风俗的不同，经过漫长历史演变而形成的一整套自成体系的烹饪技艺和风味，并被全国各地所承认的地方菜肴流派。春秋战国时期，中国传统饮食文化中的南北菜肴风味就表现出差异，到了南宋时期，南甜北咸的格局形成。清朝初年，川菜、鲁菜、苏菜、粤菜被称作四大菜系。到了清朝末年，浙江菜、闽菜、湘菜、徽菜四大新地方菜系分化形成，共同构成汉民族饮食的"中国八大菜系"。

中国八大菜系

菜　系	口味特色	代表菜
鲁　菜	咸鲜为主。讲究原料质地优良，以盐提鲜，以汤壮鲜，调味讲求咸鲜纯正，突出本味。咸鲜为主，火候精湛，精于制汤，善烹海味。	蒜爆肉 葱烧海参 油焖大虾
川　菜	麻辣为主。菜式多样，口味清鲜醇浓并重，以善用麻辣调味，如鱼香、辣子、陈皮、椒麻、怪味、酸辣诸味。	蒜泥白肉 宫保鸡丁
粤　菜	鲜香为主。选料精细，清而不淡，鲜而不俗，嫩而不生，油而不腻。擅长小炒，要求掌握火候和油温恰到好处。还兼容许多西菜做法，讲究菜的气势、档次。	蒜香排骨 白切鸡 蜜汁叉烧

续表

菜　系	口味特色	代表菜
苏　菜	清淡为主，注重配色，讲究造型。烹调技艺以炖、焖、煨著称；重视调汤，保持原汁，口味平和。其中淮扬菜，讲究选料和刀工，擅长制汤；苏南菜口味偏甜，注重制酱油，善用香糟、黄酒调味。	蒜烧鳝段 叫花鸡 水晶虾仁 扬州狮子头
闽　菜	鲜香为主，尤以"香""味"见长，形成清鲜、和醇、荤香、不腻的风格。三大特色：一长于红糟调味，二长于制汤，三长于使用糖醋。	蒜烧黄鲴子鱼 淡糟香螺片 佛跳墙
浙江菜	清淡为主。运用香糟、黄酒调味，注重清鲜脆嫩，保持原料的本色和真味。菜品形态讲究，精巧细腻，清秀雅丽。其中北部口味偏甜，西部口味偏辣，东南部口味偏咸。	蒜爆里脊 西湖醋鱼 东坡肉 荷叶粉蒸肉
湘　菜	香辣为主，品种繁多。色泽上油重色浓，讲求实惠；香辣、香鲜、软嫩。煨功夫几乎达到炉火纯青的地步。煨，在色泽变化上可分为红煨、白煨，在调味方面有清汤煨、浓汤煨和奶汤煨。小火慢炖，原汁原味。	大蒜烧肉 剁椒鱼头 辣椒炒肉 永州血鸭
徽　菜	鲜辣为主。擅长烧、炖、蒸，而爆、炒菜少，重油、重色，重火功。形成酥、嫩、香、鲜独特风味，其中最能体现徽式特色的是滑烧、清炖和生熏法。	蒜香茄子 火腿炖甲鱼 徽州臭鳜鱼 黄山毛豆腐

二、展示菜肴　发现大蒜

（1）展示一组经典代表菜的图片，让学生说出它们属于哪种菜系？为什么？

蒜香排骨——粤菜

大蒜烧肉——湘菜

蒜香茄子——徽菜

蒜烧鳝段——苏菜

（2）让同学找一找，这些菜肴中用到了一种共同的配料是什么？回答：大蒜。

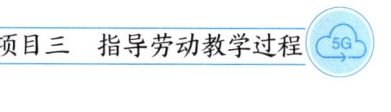

蒜爆肉（鲁）　　　　　　　　蒜泥白肉（川）

蒜香排骨（粤）　　　　　　　　蒜烧鳝段（苏）

大蒜烧肉（湘）　　　　　　　　蒜香茄子（徽）

三、设置情境　揭示主题

（1）老师：今天我们就来认识这种营养价值丰富、有益于我们身体健康的食材——大蒜。

（2）播放烹制蒜香排骨、大蒜烧肉的视频，让学生思考炒菜放入大蒜的作用是什么。

（3）分小组讨论交流，让学生说说大蒜的作用。

学生发言：烹制菜肴时，大蒜独特的辛辣气味可以解除肉、鱼的腥味，并增加食欲，是不可缺少的调味品，比如烹制烤肉、红烧鱼等菜肴都要放大蒜。

四、诉说印象 体会精神

（1）以视频的方式，介绍每道菜中大蒜的存在；录制音频制作动画，让大蒜人格化；介绍蒜在医用、生活、饮食方面的广泛用途。

（2）老师归纳总结大蒜的作用与功效。

大蒜的营养价值很高，它含有蛋白质、脂肪、碳水化合物、钙、磷、铁、维生素C等微量元素。它独特的辛辣气味不仅可以去腥解腻增香，增加食欲，还具有其他功效：

①抗菌消炎。大蒜是一个天然的植物抗菌素，它能杀灭食材中的有害微生物。

②降低血糖。经常吃大蒜可以让人体内的胰岛素分泌加快，快速降低体内的血糖水平，对于防治糖尿病有着很好的效果。

③预防心脏病。大蒜是天然的抗血栓食物，可以有效地降低体内的低密度胆固醇，保护冠状动脉。

（3）老师提问：你们觉得大蒜具有一种什么精神？

学生回答：它具有默默奉献的精神。大蒜总是作为配料和其他主要食材一起烹制，人们总是夸赞主材好吃，很少有人注意到，如果没有大蒜的作用，主材难以烹制出这样的美味，这些菜肴都是依靠大蒜的作用而展示出独特的美食魅力。

五、小组合作 完成任务

（1）全班分为12个小组，每组4名成员，分别搜集大蒜的功效、营养价值、食用禁忌等信息，各小组合作完成"大蒜信息搜集表"。

（2）分小组汇报本组的信息搜集表。与同学们共同分享搜集过程中发现的大蒜的功效与价值。

大蒜信息搜集

组员	陈嘉佳 刘玉栋 曾晓敏 莫丽雅	
搜集方向	搜集内容	负责人
营养价值	蛋白质、脂肪、碳水化合物、钙、磷、铁、维生素 C 等。	陈嘉佳
作用	炒菜时可以除腥解腻增香提味,增加食欲,是不可缺少的调味品。	曾晓敏
功效	①抗菌消炎,杀灭食材中的有害微生物。 ②降低血糖,对于防治糖尿病有着很好的效果。 ③预防心脏病,大蒜是天然的抗血栓食物,保护冠状动脉。	刘玉栋
食用禁忌	①大蒜和大葱两者一起生吃,对胃肠道的刺激性较大,会出现腹痛或者腹泻的症状。 ②杧果和大蒜一起食用,可能导致皮肤发黄、过敏的问题。 ③烧酒和大蒜都是偏辛辣的食物,两者一起吃,可能会导致上火。	莫丽雅
"蒜你狠"合作收集信息能力评价		

六、课后实践　设计菜肴

课后劳动实践：与家人合作设计一道大蒜与其他食物搭配烹制的菜肴,并进行烹制。

大蒜与其他食物搭配烹制的菜肴

蒜烧鳝段		
合作家人	谢子豪和妈妈	搭配食物	鳝鱼、大蒜、啤酒、葱段、辣椒
烹饪方式	①鳝鱼处理干净切段；大蒜洗净对半切。 ②锅放油烧热,放大蒜、葱段、干辣椒段翻炒,下鳝鱼,加酱油、白糖、啤酒烧开,放胡椒粉、盐、味精炖20分钟即可。		
营养功效	大蒜烧鳝鱼具有补气的作用,对于祛风湿有好处,还有消肿的功效,是一道不错的菜肴。		

比拼二　探求剥蒜法——习得剥蒜的劳动技能

一、初试身手　齐探妙招

（1）老师向学生展示一盘剥好的大蒜,提问同学们：你们会剥大蒜吗？学生答：会。

老师：既然大家都会剥蒜,那么我们今天就来一场剥蒜大赛好不好？学

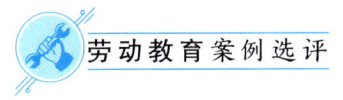

生答：好。

（2）选拔4名同学，借助工具，限时开展第一轮个人剥蒜比赛，同学们用自己的方法剥蒜，老师进行点评。

（3）师生交流、归纳剥蒜方法。

方法一：先将大蒜剥成一瓣一瓣的，然后取一瓣大蒜，用手捏住头尾，再用力一挤。这时大蒜中间就会裂开一条缝，顺着这个缝把大蒜往下一撕，就能将大蒜完整地剥出来。

方法二：拿一个罐头盖子，把它压在大蒜瓣上，然后将其前后左右地滚动，蒜皮与蒜肉就能很好分离，再剥皮就特别容易。

二、巧借妙招　合作剥蒜

（1）根据归纳方法，老师补充其他剥蒜妙招、工具。

老师今天教给大家一个快速剥蒜的方法：将大蒜放入塑料瓶中，然后连摇10秒钟。把大蒜倒出来，蒜皮很快就能剥掉了。

（2）选取喜欢的方法，开展第二轮计时剥蒜比赛。

（3）集体交流：哪一种剥蒜方法剥得又快又多？评选"最佳剥蒜小组""剥蒜小能手"，让剥蒜小能手分享自己使用的方法。

三、淬炼操作　培养习惯

（1）用剥蒜小能手推荐的方法，进行第三轮剥蒜体验。

（2）整理桌面，清理垃圾。劳动实践结束后分小组清理蒜皮、打扫卫生等，培养有始有终的劳动习惯。

四、分享交流　培育劳动精神

（1）组织学生分享、交流劳动心得。

通过剥蒜劳动实践，让学生体悟劳动成果的来之不易，懂得珍惜劳动成果，树立辛勤劳动、协作劳动和创造性劳动的观念，养成吃苦耐劳、持之以恒的劳动品质。

（2）开展劳动评价。

对自己在剥蒜时的表现、剥蒜方法掌握情况以及劳动习惯等进行评价，完成"剥蒜记录单"。

"蒜你狠"剥蒜记录单

记录人：杨晨志

剥蒜比赛	用时	数量	采用方法
第一次	1分钟	5颗	一颗一颗地剥皮。
第二次	1分钟	8颗	捏住一颗大蒜头尾，用力挤开缝，顺着缝往下撕开大蒜皮。
第三次	1分钟	24颗	将5颗大蒜放入塑料瓶中，然后连摇10秒钟，蒜皮与蒜肉就能快速分离。
劳动收获	今天我体验了剥大蒜，学会了快速剥蒜的小妙招。剥蒜看似一件小事，其实想要又快又好地剥蒜并不容易，我懂得了爸爸妈妈平时做菜的辛苦。我今后一定会珍惜劳动成果，帮父母分担剥蒜之类的家务。		
剥蒜技能评价			
收纳整理习惯评价			
剥蒜创新精神评价			

比拼三　探究蒜的传统节日菜肴——培育劳动精神

一、感知端午节饮食文化与习俗

（1）老师出示图片和视频，让学生了解湖湘人端午节吃大蒜烧肉的习俗。

端午节是我国最早的"卫生防疫节"。在古代，这个时候是疫情的高发期，据说吃大蒜可避"五毒"，有益健康。湖湘地区五六月份天气湿热，家家户户在端午这天会做大蒜烧肉这道菜。吃大蒜寓意祛病防病，解毒杀菌，健康长寿。后来每逢端午节，湖湘人的餐桌上都少不了这道引人垂涎、香气扑鼻的大蒜烧肉。

（2）老师：你们想不想亲自体验制作大蒜烧肉这道菜？学生答：想。

二、学习湖湘端午节经典菜肴

（1）让学生观看烹制大蒜烧肉视频。

老师提问：烹制大蒜烧肉需要准备哪些食材？一共分为几个步骤？

（2）分小组讨论食材并回答：需要准备猪五花肉800克，大蒜250克，桂皮1片,生姜5片,八角2个。

(3)处理食材。

老师:我们应该如何处理这些食材呢?

①剥蒜。快速剥蒜法:将大蒜放入塑料瓶中,然后连摇10秒钟,把大蒜倒出来,蒜皮很快就能剥掉了。

②切肉。猪肉切成麻将一样的小块。

③安全提示。注意刀口不要对着人。

(4)小组讨论制作步骤,师生归纳:

①锅里放少许油,放入切成麻将块大小的五花肉,炒到肉呈金黄色,把肉捞出来。放入大蒜炸至金黄,捞出备用。

②用刚刚煸肉的油炒白糖。白糖炒好,下五花肉。倒入一小碗黄酒,放入大葱段和姜片。继续翻炒到五花肉红亮可人。

③第二步操作的同时,砂锅里倒入啤酒,煮开。啤酒要多一些,保证炖肉不会干锅。

④将肉放入煮开的啤酒里,炖煮一个小时至肉软烂。

⑤肉软烂后倒入菜锅翻炒,放入炸好的蒜粒,大火收汁,加入盐调味,就可以出锅啦。

三、开展"大蒜烧肉"劳动实践

分小组进行劳动实践,完成"大蒜烧肉劳动实践任务单"。

大蒜烧肉劳动实践任务单

比拼人:张伟明 李彩艳 莫晓林 王涛
准备食材:猪五花肉800克,大蒜250克,干辣椒4个,桂皮1片,生姜5片,八角2个
烹饪步骤: ①锅烧热,改中小火,把肉平铺到锅里,慢慢煎出油,这是让肥肉不油腻的窍门。要耐心点,多煎点油出来。 ②肉煎至金黄色时,加白糖再一起炒到白糖(只放一点点白糖,为了颜色好看)熔化。炒出油,把香料煸香一下。 ③砂锅里倒入啤酒,煮开。啤酒要多一些。 ④将肉放入煮开的啤酒里,炖煮一个小时至肉软烂。 ⑤肉软烂后倒入菜锅翻炒,加入盐和大蒜,烧到绵软就可以出锅了。

续表

> **劳动心得（课后补）**
> **李小成**
> 　　今天我和小组成员团队合作烹制了大蒜烧肉这道菜。在制作的时候遇到了不少问题，如我们的猪肉切得不整齐，在炒菜时不小心被呛到，在做菜时火候很难掌握肉怎样烧到软烂合适……今日的劳动实践，让我体会到劳动的艰辛，劳动成果的来之不易。好在我们小组的成员主动交流，积极思考解决了一个又一个问题，成功地烹制出了大蒜烧肉这道菜，味道很不错。通过今天的劳动实践，我懂得了劳动创造美好生活的道理，感受到劳动最光荣，也领略了中华美食的博大精深，我们吃得很开心！

四、探寻湖湘其他用大蒜烹制的菜肴

课后作业：四人小组合作调查湖湘饮食文化中其他用大蒜烹制的菜肴，完成《大蒜制作菜肴调查》。

大蒜制作菜肴调查

调查人	王小飞　陈雨林　彭长安　张　阳
菜肴名称	蒜炒腊肉
功　效	通阳化气、开胸散结、降血脂、防止动脉硬化
食　材	腊肉、蒜苗、食用油、大蒜、姜丝、干辣椒
烹饪过程	①腊肉多洗几次，洗净，冷水下锅，煮熟捞出，切片备用； ②热锅烧少许油，油热先倒入肥肉爆出多余的油后，再加入瘦肉翻炒； ③将大蒜、姜丝、干辣椒放入油中爆香，然后倒入蒜苗段，炒断生就可以了。 腊肉本身有咸味，就不要加盐，谨防太咸下不了口。

五、探讨比拼成果，树立正确劳动观念

（1）评选最佳，授劳动勋章。

各小组介绍自制的"大蒜烧肉"，请学生代表和老师品尝。依次进行自我评价、他人评价、老师评价。评选出"烹饪小厨王"，老师颁发奖状和"劳动勋章"，树立班级劳动榜样，激发其他同学的劳动热情。

（2）分享体会，总结评价。

让各小组成员分享自己在做菜过程中遇到的问题以及是如何解决的，通过劳动实践得到的启发和心得体会，老师进行点评和总结：同学们今天的表现很棒，在劳动实践过程中体现出了吃苦耐劳、团结协作、持之以恒的劳动品质和积极探索的劳动精神。在今后的劳动课中，希望同学们能学会更多的劳动技能，养成劳动后收拾垃圾、整理清洁厨房用具的劳动习惯，做一名热

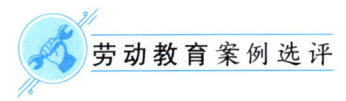

爱劳动的新时代好少年。

【教学反思】

通过"蒜你狠"劳动素养大比拼，同学们增强了生活自理能力，学会了剥蒜技能，掌握了大蒜烧肉这道菜的简单烹饪技法，学会了合作设计大蒜与其他食物合理搭配的菜肴。在劳动实践中初步形成积极探索、追求创新的劳动精神。

本案例由广西桂林市胜利小学唐文慧编写。

案例点评

本课设计以义务教育劳动课程标准第三学段"烹饪与营养"任务群要求为指导，结合五年级学生的年龄特征和生活常识，设计一系列与蒜有关的劳动素养比拼，让学生初步知晓中国八大菜系，习得剥蒜技能，学会烹饪"大蒜烧肉"这道具有湖湘传统文化特色的端午节菜肴，了解蒜的营养价值和饮食搭配，习得奉献精神，劳动实践中不畏困难、积极探索、追求创新，强化劳动与教育的有机统一，达到全面育人的目的。

在教学过程中，始终强调劳动教育要加强与学生生活和社会实际的联系，强调学生的直接体验和亲身参与，注重动手实践、手脑并用，倡导"做中学""学中做"，引导学生通过丰富多样的实践方式，获得真实的劳动体验，培育劳动精神。这是一个具有典型代表意义的劳动课程优质教案，值得借鉴推广。

本案例由中国关心下一代工作委员会教育中心专家委员会委员李岑虎点评。

任务四　抓住关键环节

劳动教育的关键环节有：讲解说明、淬炼操作、项目实践、反思交流、榜样激励五个环节。各地和学校要注重围绕劳动教育的目标和内容要求，从提高劳动教育的效果出发，把握劳动教育任务的特点，抓住关键环节，选择适宜的劳动教育方式。

案例 3-5

《论语》线装书的制作课程方案（片段）

【教学任务】制作《论语》线装书

【教学重点】制作《论语》线装书的基本步骤和方法

【教学要求】

淬炼操作、反复演练。整个制作过程要求班干部带头示范，共青团员、少先队员起先锋模范作用，劳动组长调动一切因素，团结合作，积极负责，确保人人参与，个个都能制作出一本《论语》线装书。

【教学过程】

（1）指导教师向全体同学讲解并示范线装书的六步制作方法。

第一步，将空白宣纸裁切成我们想要的大小，再将用作封面的云彩纸裁成和宣纸一样大小。

第二步，在当封面的云彩纸上，在右侧的上面和下面各画一个正方形或者长方形，中段部分则平分成三段。

第三步，将文件与封面封底对齐，并用长尾夹子固定，紧接着用钻子将四个点钻孔并全部钻透。

上九古村劳动教育实践基地制作的线装书　　摄影：李岑虎

第四步，将线穿在针上，线的长度大约是书的长度的两倍半。开始时，先由第二孔开始，利用长尾夹子将线头固定。切记，每一线段的线不可重复，每一线段必须穿到线。线头和线尾会在第二孔交会在一起，再打一个平结，书本完成。

第五步，摘抄《论语》中的句子。将其中的句子用小毛笔摘抄书写到制作的线装书里。

第六步，在封皮右侧的方框里用小毛笔竖着写上"论语"二字，并在适当的位置写上自己的名字。

（2）引导学生记录、观察、讨论，确定制作方法。

指导教师示范讲解时，各小组进行观察记录，并记录劳动过程中所产生的疑问。由学习委员组织全班展开研讨，由小组长组织本组内成员对"《论语》线装书的制作"提出自己的制作设想和办法，并在班里汇报。

（3）学生制作线装书。

学生经讨论并确定好制作方法之后，由劳动教育指导教师引导全班学生开展线装书制作。小组长组织组员进行组内分工，班委成员进行各组游走辅助。

（4）学生展示作品。

线装书制作完成后，各小组向全班展示本组作品，并选出代表向全班分享自己小组的制作流程和制作过程中遇到的困难及解决办法，感悟孔子的伟大思想和中国古代劳动人民的勤劳智慧。其他组学生开展劳动教育点评。

本案例由山东曲阜远东职业技术学院李子尚编写。

案例点评

本案例《论语》线装书的制作课程方案虽然是个片段，却是一个不可多得的优质教案。

第一，教学要求载明"淬炼操作、反复演练"，符合国家《大中小学劳动教育指导纲要（试行）》要求。

第二，文中载明"整个制作过程要求班干部带头示范，共青团员、少先队员起先锋模范作用，劳动组长调动一切因素，团结合作，积极负责，确保人人参与，个个都能制作出一本《论语》线装书"，这里的目标、方式、方法、原则都清晰可见，正确无误。

第三，指导教师先讲解并示范，引导学生记录、观察、讨论，确定制作方法、提出疑问并在班里交流；然后小组合作分工学生制作线装书；最后学生展示作品并点评。方法恰当，方式合理，关键环节清楚明了，值得借鉴推广。

本案例由中国关心下一代工作委员会教育中心专家委员会委员李岑虎点评。

案例 3-6

《水稻插秧》（片段）

1. 示范讲解

（1）组织学生背诵唐诗《悯农》，让学生讲述"谁知盘中餐，粒粒皆辛苦"的含义，了解从插秧苗到大米演变环节，理解劳动创造的艰辛历程。

（2）教师讲解水稻插秧的劳动技能及注意事项。

（3）学生及时提出疑问，教师帮助解决问题。

2. 淬炼操作

（1）教师按实践步骤操作，逐项演练水稻插秧的方法与技能。

（2）学生现场观摩，熟知方法与技能。

劳动教育专家巫常清指导学生插秧　　摄影：陈岗

（3）让学生掌握水稻插秧的方法与技能。

3. 劳动实践

（1）教师分组指导，提示水稻插秧的关键环节和质量要求。

①插秧的质量要求。插秧要求"浅、直、匀、齐"。"浅"即栽插深度2~3厘米，有利于早返青、早分蘖；"直"即秧苗垂直，不东倒西歪，不躺秧、飘秧；"匀"即行距、穴距和每穴苗数要匀；"齐"即插秧深度深浅一致。

②做好八个同步：插秧与补苗同步，插秧与插前"三带"同步，插秧与秧田管理同步，插秧与护苗水管理同步，插秧与肥料施用同步，插秧与虫害防治同步，插秧与二次灭草同步，插秧与农业环境综合治理同步。

③做到两个结合：插秧方向与割晒相结合，插秧与管理相结合。

（2）根据水稻插秧的要求，学生体验插秧实践，分组开展插秧劳动竞赛。

4. 榜样激励

（1）教师讲述袁隆平种植水稻的故事，适时点评指导，让插秧成效好的学生示范动作，激发学生的劳动热情。

（2）学生之间相互学习、相互鼓励，提高劳动实践成效。

学生进行插秧劳动体验　　摄影：陈岗

本案例由福建省三明市综合实践学校陈岗编写。

案例点评

真的是"稻花香里说丰年"！案例中，知名劳动教育专家巫常清同志站在水里，亲自指导学生插秧，可见劳动教育教师的示范、引领作用之重要性。插秧"四要求""八同步""两个结合""榜样激励传帮带"等都说明：本方案是一个经过教学实践证明正确的、真实的、优质的案例。

本案例由中国关心下一代工作委员会教育中心专家委员会委员李岑虎点评。

案例 3-7

以采茶知礼仪 以劳动育新人（片段）

【设 计 人】谢丽莉 赵亚微 王挽澜 杜丽卿
【学校班级】温州市永嘉县第二职业学校高一学生
【教学课时】8 课时
【劳动地点】永嘉县三江乌牛早采茶基地
【教学过程】

劳动教育中

一、讲解说明

1. 换采茶服

学生到达瓯北三江乌牛早采茶基地，换上采茶服。

小小采茶员们在茶园挎着茶篓，观察茶叶生长环境，在茶园中仔细地分辨不同茶树品种的植株高低、叶片大小、叶片形态、生长环境，并从中精心挑选出一片片嫩绿的茶叶芽头。

2. 了解环境

听采茶基地劳动教育指导教师实地介绍茶树生长对环境的要求：热量（气温、地温）、水分、日照，感受茶生长的奥妙。

二、淬炼操作

1. 浸润采茶体验

（1）由采茶基地劳动教育指导教师示范采茶。教授专业的采茶手法：指尖触碰茶芽，轻轻往上一提。

（2）学生仔细聆听观察后，进行茶叶采摘。

（3）组织学生分小组开展采茶竞赛。在规定的 30 分钟内，按照"一芽一叶""一芽两叶"的要求，采摘茶树中最嫩的那抹新绿。采摘的数量和质量最佳的小组胜出,成为这一关的优胜小组。学生在实践中体验茶农的艰辛劳作。

学生采茶　　　　　　　　　　　　摄影:柯森森

指导教师监督采茶全过程,强化规则意识,避免学生可能出现的危险行为,并对学生在采茶过程中碰到的问题进行现场指导。指导教师引导学生要做到心细、到位,并对表现好的学生给予表扬与肯定。

2. 工匠精心制茶

(1)集体前往制茶体验坊考察、探究与体验。

(2)首先参观工业流水线制茶过程,了解现代制茶工艺——晾青、杀青、炒茶、包装。

(3)随后请制茶师傅给同学们示范传统手工制茶的技巧,感受现代工艺制茶和传统制茶的区别。

(4)组织学生分小组合作制茶。杀青、炒茶,感受茶芽在大铁锅内翻滚的温度,体验制茶的乐趣,体会一杯好茶的来之不易。学习体悟工匠精神,热爱劳动人民。

3. 赏茶艺学泡茶

(1)观看茶艺表演,学习泡茶、品茶之道。

(2)为自己的老师、基地茶农泡一杯茶,表达对老师、对劳动者的尊敬。大家在泡茶的过程中学习茶艺礼仪。

4. 茶产品新创意

(1)根据自己的兴趣,分小组创意制作茶点心或开展茶包装设计。

(2)各小组的成品进行集体展示交流。

本案例由浙江金华职业技术学院杜丽卿提供。

案例点评

《以采茶知礼仪 以劳动育新人》虽是片段，依然清新隽永。劳动过程中换茶服、挎茶篓，观茶叶、指尖采茶、采茶竞赛，观制茶，赏茶艺，学泡茶品茶之道、为师献茶等一系列劳动环节，方法灵活多样，方式别具一格，全面体现了劳动美丽、劳动育人目标，可见作者对劳动教育课程及其实践有着深入的认识。这样的劳动教育之花必定绚丽多彩，获得学校、家庭和社会的认可。

本案例由中国关心下一代工作委员会教育中心专家委员会委员李岑虎点评。

任务五　反思阶段指导

在活动结束后，教师要组织学生交流总结，分享劳动实践体验，理解劳动的意义与劳动创造的价值，拓展学生劳动思维，培育劳动价值观，形成良好的劳动习惯。

案例 3-8

材料一：《菊花的扦插技术》教学总结与反思

一、教学总结

菊花扦插劳动后期，指导老师要及时组织学生开展体验交流，反思自己在劳动教育中的表现，找出自己的不足和差距。每位学生根据自己喜欢的事项与老师、园艺专家、同学深度交流讨论。谈谈自己在菊花扦插过程中的表现、心得体会和自己存在的不足，以及自己的收获，进一步拓宽学生的劳动思维空间，培养学生的合作精神、团队精神和劳动品德。

先以小组为单位开展总结分享，人人都参与，个个都发言。然后每小组选派 1 名学生用 3~5 分钟的时间，简短地分享自己的劳动体会和经验。

二、成果分享

（1）组织学生绘制菊花图，开展摄影图片展览，学生开展菊花诗词诵读比赛。

（2）每人撰写 1 篇菊花扦插劳动的心得体会，同学们相互帮助修改、插图，然后汇编成册，由学校印刷发给学生和家长。

三、教学反思

课后，指导教师反思菊花扦插劳动课的教学过程中出现的问题，对教学目标、教学内容、学生情况、教学方法、劳动资源、劳动过程、基地服务等予以反思。（课后补，略。）

材料二：采茶制茶教学反思

以采茶知礼仪　以劳动育新人（片段）

【学校班级】温州市永嘉县第二职业学校高一学生

【劳动地点】永嘉县三江乌牛早采茶基地

【执 教 人】谢丽莉　赵亚微　王挽澜　杜丽卿

【教学过程】

劳动教育后的反思交流

（1）采茶劳动后，围绕本次采茶劳动教育活动，学生制作采茶手账，组织小组成员分享活动心得及感悟。

（2）引导学生思考劳动技术和劳动效率是否还有提升空间，探讨同伴之间如何加强合作，提高劳动效率。

（3）教师在劳动活动后组织班级茶文化知识技能竞赛，对学生的参与程度、体验状态、综合表现等方面进行评价，并予以奖励，进一步激发学生爱劳动、会劳动的热情和愿望，使学生喜欢劳动、愿意劳动，从而未来可以用劳动创造美好和幸福。

本案例由浙江金华职业技术学院杜丽卿提供。

案例点评

"教学总结，反思问题"是"三步五环教学法"的第五环。

1. 教学总结

教学总结，就是在完成劳动教育教学任务的终了阶段，教师富有艺术性地对劳动教育课程所学知识和技能、所用方式和方法，以及探究、体验、制作、参观的过程和价值情感的提升进行归纳总结和转化升华的行为方式。通过回顾总结，使之与教学内容融为一体，使整个劳动教育教学过程完整无缺，最终让学生对知识、技能和价值观融会贯通。

教学过程的教学总结方法多种多样，实践中常用的有抢答式、卡片式、考察式、日记式、点睛式、悬念式、激励式、呼应式、游戏式、故事式等，其中实践中常用的有趣的方式有抢答式、卡片式、考察式、日记式。

2. 反思问题

反思问题就是劳动教育课后反思问题，简称课后反思。有学生的反思，也包括指导教师的反思。

课后反思的内容主要有：对教学目标的反思、对教学内容的反思、对师生情况的反思、对教学方法的反思、对劳动资源的反思、对劳动过程的反思、对方案执行的反思、对综合服务的反思。

需要特别说明的是，教师在写课后反思时，一方面，要及时总结劳动活动中的有益经验，尽量使其系统化、理论化，以便更好地指导以后的劳动工作；另一方面，针对劳动活动中存在的问题，应进行深入的分析，找到恰当的方法，以不断改进自身的劳动活动，形成自己独特的劳动教育风格。

本案例翔实、具体，有很强的操作性和模仿性，字里行间浸润着作者对劳动教育的热爱，从简短的文字看出作者教学功底之深厚，实在令人佩服。

本案例由中国关心下一代工作委员会教育中心专家委员会委员李岑虎点评。

案例3-9
《低碳星球计划》
总结反思

任务六　评价阶段指导

将劳动素养纳入学生综合素质评价体系。以劳动教育目标、内容要求为依据，将过程性评价和结果性评价结合起来，健全和完善学生劳动素养评价标准、程序和方法，鼓励、支持各地利用大数据、云平台、物联网等现代信息技术手段，开展劳动教育过程监测与及时评价，发挥评价的育人导向和反馈改进功能。

案例 3-10

北京市昌平区中小学劳动教育课程评价标准

评价维度	评价要点	评价等级				得分
		A	B	C	D	
课程目标 （20）	目标具体清晰，可检测、可评价					
	目标符合学生能力发展水平					
	体现中小学劳动教育总体目标，促进学生劳动素养形成					
课程内容 （30）	遵循劳动实际过程，无科学性错误					
	选材贴近学生生活经验，符合学生学习特征和规律，能激发学生学习兴趣					
课程内容 （30）	合理组织课程内容，注意发挥线上课程的优势，给学生提供丰富的学习资源					
	内容具有系统连贯性，能促进学生对劳动观念的深入理解					

续表

评价维度	评价要点	评价等级				得分
		A	B	C	D	
课程实施（30）	核心问题贯穿实际教学过程，促进学生的探究性学习					
	学生活动方式丰富，活动顺序安排合理，能体现劳动教育的五个关键环节					
	教师注重及时评价反馈，深入引导学生认识劳动价值					
	教师教态大方，语言表达准确、清晰					
课程效果（20）	学生能完成各项活动任务，实现劳动学习目标					
	学生获得了愉快的劳动学习体验，增强了劳动学习兴趣					
总体评价						
改进建议	（结合上述四个维度，针对弱项提出针对性改进建议。）					
	评阅人：					

注：建议分课程目标、课程内容、课程实施、课程效果四个维度，每个维度针对具体评价点给出等级，然后每个维度给一个总分即可。分数与等级对应为 A（90~100），B（80~89），C（70~79），D（60~69）。

本案例由北京市昌平区中小学劳动教育课程服务中心副主任朱厚颖提供。

案例 3-11

劳动教育实践活动学生评价指导教师问卷

指导教师		执教课程				
评测方向	具体内容		评分			
			4	6	8	10
热情	劳动教育实践课程活动全程能感受到指导老师的热情吗？如微笑、亲切、积极等互动画面					
有序	在整个过程中是否能感受到老师的工作开展平稳有序，不慌乱、不茫然					
安全	有无感受到指导老师在时刻关心大家的安全并做到提醒					
收获	老师在带领过程中，是否有让孩子收获最大化					
关怀	老师对同学的关怀和关心可以得多少分					
认真筹备	老师认真备课的程度为多少分？比如准备充分不临时想办法，找东西等					
分数总计						

案例点评

一般而言，在劳动教育过程中，是劳动教育指导教师评价学生，这里却是学生反过来评价老师，而且从六个维度评价，对指导老师来说足以产生一些压力。学生核心素养教育的时代，谁敢不关爱学生、为人师表、兢兢业业、教书育人，或许都要面对"下岗"的压力。很好，学生成为课堂的主人。

本案例由中国关心下一代工作委员会教育中心劳动教育标准起草专家组高霞点评。

项目三　指导劳动教学过程

**专家访谈**

罗瑛谈学校如何指导家庭开展劳动教育

**劳模工匠**

工匠精神照亮前行的路
——记五星级汽车维修技师张朋

张朋，男，1989年5月出生，山东邹城人，大专学历，汽车维修工一级（高级技师），机动车维修检测工程师，上汽通用五星维修技师，现任邹城德通汽车销售服务有限公司车间主任兼技术总监。

张朋的工匠精神

2010年6月开始从事汽车修理工作，多年来他不骄不躁、刻苦钻研、吃苦耐劳、团结友爱。他以"敬业工作，干一行爱一行"作为座右铭。他深知技术的重要性，利用业余时间研究电路图，记满了一本又一本的笔记；在睡觉前总会闭上眼睛，脑海里一遍又一遍地模拟着车辆维修的过程。他脚踏实地、精益求精的工匠精神，得到了广大客户的认可和社会各界好评。

2021年的冬天，客户刘女士家中的君越轿车开得好好的突然就无法启动了，刘女士很着急。她的丈夫由于一次意外车祸卧床不起，家里老人生病住院，每天开车家里医院两头赶。她来到邹城别克4S店已是下午5点多，眼看就要下班了。张朋了解了客户的情况，先安抚了客户的情绪，然后立刻组织维修团队对车辆进行检查。在检查过程中，由于光线昏暗，视力模糊，在拆卸时不慎把手划伤，鲜血止不住地向外流。大家都劝说赶紧去医院看看吧，张朋却依然坚持要把车辆故障解决后再去医院。功夫不负有心人，经过大家的努力，找到原因为车辆线路的故障，并及时进行了维修。经过反复验证、

— 151 —

调试、试车，维修专家团队共同确认车辆恢复正常，然后把车辆交付给刘女士。此时，已是深夜，看着刘女士满意地开车回家，张朋这才感觉到自己的手还在流血，才去医院包扎。3 天后，刘女士给邹城德通汽车销售服务有限公司打来电话，对张朋的技术非常认可，更对张朋的品德予以高度赞扬，对张朋的工匠精神表示钦佩。

2014 年，张朋被聘为邹城德通汽车销售服务有限公司售后维修技术总监。他带领着团队研发了凯越发动机正时皮带更换的新方法，使用该方法在更换发动机正时皮带时，无须再拆卸发动机水泵来调整发动机正时皮带的松紧度，可以使维修时间节省 2~3 小时，大大节省了客户的维修等待时间和维修成本。

2010 年至今，共维修汽车 2 万余辆次。随着人们生活水平的不断提高和家用轿车保有量的不断增加，张朋深深感受到单凭一个人的技术力量远远不能够更好地服务于客户，努力提升自己团队的技术力量才是硬道理，于是他对班组长和实习人员的技术水平进行了评估，并制订了针对性的培训计划。培训内容通俗易懂，灵活有趣，维修人员的技术水平均得到了很大的提升，培养出了上汽通用铜牌技师 3 名，汽车维修工二级（技师）2 名。看着徒弟们快速成长，他比自己获得成功还要高兴。他说，一个人的能力是有限的，只有不断让"小苗"发好芽，把好的经验一代代传承下去，工匠精神才会发扬光大。

张朋和他的小伙伴们　　摄影：李岑虎

学员小陈，2015 年毕业后进入邹城德通汽车销售服务有限公司。在张朋的培育下，小陈一年后成为车间骨干力量。小陈说："我非常感谢张老师

项目三 指导劳动教学过程

的培养,作为一个农村长大的孩子,没有其他的收入来源,如果没有技术甚至娶媳妇结婚都是问题。在这里我不但学到了技术,还学会了为人处世的道理,更主要的是作为一位维修技师,能为国家做点事我很高兴也很自豪。经过4年的工作,我学到了技术,赚到了钱,找到了媳妇,有了自己的孩子,有个幸福的家庭,村里的人都很羡慕我。我很感谢张朋师傅。今后我会用从张老师那里所学的技能更好地服务于客户,服务于社会,做一名优秀的技能工匠。"

张朋总说自己文化少、学历低,但他常常告诫徒弟们"做事先做人",不长篇大论、不夸夸其谈,技术不是"说"出来的,而是"练"出来的。凭着一种"干一行就要爱一行,更要专一行"的工匠精神,他坚信在平凡的岗位上用满腔的热血、勤奋的努力终究会绽放出属于自己的光芒。

付出终将有回报。从2011年至今,张朋先后获得"机动车检测维修工程师(中级)""汽车维修工一级(高级技师)""上汽通用铜牌维修技师""上汽通用银牌维修技师""上汽通用索赔管理银奖""上汽通用索赔管理铜奖""上汽通用技术总监铜奖""邹城市第七届职工职业技能大赛第一名""邹城市五一劳动奖章"等证书和荣誉称号。

供稿:邹城德通汽车销售服务有限公司 。

结合所在地劳动教育资源,为你所在的单位编写一份《劳动教学过程指导方案》(2000字左右)。

项目四
做好实践基地管理

项目导读

本项目重点列举劳动教育实践基地规划设计、基地运营与管理、实践基地的申报评定等三个方面的案例。

山东绿鑫春生态农业发展有限公司大门　　供图：刘东波

思维导图

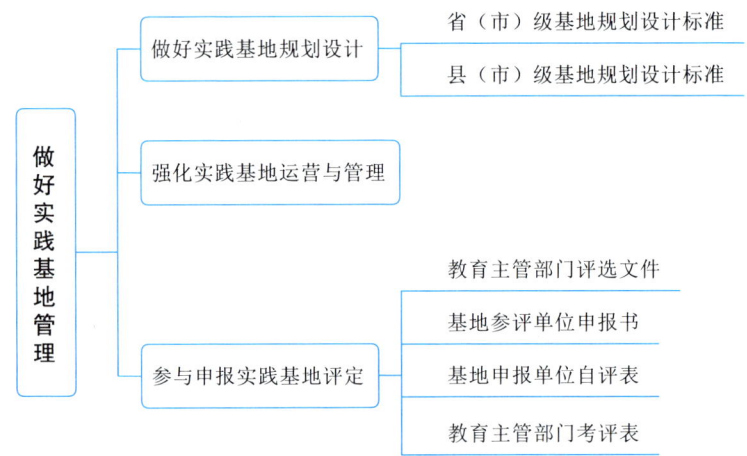

项目四 做好实践基地管理

任务一 做好实践基地规划设计

教育部《大中小学劳动教育指导纲要（试行）》明确指出，地方教育行政部门要统筹规划和配置劳动教育实践资源，满足学校多样化劳动实践需求。充分利用现有综合实践基地、青少年校外活动场所、职业院校和普通高等学校劳动实践场所，建立健全开放共享机制，特别是充分利用职业院校实训实习场所、设施设备，为普通中小学和普通高等学校提供所需要的服务。可安排一批土地、山林、草场等作为学农实践基地，确认一批厂矿企业作为学工实践基地，认定一批城乡社区、福利院、医院、博物馆、科技馆、图书馆等事业单位、社会机构、公共场所作为服务性劳动基地。推动学校充分利用校内学习、生活有关场所，逐步建好配齐劳动技术实践教室、实训基地，丰富劳动教育资源。这是劳动教育实践基地总的规划原则，具体怎么规划设计，从国家层面上还没有出台相应建设标准，我们征集了部分省市相应部门评定标准，供参考。

一、省（市）级基地规划设计标准

 案例 4-1

广西中小学劳动教育实践基地建设标准（试行）

一级指标	二级指标	主要观测点	评估内容	评估方法	得分 分值	得分 自评分
1. 基础条件（20分）	1.1 资质条件	相关证明运营情况	①申报单位必须有独立的法人资质。②基地成立和独立运营时间须1年以上。	查看资料	2	

续表

一级指标	二级指标	主要观测点	评估内容	评估方法	得分 分值	自评分
1. 基础条件（20分）	1.2 环境条件	安全设施环境设施	①基地周边环境安全、无危险建筑、无地质灾害隐患，远离陡坡、险滩、湖水。 ②周边公共设施比较完善，交通、通信设施齐全且畅通，距离最近医院不超过半个小时车程。 ③基地内环境整洁，布局合理，功能区明晰，无污水、污物，无异味，厕所布局合理，数量充足，能满足师生所需。 ④垃圾箱标志明显，布局合理，分类设置规范，清理及时。	实地检测	5	
	1.3 规模条件	活动面积场馆设施	①场地一次性可以容纳300人以上开展劳动教育实践活动，室内生均活动面积不小于3平方米。 ②有可供学生集中学习、体验、休息、饮食的场馆、场地，功能齐全，布局合理。 ③有独立室内授课教室，配备满足现代化教学使用的设施设备，有VR实训室或建设规划。	查看资料和实地检测	6	
	1.4 设施设备	设施数量布局情况	①基地有室外概貌地图，各区域公共信息导向标识清晰、明确，安全逃生通道和安全事故应急避难场所清晰可见。 ②配有必要的劳动工具、器材，性能好，数量充足。有动物饲养课程的须有防疫部门出具的合格证明。配备的设施设备等符合安全规定和环保标准，并定期检查，具备专业部门提供的检测验收合格报告。 ③配备有医务室、专职医护人员和基本医疗用品，能处理一般伤病，配备有AED除颤器设备。 ④有餐饮条件的必须具有食品经营许可证，餐饮服务人员身体健康，健康证件齐全。无餐饮条件的，配送餐饮单位必须是证件齐全、资质完备、服务优质的餐饮企业。	实地检测	7	

续表

一级指标	二级指标	主要观测点	评估内容	评估方法	得分 分值	得分 自评分
2. 课程建设（30分）	2.1 课程定位	课程目标明确凸显劳动素养	课程能够围绕综合育人目标，落实立德树人根本任务，将社会主义核心价值观融入劳动教育的全过程，强化劳动观念，弘扬劳动精神；掌握必备的劳动能力，养成良好的劳动品质和习惯；注重手脑并用，继承优良传统，彰显时代特征；培养创新意识，全面提高学生的劳动素养。	查看资料	5	
	2.2 课程体系	课程设计方案、项目教学教案等	①应具备至少8个主题课程，课程能够覆盖中小学各学段、各年级。要有完整的课程方案，课程具有系统性、科学性、知识性、趣味性，课程内容应有课程名称、课程目标、内容简介、实施流程、问题研究、分享展示及总结评价等要素。②制定相应的教学计划，针对小学低年级、小学中高年级、初中、普通高中有不同的实践指导方案，对学生实践学习流程、时间安排、项目编排有合理安排，突出出力流汗、接受锻炼。	查看资料和实地访谈	10	
	2.3 课程实施	课程设计指导方法教学材料教学反馈	①建立针对不同学段的实践活动组织管理体系，有完备的管理制度，对每项实践课程进行详尽分析；根据不同学段学生认知特点，科学合理设计劳动实践活动。②根据不同实践项目，采用恰当指导方法，能够采取一定的信息技术、人工智能技术，让劳动教育活起来、实起来；灵活运用各种新技术，增强劳动实践互动性、即时性、趣味性。③在劳动实践活动过程中，有机融入道德与法治、语文、历史、艺术等学科知识，加强对学生辛勤劳动、诚实劳动、合法劳动等教育；有机融入数学、科学、地理、技术、体育与健康等学科知识，培养学生劳动的科学态度、规范意识、效率观念和创新精神。④建立课程教研制度，配备专兼职实践项目活动教研员，及时分析、解决实践课程实施中遇到的问题，提高实践课程实施的有效性。	座谈交流和实地体验	10	

续表

一级指标	二级指标	主要观测点	评估内容	评估方法	分值	自评分
2. 课程建设（30分）	2.4 课程评价	测评制度、评价标准、评价资料、满意度等	①建立学生劳动实践效果测评制度，编制学生劳动实践评价手册，对学生实践进行全过程、全要素评价。②建有公示、审核制度，确保学生实践评价记录真实可靠。③收集每期学生对劳动实践活动开展满意度测评，好评率达80%以上。④定期征求、收集学生家长对劳动实践教学活动的看法和评价，支持率、满意率达80%以上。⑤学校对基地各项工作进行综合评价，认可度、满意度达80%以上。	查看资料、座谈交流和实地体验	5	
3. 队伍建设（20分）	3.1 人员构成	人员配备	①按照最大接待量师生比1∶30配备基地指导教师，实现专兼职结合。②指导教师具有相应的资质（教师资格证、岗位培证等），教学指导能力强，具备与学生互动交流的知识技能，身心健康，无精神疾病，无传染病，无不良嗜好。	查看资料核验资质	7	
	3.2 师资管理	培训方案学习任务清单	①具有明确的师资队伍建设目标、发展规划和管理机制。②建有一整套实效性强的业务能力培训提升制度与措施，并定期组织开展教职员工培训学习，能提供相应的佐证材料。	查看资料	6	
	3.2 资源整合	师资整合目标规划	与当地社团组织合作，吸纳在校大学生、退休教师（干部）、社会能工巧匠和家长等，建立专兼结合、知识结构合理的劳动实践教育志愿者团队。	查看资料和座谈	4	
	3.4 师德修养	师德师风考核要求	遵规守纪、敬业爱岗、关爱学生等方面有明确要求。	查看资料核验资质	3	
4. 保障措施（20分）	4.1 组织管理	档案资料	①基地与学校签订劳动实践教育服务合同，有具体的服务方案，责权利明晰，内容合规合法。②基地建有学生劳动实践教育活动档案，活动后能够及时向学校反馈情况，征询意见与建议。③投诉及处理制度健全，渠道畅通，处置及时、妥善，档案记录完整。	查看资料和实地检测	5	

项目四　做好实践基地管理

续表

一级指标	二级指标	主要观测点	评估内容	评估方法	得分分值	自评分
4. 保障措施（20分）	4.2 安全保障	制度、人员设施	①针对学生劳动实践、生活食宿、休闲活动等，建有完整的责任到人、分工具体的安全管理教育制度。对劳动实践教育活动各环节均有安全处置预案。②配备专职安保人员，能够定期组织安全教育和应对突发事件安全演练，物防、技防配备齐全，安全说明或须知等要求明确、具体。③消防设施设备齐全，性能良好，安全警告和危险标志、标识醒目、明了，消防验收手续等证件齐全。④基地危险地带设有安全防护设施，有安全警示标志。有完备的录像监控设备，能够实现24小时全方位实时录像监控，影像资料可保存30天以上。	查阅资料和实地检测	7	
	4.3 经费保障	财务报表经费管理	重视对基地建设经费的投入，建设经费纳入基地年度预算，日常运转经费来源稳定。	查看资料	3	
	4.4 后勤保障	制度、人员、设施	后勤保障组织完善、机制畅通、制度健全、服务规范；能够保障学生饮水、饮食卫生安全；对传染病、常见病有预防措施；注重防火、防盗、防电、防毒，能够及时发现和排除隐患；服务设施设备配备齐全。	查看资料和实地检测	5	
5. 特色优势（10分）	5.1 技术开发	新技术、新技能	劳动技术技能推广与开发体系健全，能紧跟时代节奏开发适应社会需求的劳动技能，在基地内示范效应好，能有效带动相关劳动行业、产业进步。	查看资料和实地检测	3	
	5.2 人才培养	培训、咨询、宣传	在劳动教育研究基础上，大力开展劳动技能培训服务、技术技能咨询服务、新时代劳动宣传服务，为基地、为社会培养一批具有新时代劳动精神的研究与实践队伍。		2	
	5.3 品牌创建	品牌数量、质量等	能进行分层次、分学段、分专业品牌创建活动，在全区形成不同特色富有影响力的劳动教育实践品牌基地，在劳动教育教学改革创新方面成果显著，对我区劳动教育发展产生辐射作用和重要影响。		3	
	5.4 专业引领	课程教学质量等	基地授课人员中有劳模、工匠、技能能手、专家、名师等人员，不断扩大社会影响力。		2	

本案例由广西中小学研学旅行学会贾强老师提供。

二、县（市）级基地规划设计标准

任务二　强化实践基地运营与管理

劳动教育实践基地规划和建设好以后，最重要的工作就是基地的运营与管理。基地的运营与管理首要的工作就是制定一系列运营与管理制度。

案例 4-3

新未来劳动教育实践基地运营与管理制度

制度一：项目管理岗位及职责分工

一、项目总负责

（1）全面负责劳动实践教育项目的管理，确保劳动实践教育顺利实施；

（2）负责协调、管理、监督、督导各岗工作执行；

（3）及时总结和解决执行中的问题，并加以改进完善；

（4）劳动实践教育活动结束后与工作人员对当日活动出现的各项问题进行讨论；

（5）对突发事件及时应对和解决。

二、数据管理

负责劳动教育实践项目相关数据的收集和管理。

西安新未来劳动教育实践基地　　　　　　摄影：张会臣

1. 数据收集

登记记录团队预定情况，并与销售人员沟通，合理安排团期；收集记录团队相关信息；建立指导教师信息数据库；建立学校信息数据库；建立旅行社信息数据库。

2. 客户维护

行前熟悉劳动实践教育学校的基本情况，并做好老师来基地后的全程服务与沟通工作（休息室的卫生、布置、茶水、图书、视频等），明确带队老师信息（电话、微信）和随队老师信息（微信）。

根据"劳动实践教育教学质量调研表"，对老师进行基地劳动实践教育效果调研与评价（意见和建议），24小时内整理并提交项目总负责。

行后制订回访计划，完善调研表；同时按照基地劳动实践教育手册，并结合行后主题，同学校相关负责人进行沟通并适时提出建议。

规划和逐步实施行后成果主题活动，如提供该学校劳动实践教育展示手册、优秀文章评比、摄影比赛、劳动实践教育成果展览、主题班会设计等。

3. 项目考核

负责在劳动实践教育过程中针对指导教师、课程设计、后勤保障等进行考核评估。

三、课程开发

负责劳动实践教育及相关课程的设计、开发、管理。

1. 课程设计

根据市场需求及储备教师资源，设计开发相应课程内容，根据市场需求和自身特点按照课程设计流程设计开发相应劳动实践教育产品。

2. 课程管理

对已有课程及师资进行管理，建立课程数据库；根据课程设计流程对已有劳动实践教育产品进行维护。

四、宣传推广

负责劳动实践教育产品的市场推广工作。

1. 市场推广

负责对接学校、旅行社等合作单位，推广劳动实践教育产品。

2. 宣传设计

针对不同宣传渠道对劳动实践教育产品进行包装，并设计宣传方案及制作相应宣传材料。

3. 媒体维护

维护公众号平台及相关媒体平台的宣传内容。

五、指导教师管理

针对劳动实践教育项目，招募、培训、管理指导教师。

1. 招募指导教师

联系各大院校及社会组织和平台，招募符合要求的指导教师，实时扩充指导教师队伍，确保指导教师队伍储备充分。

2. 培训指导教师

对所招募的指导教师，根据培训规范进行岗前培训、定期培训等。

3. 管理指导教师

配合数据管理及现场管理对带队指导教师进行合理安排、调动及考核。

六、现场管理

负责劳动实践教育活动现场的活动执行和安排调动。

1. 现场统筹

负责劳动实践教育活动流转的设计安排，全面负责劳动实践教育活动现场的活动执行和安排调动，负责劳动实践教育活动现场突发状况的处理。

2. 项目管理（兼任）

协助现场管理对各项目分别进行现场管控，协助现场管理对各项目的流转调动进行管理，协助现场管理对突发状况进行处理。

七、后勤保障

负责劳动实践教育活动行前、行中、行后的后勤保障工作。

1. 安全保障

行前负责基地相应劳动实践教育场地安全管理，及时处理安全隐患；负责对活动现场流转路线的安全管控，如车辆等；负责劳动实践教育活动现场的安全管控，协助现场统筹对突发事件进行处理；行后对基地设施进行定期维护。

2. 物料保障

对项目所需物料进行出入库管理，合理调配物料储备，保障劳动实践教育活动物料充足；行前整理布置团队所需物料，确保劳动实践教育顺利进行；行中调配及管理相关物料，防止物料丢失或损坏；行后整理维护和保养循环物料。

3. 医疗保障

由专职医生负责，协助现场统筹妥善处理活动过程中出现的医疗突发状况；负责基地急救药箱及相关设备的采购管理；对于无法就地处理的医疗状况应及时联系车辆就近送到相关医院进行救治。

制度二：基地部门管理细则

一、外联组

（1）根据上级主管部门要求，协调基地各管理部门开展工作。

（2）根据教育主管部门的安排或主动与兄弟学校联系，安排接受学生到基地参加实践活动。

（3）在活动前一周，及时落实每期来基地参加劳动实践的学校、带队领导、教师及学生名单，并协助有关部门安排好教学、劳动实践的内容以及学生的膳宿事宜。

（4）协调与带队领导、教师的关系，尽量协助他们解决工作、生活中的难题。

（5）检查、落实各种规章制度的执行情况，严肃纪律。

（6）与参加基地活动的学校建立联系，安排好每期基地日程活动表，并跟踪落实，确保每期劳动实践的顺利完成。

（7）根据基地领导的要求，起草对上、对外信函、报告及基地工作计划、总结，做好基地宣传工作，及时报道基地动态、好人好事。做好基地的文化建设，营造基地良好的文化氛围。

（8）充分利用空闲时间，如寒暑假对外开放，组织联系夏令营活动，以增加基地的收入。

（9）认真做好基地领导临时交给的工作任务。

二、教学组

（1）根据基地活动周程表及实践校来基地参加实践活动同学的人数、年级，做好编队、实践活动内容及日程的安排，并预备好应急方案，以应对不可预见的情况变化。

（2）负责制订作息时间表、实践活动表和工作日程表。

（3）负责组织教官、专业教师跟踪活动全过程，做好实践活动的组织、指导、管理工作。

（4）组织教师进行教学、教研活动，认真研究，探索实践教育改革的新路子。

（5）及时聘请食品技术、食品安全、产品研发的有关专家等人员来基地举办讲座、科学试验、现场指导等。

（6）管理好基地劳动实践所需的教学用具、劳动制作用具等。

（7）根据基地规则要求，按照要求科学管理，充分利用基地的现有资源，合理搭配课程与实验，努力提高经济效益。

（8）指导学生开展劳动教育实践，要做到言传身教、边讲解、边指导、边劳作，使学生初步掌握各种农业生产、工业生产的劳动技能。

三、后勤组

1. 财务管理

（1）实践基地经济上独立核算，财会人员应严格按照财经制度把好财务关。

（2）配合有关部门，严格经济核算，努力降低各种费用成本，广泛开展增产节约的活动。

（3）认真做好各种账目，把好专款专用关。及时准备做好各种财务报表，做到每期结算一次，每个月递交一次盈亏报表。

2. 膳食管理

（1）基地食堂应本着服务的宗旨，工作人员应做到态度和蔼，服务热情周到。

（2）要认真钻研业务，提高烹饪技术，增加花色品种，切实让学生吃好、吃饱。

（3）要高度重视食堂卫生管理工作，做到饭菜、餐具、餐室干净整洁。

（4）要做好学生餐具的收发和食堂财产的管理工作，防止损坏、失窃、遗失。严禁擅自外借食堂用具。

（5）做好来访人员的膳食接待工作。

3. 学生管理工作

（1）及时安排来基地参加劳动实践的带队领导、老师、学生的住处。

（2）指导学生进行生活自理能力的训练，如打扫房间、整理床铺、洗袜子、缝纽扣等。

（3）配合带队老师，每期组织一次宿舍卫生检查评比活动。

（4）管理好学生的生活用品，如被褥、洗漱用具等。每期结束时，要配合师生及时清点，损坏或遗失的要及时报请购买补齐。

4. 保卫工作

（1）负责基地安全保卫工作。树立安全无小事的观念，杜绝重大安全事故发生。

（2）随时巡查校园，注意防火、防盗、防爆。积极维护基地人员、财产、设施的安全，发现安全隐患及时向基地报告。

（3）坚守岗位，认真履职，不准擅离职守。有事应立即到场处理。

（4）查询并登记出入基地及外来人员。

（5）对来校施工的外地人员按规定进行登记。

（6）发现案情及时向基地领导反映并与公安部门联系，协助公安部门进行破案。

5. 基地驻地医生

（1）针对季节发病情况，做好定期卫生宣传。

（2）在流行病发现或流行期间及时做好消毒预防工作。

（3）及时做好学生伤害事故及小疾病的处理工作，必要时负责送医院治疗，并填好处理情况记载表。

（4）及时采购药品，妥善保管好药物，经常检查，避免变质失效。

（5）协助其他部门的工作，按时完成上级卫生部门下达的工作任务，履行学生安全管理职责。

四、人员具体配置

基地工作人员包括基地指导教师、安全员、医护人员、后勤工作人员等。基地应该有与接待课程活动相匹配、提供各项服务配套的专业服务人员。

1. 项目组长

配置1名指导教师作为项目组长。项目组长全程跟随项目活动，负责统筹协调活动中的各项工作。项目组长应该清楚知道项目组存在的意义、使命、目标以及如何达成工作目标。

2. 指导教师人员

应为每次活动配置数量适宜的指导教师。原则上学生与指导教师的配比比例不低于30∶1。

3. 安全与应急人员

每次活动需要配置相应数量的安全应急人员。基地安全与应急人员是指在活动过程中，具体负责安全与应急管理的专业人员。原则上学生与安全员的比例不低于30∶1。

4. 医护人员

应配备数量适宜的专职医护人员。医护人员要提前掌握基地周边的医疗及救护资源状况。学生生病或者受伤，应及时送往医院或者急救中心治疗，妥善保管就医记录。宜聘请具有职业资格的医护人员随团提供医疗及救助服务。基地医护人员配备不低于2名；学生每超过200人，应该增加1名医护人员。

制度三：基地接待流程规范

一、接待管理目标

（1）严格管控接待管理流程，使接待过程无纰漏、无事故。

劳动教育实践接待过程中无纰漏、无事故是最基本的要求，这就要求建立完善的行前、行中、行后接待管理流程，包括行前人员培训、校方沟通、行前讲解等，行中劳动教育实践流程、教学要求、突发事件处理等，行后调查反馈、教学情况回访等。接待管理要求全员参与，全员管控，全员反馈，以求精益求精，完善完备。

（2）完备的接待管理体系，确保学生劳动教育实践的有效性。

建立自下而上的接待管理网络图，明确各岗位职责、职能、权力，确保接待劳动教育实践的各个流程，有人管理，有人落实，有人反馈，切实把劳动教育实践的教育性落到实处。

（3）完善的接待沟通体系，确保学校、服务机构、学生等多方的沟通顺畅。

劳动教育实践的开展是由学校、服务机构、基地、学生、家长等多方沟通推动的，基地作为劳动教育实践基地，必须加强与学校、服务机构、学生、家长等多方的沟通，实时了解学生的情况，以确保劳动教育实践过程中的教育教学能顺利实施开展，从而达到理想的劳动教育实践目的。

（4）积极的接待回访体系，确保接待问题的及时反馈。

劳动教育实践的接待是一个动态、积极的实效性体系，这就要求我们在接待过程中，不断地发现问题、反馈问题、及时地解决问题，不断地完善接待服务流程，从而使劳动教育实践向更好、更有效的方向发展。

二、接待流程要求

（一）行前沟通

（1）与学校、服务机构进行对接工作，明确劳动教育实践实施时间、人数、年级、班级数、操作项目、特殊要求等信息；

（2）对于劳动教育实践实施时间要做到提前预约，行前3天确认，行前1天明确对接人及带队细节；

（3）合理调控各团期，以防团期冲突造成的接待失误；

（4）对于学校的特殊要求，如行前课堂讲解等，积极沟通，并给予处理办法。

（二）行前准备

1. 行前课堂讲解

依照《劳动教育实践指导教师课堂内容大纲》展开（根据学校需求安排），按照劳动教育实践项目板块展开，通过老师讲解、视频观摩、劳动教育实践手册熟识等方式展开。要求通过行前课堂讲解，让学生对劳动教育实践所涉及的知识点有所准备和了解，让学生通过自主思考，在劳动教育实践活动当天带着问题去劳动教育实践。

2. 行前知识准备

对于没有条件进行课堂讲解的学校，提前通过学校老师将行前应准备的知识要点告知学生，要求学生自主查找相关知识点，了解劳动教育实践所涉及的各项知识。

3. 行前告知书

对于劳动教育实践所需的各项准备，通过《致同学们的一封信》告知学生，明确着装、安全等注意事项。

（三）行中要求

行中要求主要针对带队指导教师着装、行为、语言、教授知识点、突发事件处理等的基本要求。

1. 着装

指导教师在有条件的情况下应身着基地统一服装；因天气等原因不便统一着装的，要求服装大方得体、干净整洁，符合指导教师这一岗位形象。

2. 行为

指导教师代表着基地形象，更是学生学习观摩的榜样，应时刻以身作则，注意自身的行为举止，符合社会道德规范，为学生做好榜样；指导教师一旦出现严重行为问题，将严肃处理，直接取消资格。

3. 语言

指导教师在教学过程中应心平气和，和蔼可亲，时刻做到礼貌用语；尊重、爱护和信任学生，不准侮辱、歧视、讽刺挖苦学生，任何情况下不得体罚和变相体罚学生；教学语言应适合学生的年龄层次和理解能力；时刻关注学生的学习情况，积极引导学生，做到因材施教、循循善诱。

4. 教授知识点

指导教师应严格按照《劳动教育实践指导教师课堂内容大纲》进行，对重要的知识点和操作步骤应详细明确地予以讲解；对于重要知识点外的知识扩充，应参照教学课程要求，结合自身知识储备展开，并时刻关注学生反应及接受情况。

5. 突发事件处理

劳动教育实践过程中发生突发事件时,首先应在第一时间保证学生的人身安全,然后立即与学校老师联系,由学校老师协助处理,并及时通知现场统筹,由现场统筹进行进一步处理。

(四)行后跟进

劳动教育实践应确保教学的完整性,不应虎头蛇尾,所以行后的跟进尤为重要。

1. 主题班会

学校自行组织,基地指导教师参与或指导;由学生自主选题,对当天活动的收获与同学进行分享与交流;对于劳动教育实践当天表现出来的好人好事、出色完成劳动教育实践任务的同学,颁发奖状。

2. 知识扩展与问题答疑

指导教师对学生劳动教育实践后所产生的问题等进行讲解,对于感兴趣的知识点,进行进一步扩展,引发学生的学习兴趣。

3. 展示平台

基地根据当天劳动教育实践情况,针对每一学校撰写主题微信公众号宣传文,学生的照片、作品、文字等都可作为素材编辑进宣传文中,给学生一个展现自我的平台。

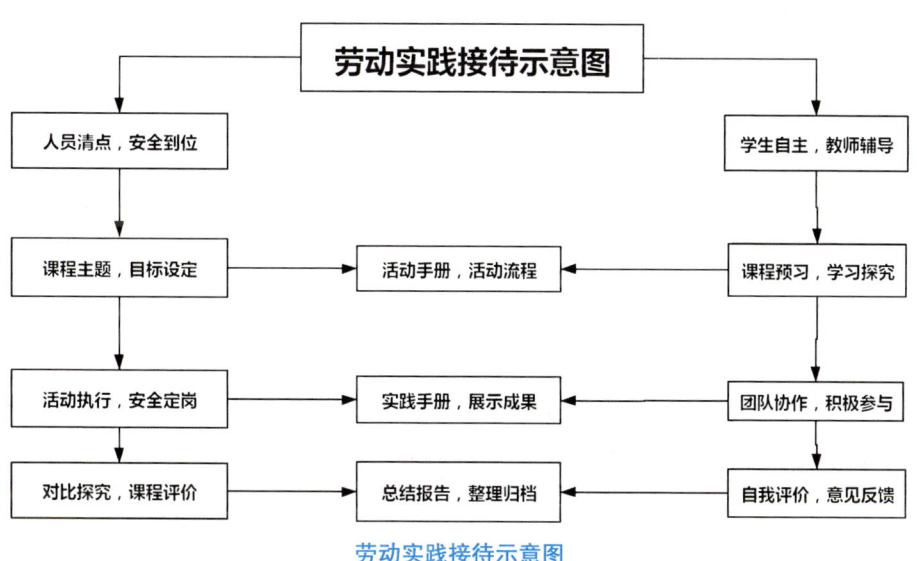

劳动实践接待示意图

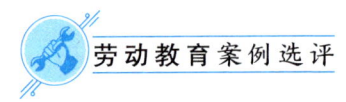

制度四：安全管理规范

劳动教育实践活动实施过程中的重中之重是保障参与学生的人身安全，为了明确安全管理目标，制定安全保障措施，建立安全管理网络，落实安全责任到岗，实施分级管理制度，做到层层落实，责任到人，建立完善的突发事件处理机制，全面保障学生在劳动教育实践中的安全，特制定本安全管理规范。

一、安全管理目标

1. 消除一切安全隐患

安全管控的核心就是安全管控，所以要从源头消除安全隐患。安全隐患包括场地安全、劳动教育实践设施安全、活动实施安全。从项目的策划开始就应立足安全，预先消除可能的安全隐患；每次活动前排查，解决发现的安全问题；活动过程中监督，杜绝安全事故发生；活动后跟踪，做好安全反馈工作。全方位、各环节严控，做到万无一失。

2. 杜绝一切意外伤害事故

劳动教育实践是离开校园在户外开展的教育教学活动，所以杜绝意外伤害事故尤为重要。意外伤害事故主要是指因场地环境造成的意外伤害，如滑倒摔伤；因活动道具造成的意外伤害，如弓箭伤害；因学生管理造成的意外伤害，如学生打架等。杜绝意外伤害就要在消除一切安全隐患的基础上，进一步加强现场安全管理，落实管理细节，强化指导教师安全培训，加强学生安全教育，从而消除意外伤害事故。

3. 杜绝一切食物中毒事故

劳动教育实践一般都为一整天活动，不可避免地会有集体早餐、午餐及学生零食，所以劳动教育实践过程中的食品安全要严格控制，杜绝一切食物中毒事故。这就要求落实行前安全教育，家、校、基地联合管控，加强基地内食品安全检测，落实团餐合作单位资质、食品检测及食品留样，劳动教育实践过程中不推荐学生购买除提供饭食外的零食，对学生自带饭食提供加热及热水等，做到食品中毒及食品引起的腹泻等事故零发生。

4. 构建完善的安全保障体系

确保安全目标分解到岗、安全责任落实人，需构建完善的安全保障体系。

安全保障最核心的是安全保障的人。针对安全保障的各个环节，指定专人专岗，责任明晰，落实到位，做到人人知安全，人人保安全。建立完善的安全保障体系，对于设计、排查、实施等各个环节都有章可循，有人负责，有方法可控。

二、安全保障措施

因劳动教育实践项目实施场地较大，学生自制力及判断力较差，故需要加强日常安全隐患的排查、活动现场人员的安全管控。

1. 行前安全培训

（1）指导教师安全培训。作为劳动教育实践最直接的执行者，指导教师直接参与学生管理和安全管控的终端，所以针对指导教师的安全培训就显得尤为重要。首先加强新指导教师的岗前安全培训，明确劳动教育实践的重中之重是保障学生的安全，落实安全保障措施和安全事故处理办法，使指导教师明白安全之重，明确自身之职，学会安全管理，自如地应对安全事故；劳动教育实践期间定期展开安全培训，强化安全意识，分享安全管理经验；将安全管理纳入指导教师绩效考核系统，让安全管理与指导教师自身紧密联系。

（2）学生安全教育。行前联合学校、家庭进行安全强化教育，从自身管控、注意事项、财产安全、突发事件处理等多方面强化安全教育；向所有学生发放《劳动教育实践安全教育手册》；通过《致家长的一封信》，将安全注意细节告知家长，由家长协助安全管控；活动开始前再次强调安全，针对特殊项目应在项目操作过程中不断强化安全教育，杜绝伤害事件发生。

2. 日常安全排查

（1）道具设施排查。对劳动教育实践项目所需使用的道具、设施等进行日常检查、保养，对不符合安全标准的道具、设施及时进行维修、更换，绝不将有问题的道具、设施应用到劳动教育实践活动中。

（2）活动场地排查。对劳动教育实践项目实施场地定期进行安全排查，对发现的安全隐患及时联系相关部门进行处理；在安全隐患未解决时，杜绝同学靠近，并及时调整部分活动内容，在活动实施前进行说明、强调。

（3）食品安全排查。对劳动教育实践项目餐饮供应点的食品卫生进行定期检查，并将每次活动提供的餐饮食品进行留样。

3. 劳动教育实践项目现场人员安全管控

根据安全保障体系，分级、分班、分组，责任落实到岗、到人，与校方老师共同保障学生安全。由劳动教育实践活动指挥进行环节把控，每班学生安排班主任进行活动督导，每组学生安排专职指导教师进行跟组活动指导。定时检查学生人数，不让一名学生离队走散；及时发现活动过程中的安全问题并及时解决，杜绝学生意外伤害事故发生。

活动现场配备专业医师及常用药物，对学生的各类突发疾病进行应急处理。

4. 为每位学生购置意外伤害保险

监督服务机构给每位学生购置意外伤害保险。若突发事故，积极配合家长、校方、保险公司提供相关资料，处理安全事故赔偿。

新未来基地已购置 1000 万保额公众责任险，其中单次事故 200 万。

三、安全保障体系

安全管理岗位及职责如下：

1. 项目总负责

全面负责劳动教育实践项目的安全管理，确保安全目标实现；负责协调、管理、监督、督导各岗工作执行；及时总结和解决执行中的安全问题，并加以改进完善；劳动教育实践活动结束后与工作人员对当日活动出现的各项问题进行讨论；对突发事件及时应对和解决。

2. 指导教师培训

全面负责劳动教育实践项目的安全培训，落实安全培训目标；负责落实、管理、监督、督导各岗位的安全培训；针对活动中反馈的安全管理漏洞拟订改善处理办法，并展开培训；编制及修订《劳动教育实践安全教育手册》《致家长的一封信》等安全宣传资料。

3. 现场统筹

落实劳动教育实践活动各个环节的安全管理的具体实施；及时解决活动执行过程中发生的各种安全问题；协调、督导班主任、指导教师和后勤保障的工作，确保安全责任落实到人；及时上报各项安全问题，以便于总指挥对活动实施环节的总结及改善。

4. 项目管理

负责劳动教育实践班级的管理，保障班级学生安全；协调、监督班级各个组的管理工作，按照劳动教育实践活动计划安排各组人员；劳动教育实践开始前对学生进行安全教育；处理活动执行过程中的各种突发状况，对重大安全问题及时上报。

5. 安全保障

负责劳动教育实践项目整体的后期保障工作，确保各项配套设施、设备、场地、食品等的安全；对劳动教育实践实施场地定期进行安全排查，对发现的安全隐患及时联系相关部门进行处理；对项目所涉及的车辆进行定期检查，每次活动前对所使用车辆进行例行检查，保证一切正常方可使用。

6. 物料保障

对项目所使用道具、设施等的日常检查、保养，对不符合安全标准的道具、设施及时进行维修、更换。

7. 医疗保障

对项目餐饮供应点的食品卫生进行定期检查，并将每次活动提供的餐饮食品进行留样；安排专业医师并准备常用药品，对学生的各类突发疾病进行应急处理。

8. 指导教师

配合项目管理工作，负责劳动教育实践小组成员的管理，保障小组成员的安全；根据劳动教育实践活动执行计划，跟随并协助小组成员完成活动内容，严格控制活动时间及活动地点；定时查看小组成员人数，确保无学生走散；处理活动执行过程中的各种突发状况，对重大安全问题及时上报。

四、安全检查制度

（1）由项目总负责牵头，安全小组成员共同参与，定期组织全面安全检查；

（2）安全检查涉及项目实施的各个方面，不放过一个细节；

（3）对检查中发现的隐患立即整改或制订相应解决方案；

（4）每次活动后由安全总指挥牵头对活动进行总结分析，确保活动实施过程中发现的问题得以解决；

（5）对安全检查中发现的安全隐患涉及的责任人进行处理。

五、安全培训制度

（1）安全培训由项目总负责全面负责管理和实施；

（2）劳动教育实践项目所有执行参与人必须进行安全培训；

（3）劳动教育实践项目所有新指导教师上岗前必须进行岗前安全培训并通过考核；

（4）定期对安全小组成员进行安全培训，强化安全意识；

（5）每次劳动教育实践活动开始前必须对参与学生进行安全教育，强调活动要求、强化安全意识、教会自救措施；

（6）向所有学生发放《劳动教育实践安全教育手册》；

（7）向所有家长发放《致家长的一封信》；

（8）特殊项目，应在项目操作过程中不断强化安全教育，杜绝伤害事件发生。

六、安全配合

（1）参与学校老师请和项目班主任配合，共同保护学生安全；

（2）设立学生安全员，使学生代表参与到安全管理之中，做到安全自治；

（3）学生家长如有紧急事情要和学生联系见面，须与学校老师联系并至执委组办妥手续，请勿径往学生驻地；

（4）请勿让学生携带贵重物品或金钱，以免遗失；

（5）劳动教育实践过程中杜绝学生购买食品，慎防食品安全问题。

七、突发事件处理

对劳动教育实践过程中易发生的多种安全事故，按要求进行处理，并明确处理流程。

1. 低血糖

低血糖的症状通常表现为出汗、饥饿、心慌、颤抖、面色苍白等。作为多发情况，应在学生感到头晕后第一时间排查（是否吃了早餐，是否有低血糖历史）。同时扶学生至室内坐下休息，给予温热糖水让学生口服。如学生自带食品，让其食用；如未带食品，需提供零食或糖果。待学生无头晕等异样感受后，方可使其归队活动。

2. 中暑

先兆中暑、轻症中暑者口渴、食欲不振、头痛、头昏、多汗、疲乏、虚弱、恶心及呕吐、心悸、脸色干红或苍白、注意力涣散、动作不协调、体温正常或升高等。

作为夏季多发情况，根据中暑症状简单辨别；第一时间联系学校老师；停止活动，在凉爽、通风的环境中坐下或躺下休息，并脱去多余的或者紧身的衣服；有反应并且没有恶心呕吐，给予学生温热糖水饮用；给学生做降温处理；用风油精涂抹太阳穴缓解头痛。对于紧急处理后尚未好转的提供藿香正气水，由学校老师联系家长明确无不良反应后使用；对于重度中暑患者，由专人第一时间送到医院进行治疗，并通知家长。

3. 外伤处理

好动是孩子的天性，活动过程中不可避免地有外伤出现。对于一般外伤（创面小于 5 毫米，深度小于 1 毫米）的，由随队医师进行创面消毒、包扎；对于严重外伤，由专人第一时间送到医院进行治疗（或联系救护车），并通知家长。

4. 一般疾病处理（感冒等）

一般疾病（感冒等）发生时，第一时间联系学校老师；根据学生情况停止活动并在室内坐下或躺下休息；联系家长了解常用药品等并筛查是否用药。

5. 突发疾病处理（过敏、食物中毒等）

突发疾病（过敏、食物中毒等），第一时间联系学校老师，通知学生家长；针对不同情况（个体、团体）分别对待。个体突发疾病在咨询家长意见后，由专人送至基地医院或相关医院进行治疗；集体突发疾病（食物中毒），第一时间联系医院进行应急处理。

制度五：劳动教育实践指导教师工作流程（SOP 九步法）

第一步，建微信群，然后热群

在劳动教育实践行程开始前，需要指导教师提前建立好微信群，并开启"热群"模式。通过指导教师自我介绍，劳动教育实践项目介绍等，让参与劳动教育实践的学生家长了解劳动教育实践的内容及意义，并让营员提前熟悉自己的小伙伴（可先在微信群里自我介绍）。

在劳动教育实践过程中，微信群除了向家长直播孩子吃了什么，玩了什么，学了什么之外，更重要的是把我们认真工作的行为展示给家长。在劳动教育实践途中，除了发学生照片、带队老师服务学生的照片，还可以每天发劳动教育实践指导教师工作日志、点评行为发生转变的学生等。

第二步，前置课

（1）上课。在出行前的一周内，以线上课堂或者线下沙龙的形式，就当次劳动教育实践的学习背景进行学习。线上的课程频次 2~3 次均可，时长不宜超过 30 分钟；有条件的话，最好做线下沙龙，课程时长适当拉长，既涵盖劳动教育实践指导教师的单项知识传输，也要涵盖开放性课题去激发学生的自主学习性。

（2）前置课结课仪式。对前置课内容完成度高的同学进行重点表扬，前几名发到家长群。前置课的目的，一是激发学生的学习兴趣，带着问题去劳动教育实践，保证学习效果；二是将提供的劳动教育实践服务提前展示给家长，增加信任感。

第三步，引入

（1）自我介绍。好的自我介绍能够快速聚焦学生的注意力，快速树立起在接下来劳动教育实践过程中的形象。结合学生学龄段特点及兴趣点，进行自我介绍以及所有工作人员的介绍。要给学生树立劳动教育实践指导教师是大班长的形象。

（2）明确劳动教育实践框架，强化劳动教育实践目标感。为明确学生的劳动教育实践目标，可以设置劳动教育实践积分赛、小组对抗赛等贯穿全程的激励方式。通过一个个小目标的完成让学生随时刷成就感，这样，前期设置的大的学习目标将会顺利实现。

第四步，早导学，晚总结

导学是结合劳动教育实践行程和主题的针对性学习或是深化体验。时长 30 分钟左右，形式并不拘泥于资料学习，还可以是手工体验、操课等。在这个环节，为了更好地激发学生学习的自主性，我们往往安排学生导学，劳动教育实践指导教师更多的是问题答疑和方向纠正。

第五步，气氛设计

气氛设计，不是简单的指劳动教育实践指导教师讲几个段子活跃下气氛，而是应该经过行前认真设计，在行前、行中、行后的不同环节，凸显劳动教育实践的趣味性、素养能力提升等。

气氛设计需要贯穿全程，涵盖开/闭营、学生或老师生日会、讲解氛围、嘉奖与表彰、中期晚会等。

这里重点说下讲解氛围的设置。学生的劳动教育实践收获，都是先经过讲解，然后再经由实践得以巩固和提升的，因此，讲解时的气氛设定是非常重要的，也是容易被忽略的。因为路线的安排，车上讲解较长时，学生非常容易出现不自觉的懈怠和注意力发散的现象。如果学生带了手机，指导教师的讲解更是会在一开始就遭遇冰山。一般情况下，学生的注意力也就是15~20分钟。

所以，劳动教育实践指导教师应该准备2~3个3~5分钟活跃气氛的小故事"救急"用，目的是刺激大家的情绪，或者把大家涣散的注意力重新收回来。千万别一看学生情绪低落，就赶快安排休息。

第六步，诊断学生的劳动教育实践行为

这项工作的目的其实是"中控"，通过一对一诊断，掌握学生的劳动教育实践情况，发现学生中可能存在的问题，再给出针对性的解决办法。

"诊断"包括以下几个方面：

（1）学生对劳动教育实践课程的掌握情况。在每天的早导学晚总结中，只要劳动教育实践指导教师细心观察，就可以对整体的掌握情况有大致了解。一对一诊断，可以帮助劳动教育实践指导教师具体了解每个学生的掌握情况。比如，劳动教育实践已经过去2天了，哪些事情你比较难忘，可以给老师讲讲吗？作为劳动教育实践指导教师，你会很清楚，学生get到的点和初期设置的教育目标是否有偏离，是否要在接下来的行程中进行调整。

（2）学生对已经安排的行程元素的排名情况和接下来的劳动教育实践的期待。一般有游乐项目的行程是学生最期待的；因为学生年龄的不同，排在第二梯队的元素有动物园、营地拓展、学校交流等。进行这项调研并做好相关数据统计，对之后的产品体系建设有很大的帮助，尤其是机构成立初期。了解学生的劳动教育实践期待，在可满足范围内，可以极大地提升学生的体验感或弥补前期体验感缺失的部分。

（3）学生对整体安排的满意情况。侧面了解学生对整体安排中不满意的点，及时补救或针对性解决。

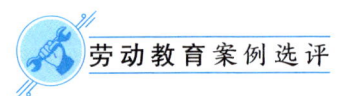

第七步，写劳动教育实践报告

劳动教育实践报告是劳动教育实践指导教师写给家长或学校的，内容涵盖学生的劳动教育实践变化、劳动教育实践收获、家长如何参与、对孩子的希冀等。一方面，家长和学校可以通过报告系统化地了解学生的劳动教育实践情况，增加对劳动教育实践课程的评价维度；另一方面，家长和学校相当于场外参与劳动教育实践，使劳动教育实践过程透明化，展示工作人员的负责任等。

精力允许的情况下，劳动教育实践指导教师可以每天都写，也可以最后写一份。此外，还可以录制学生劳动教育实践前后对比的小视频、学生分享等的一些照片视频等。同时，也要避免家长期待过高和实际不符。例如，我们会告知家长，行为的改变绝对不是几天就可以达到的；孩子在劳动教育实践中英语听说能力得以加强，但是离开英语环境后，想持续保持则需要一定的条件。

第八步，复盘与评估

行程结束后，劳动教育实践指导教师一定要形成一份带队总结报告，涵盖路线设置、教学安排、吃住行导、教学元素等级评估、行中问题等方面的客观反馈与评估。同时，会同同一路线的劳动教育实践指导教师做专项产品、教学流程等的复盘，与所有带队的劳动教育实践指导教师做整体复盘，优化和迭代课程体系。

第九步，体系更新

只有不断更新和优化，才能逐步形成带有自己独特属性的产品体系和服务体系。最好能做到每个团队结束后、每一期结束后都进行迭代。相对而言，体系的更新与迭代是简单的，难的是落地。因此，更新后的体系，一定要有专人去抓落实，确保新的体系清晰地落实到每一位相关工作人员身上。

本案例由西安新未来文化传媒有限公司张会臣提供。

案例点评

西安新未来劳动教育研学旅行基地位于西安市长安区南郊，占地2490亩，是陕西省中小学研学实践教育基地、陕西省大中小学劳动教育实践基地、西安市中小学劳动教育实践基地、西安市中小学研学实践教育基地、陕西省樊川现代农业园区、西北农林科技大学长安鲜桃产业技术推广站、陕西师范大学教育教学实践基地。如此硕果累累，成就卓著，基地必定有独到、科学的运营与管理制度和经验，供全国各地基地参考借鉴。

本案例由中国关心下一代工作委员会教育中心劳动教育标准起草专家组高霞点评。

任务三　参与申报实践基地评定

劳动教育实践基地晋级评定工作，一般由教育主管部门牵头组织评定。评选前，教育主管部门会出台公布一系列文件，包括评选工作通知、方案、基地建设标准、课程建设标准、申报表格、自查表格等。申报程序大致有：研读文件—准备材料—自查自评—查缺补漏—提交申请材料—审查评定。

一、教育主管部门评选文件

案例 4-4

陕西省教育厅办公室
关于开展第二批陕西省大中小学劳动教育实践基地评选工作的通知
2022-09-01

各设区市教育局，杨凌示范区教育局，韩城市教育局，神木市、府谷县教育和体育局，各普通高等学校，省属中职学校，厅属有关直属单位：

为贯彻落实中共中央、国务院和省委、省政府关于加强新时代大中小学劳动教育的相关精神，扎实推进我省大中小学劳动教育实践基地建设，加快构建德智体美劳全面培养的教育体系，根据《陕西省大中小学劳动教育实践基地建设指导意见》要求，经研究，省教育厅决定组织开展第二批陕西省大中小学劳动教育实践基地评选工作，现将有关事项通知如下。

一、评选对象

省内由政府或社会力量举办的劳动教育实践基地,或者可以承接大中小学劳动教育实践活动的综合实践基地、研学基地、青少年校外活动场所、职业院校和普通高校实习实践场所等。申报主体必须是法人单位或社会组织,具有相关资质和独立开展劳动教育实践项目的能力。

二、申报名额

按照隶属关系和属地管理原则,各普通高等学校和高等职业院校、省属中职学校建设的基地,每校限申报1个;各市(区)推荐数量见"第二批各地市省级大中小学劳动教育基地申报数量分配表"(附件2)。

省教育厅根据我省实际和申报、评审情况,研究确定入选数量。

根据劳动教育实践就近就地原则和扩大覆盖面的要求,县(区)和高校、职校已有省级劳动教育实践基地的,原则上不参加第二批申报,学生人数较多的县(区)除外。

三、基地类型及评选标准

陕西省省级大中小学劳动教育实践基地包括中小学基本劳动教育实践、职业院校职业体验特色教育实践、普通高校创新创业特色教育实践三个特色类型。各单位可以根据实际申报一个类型基地,也可以申报多个类型。

《陕西省大中小学劳动教育实践基地建设标准(试行)》(附件3,以下简称《基地建设标准》)由基础设施建设标准(150分)和学段劳动实践课程建设标准(50分)两部分组成,满分200分,评估赋分合计160分(基础设施部分最低120分、课程建设部分最低40分)以上者,方可申报。其中,申报多个类型基地的,各类型评分均须达到申报要求最低分值。

四、评选程序

(1)基地自评。评选按照自愿原则,申报基地对照《基地建设标准》进行自评。自评达标后,各普通高等学校和高等职业院校、省属中职学校建设的基地,直接向省教育厅申报,其他单位向当地教育局申报。

(2)市级初评。各市(区)教育局组织专家按照《基地建设标准》,对辖区内申报基地进行资料审核和现场考察,对评估分数达标的,依据分配限额择优向省教育厅推荐。

(3)省级评审。省教育厅组织专家对各市(区)、各校推荐(申报)的基地，采取资料审核、实地查看等方式进行综合评审，拟定第二批省级大中小学劳动教育实践基地名单。

（4）审核确定。名单经省教育厅研究，并在省教育厅网站公示无异议后，由省教育厅发文命名并授牌。

五、申报材料报送

（一）申报报告

各市（区）教育局报送省级劳动教育实践基地推荐报告，各高校、省属中职学校报送申报报告。内容包括推荐（申报）基地的基本情况、自评（审核、推荐）过程情况、推荐（申报）意见等，并附"省级大中小学劳动教育基地推荐（申报）情况汇总表"（附件5）。

（二）主件材料

（1）《陕西省大中小学劳动教育实践基地申报书》（附件4，以下简称《申报书》），由申报单位据实填写。

（2）《申报基地自评报告》由申报基地撰写，内容包括基地规模、资金投入、设施设备、功能特色、课程设计、师资力量、教学保障、运行效果、发展规划等内容，重点突出、简明扼要，字数控制在3000字以内。

（3）"申报基地自评表"由各申报基地对照《基地建设标准》内容，逐项逐条自评，并在相应栏目赋分（基础设施建设项必选，学段特色课程建设项可选其一或多个），标题处需加盖基地（单位）公章。

（三）支撑材料

（1）申报基地（单位）的法人资格证明、相关运营资质（营业执照、消防安全、水质检测、食品卫生等）证明复印件。各复印件加盖申报基地（单位）公章。

（2）申报基地运行管理工作制度。

（3）申报基地劳动教育实践主题课程文本资料（不少于8个主题课程）、相关劳动教育实践活动场景图片资料（每个主题课程须配2~5张图片）。

（4）申报基地运行视频资料（时长8分钟以内）。

以上申报材料按照申报报告、主件材料、支撑材料三类，按类装订成三册，每册一式一份。同时，为确保评审工作公平公正，按照评审工作相关要求，还需报送用于专家评审的申报材料，包括主件材料、支撑材料（不含支撑材料中的第"1"项有关证明材料）两类，此两类材料必须隐去单位（基地）名称、人员姓名、地域（址）、联系方式等标识性信息（含视频、图片资料），封皮为白色，按类装订成二册，每册一式六份。

请于 2022 年 10 月 12 日（星期三）前，将所有申报材料的纸质版和电子版 U 盘（电子版包括：申报报告、《申报书》的 Word 电子版，用于专家评审的两类材料的 PDF 扫描电子版），一并报送至省教育厅教材处，逾期视为自动放弃。

六、工作要求

（1）高度重视，加强领导。各地各校要高度重视，将劳动教育实践基地创建工作作为全面落实中央和我省加强新时代劳动教育相关文件精神的重要抓手，作为推进新时代大中小学劳动教育课程的重要举措。要明确专人负责，积极宣传引导大中小学校、社会机构挖掘潜力，发挥自身优势，因地制宜创建劳动教育实践基地，开发特色优质劳动教育实践课程，采取多种方式开展劳动教育，切实加强和提升我省劳动教育的质量和水平，促进学生德智体美劳全面发展。

（2）公平公正，择优推荐。各地各校要切实做好申报基地的自评、申报、初评、推荐等各环节工作，基地不符合申报基本条件或材料失实的，坚决不能申报、推荐。申报基地的材料审核、实地核查、推荐上报等要严格按照标准，做到公平、公正，择优推荐，宁缺毋滥。

（3）定期复验，动态管理。各地各校要加强对省级大中小学劳动教育实践基地的过程管理，各相关基地要积极探索劳动教育实践的组织运行新模式，切实发挥服务和示范引领作用。省教育厅将对各省级基地实行动态管理，每五年复验一次，凡复验未达标的基地，取消命名并停止相关业务。

请各市（区）教育局、各高校、各省属中职学校于 9 月 8 日前，将"陕西省大中小学劳动教育实践基地评选工作联络人信息表"（附件 1）Word 电子稿发送至邮箱 sjytjcc@126.com。

材料报送地址：西安市雁塔区长安南路 563 号省教育厅机关办公楼 7 层 704 室

附件：

1.陕西省大中小学劳动教育实践基地评选工作联络人信息表

2. 第二批各地市省级大中小学劳动教育基地申报数量分配表
3. 陕西省大中小学劳动教育实践基地建设标准（试行）
4. 陕西省大中小学劳动教育实践基地申报书
5. 省级大中小学劳动教育基地推荐（申报）情况汇总表

陕西省教育厅办公室
2022 年 8 月 30 日

案例点评

教育主管部门评选文件是参与申报劳动教育实践基地评定的关键性文件，申报基地必须先弄清吃透文件精神要求，按照文件要求准备有关申报材料。发现问题及时弥补，做到不漏项、不缺项；甚至在基地规划建设中就要对照标准规划设计，不然新建的劳动教育实践基地不符合标准，无法接纳劳动教育团队，后期改造，费工费钱，得不偿失，不如早做准备，出生就含着高端的金钥匙。

本案例由中国关心下一代工作委员会教育中心专家委员会委员李岑虎点评。

抚顺探域未来劳动教育基地领导商谈基地申报　　摄影：赵杨

二、基地申报单位自评表

 案例 4-5

陕西省大中小学劳动教育实践基地建设标准（试行）（申报基地自评表）

一、基础设施建设标准（150 分）

一级指标	二级指标	主要观测点	评估内容	评估方法	得分	
					分值	自评分
1. 设施条件（50分）	1.1 资质条件	（1）相关证明 （2）运营情况	①申报单位必须有独立的法人资质。 ②具有 2 年以上独立的运营资质。 ③劳动教育实践运营时间须 1 年以上。	查看资料	8	
	1.2 环境条件	（1）安全设施 （2）环境设施	①基地周边环境安全、无危险建筑、无地质灾害隐患，远离陡坡、险滩、湖水，远离不利于学生身心健康的娱乐场所。 ②周边公共设施比较完善，交通便利，通信设施齐全且畅通，距离最近的医院不超过 15 公里。 ③基地内环境整洁，布局合理，功能区明晰，无污水、污物，无异味。 ④基地内有相关劳动教育项目知识栏、劳模人物、大国工匠、劳动精神等宣传内容标志。	实地检测	8	
	1.3 规模条件	（1）活动面积 （2）场馆设施	①场地一次性可以容纳 300 人以上开展劳动教育实践活动，全部室内活动面积均不小于 3 平方米。 ②有可供学生集中学习、体验、休息、饮食的场馆、场地，功能齐全、布局合理。 ③有独立室内授课教室（单间教室不少于 50 平方米），配备满足现代化教学使用的设施设备，有 VR 实训室或建设规划。	查看资料 实地检测	12	

续表

一级指标	二级指标	主要观测点	评估内容	评估方法	得分	
					分值	自评分
1.设施条件（50分）	1.4设施设备	（1）设施数量（2）布局情况	①基地有室外概貌地图，各区域公共信息导向标识清晰、明确，安全逃生通道清晰可见。②基地危险地带设有安全防护设施，有安全警示标志。有完备的录像监控设备，能够实现24小时全方位实时录像监控，影像资料可保存30天以上。③用水安全，水源充足，供水点位合理，能全时段提供必需的热水服务。④配有必要的劳动工具、器材，性能完好，数量充足。有动物饲养课程的须有防疫部门出具的合格证明。配备的设施设备等符合安全规定和环保标准，并定期检查，具备专业部门提供的检测验收合格报告。⑤配备有医务室、专兼职医护人员和基本医疗用品，能处理一般伤病。⑥有餐饮条件的必须具有食品经营许可证，餐饮服务人员身体健康，健康证件齐全。无餐饮条件的，配送餐饮单位必须是证件齐全、资质完备、服务优质的餐饮企业。⑦厕所布局合理，数量充足，能满足师生所需。⑧垃圾箱标志明显，布局合理，分类设置规范，清理及时。	实地检测	18	
	1.5资源建设	资源使用情况	有充足的劳动教育实践活动指导手册、教具、教学电子资源等，建有资源定期更新制度，使用效率高。	查看清单实地检测	4	
2.课程建设（50分）	2.1组织机构	制度、运转情况	①实践教学组织体系完备，各职能部门职责明确，任务具体。②运行制度健全，运营机制灵活，管理流程清晰。	查看资料	5	
	2.2课程理念	目标、定位	课程能够围绕党的育人目标，落实立德树人根本任务，将社会主义核心价值观融入劳动教育的全过程，树立学生正确的劳动观念，教授必备的劳动技能，培育积极的劳动精神，养成良好的劳动品质和习惯，全面提高学生的劳动素养。	查看资料	7	

续表

一级指标	二级指标	主要观测点	评估内容	评估方法	分值	自评分
2. 课程建设（50分）	2.3 课程开发	内容、结构	①能按照教育部《大中小学劳动教育指导纲要》和《陕西省劳动教育实践基地建设指导意见》精神，围绕基地特色，因地制宜，开发特色鲜明的劳动教育实践课程。 ②具备8个主题明确、目标具体、内容充实、体系完备，能够覆盖全学段各年级的主题劳动教育实践课程，能够保证学生动手操作、出力流汗、深度参与。 ③课程内容包括课程名称、课程目标、活动形式、时间分配、成果展示、总结评价等要素，突出系统性、科学性、知识性、实践性、趣味性。	查看方案查阅资料	15	
	2.4 课程实施	机制、方案	①制定有劳动实践课程计划，针对不同学段学生有不同的课程实施方案。 ②建立了教研工作机制，及时分析、解决课程实施中存在的问题，推进教学创新。 ③能够及时向学校反馈学生劳动实践活动的评价结果。 ④建立过程性材料构建机制，教材教案、学生全过程考核资料完备。	查看资料	10	
	2.5 课程评价	评价制度、表册及满意度	①建立学生劳动教育基地实践评价制度，为每个学生建立劳动教育评价单（可以是电子化评价单）。 ②学校对基地的评价满意度达到80%以上。	查看资料	8	
	2.6 改进提升	制度、计划、方案、效果等	①制定有基地实践质量提升总体规划，包括教学质量、管理质量、保障质量、服务质量等，并落实到位。 ②能整合相关部门职责和资源，形成上挂高等学校或科研机构、中靠职业院校实践设施设备、下联中小学的现代化劳动实践与资源中心，促进资源共享，形成劳动实践教育的良性运行机制。 ③建立起与教育教学研究机构、厂矿企业、高新技术产业园、现代化农场等合作发展机制。	查看资料	5	

续表

一级指标	二级指标	主要观测点	评估内容	评估方法	分值	自评分
3. 人员建设（20分）	3.1 师资管理	目标规划管理机制	①具有明确的师资队伍建设目标、发展规划和管理机制。②建立实践指导教师培训培养制度，能提供相应的佐证材料。	查看资料	5	
	3.2 人员构成	师资整合人员配备	①按照最大接待量师生比1∶20配备基地指导教师，实现专兼职结合。②指导教师具有相应的资质，教学指导能力强，具备与学生互动交流的知识技能，身心健康，无精神疾病，无传染病，无不良嗜好。③性别、学科、职称、年龄结构合理。	查看资料核验资质	10	
	3.3 师德修养	师德师风要求	对遵规守纪、敬业爱岗、关爱学生等方面有明确要求。	查看资料核验资质	5	
4. 保障措施（20分）	4.1 组织管理	档案资料	①基地与学校签订劳动实践教育服务合同，有具体的服务方案，责权利明晰，内容合规合法。②基地建有学生劳动实践教育活动档案，活动后能够及时向学校反馈情况，征询意见与建议。③投诉及处理制度健全，渠道畅通，处置及时、妥善，档案记录完整。	查看资料实地检查	5	
	4.2 安全保障	制度、人员、设施	①针对学生劳动实践、生活食宿、休闲活动等，建有完整的责任到人、分工具体的安全管理教育制度。对劳动实践教育活动各环节均有安全处置预案。②配备专职安保人员，能够定期组织安全教育和应对突发事件安全演练。③消防设施设备齐全，性能良好，安全警告和危险标志标识醒目、明了，消防验收手续等证件齐全。物防、技防配备齐全，安全说明或须知等要求明确、具体。	查阅资料	7	
	4.3 经费保障	经费管理	重视对基地建设经费的投入，建设经费纳入基地年度预算，日常运转经费来源稳定。	查看资料	3	

续表

一级指标	二级指标	主要观测点	评估内容	评估方法	得分 分值	自评分
4.保障措施（20分）	4.4后勤保障	制度、人员、设施	后勤保障组织完善、机制畅通、制度健全、服务规范；能够保障学生饮水、饮食卫生安全；对传染病、常见病等有预防措施；注重防火、防盗、防电、防毒，能够及时发现和排除隐患；服务设施设备配备齐全。	查看资料实地检查	5	
5.亮点与特色（10分）	5.1新时代劳动技术开发	新技术、新技能	劳动技术技能推广与开发体系健全，能紧跟时代节奏开发适应社会需求的劳动技能，在基地内示范效应好，能有效带动相关劳动行业、产业进步。	查看资料	3	
	5.2新时代劳动认知推广	培训、咨询、宣传	在劳动教育研究基础上，大力开展劳动技能培训服务、技术技能咨询服务、新时代劳动宣传服务，为基地、为社会培养一批具有新时代劳动精神的研究与实践队伍。		2	
	5.3品牌创建	品牌数量、质量等	能进行分层次、分学段、分专业品牌创建活动，在全省形成不同特色富有影响力劳动教育实践品牌基地。在劳动教育教学改革创新方面成果显著，对我省劳动教育发展产生辐射作用和重要影响。		3	
	5.4名师授课	课程教学质量等	基地授课人员中有劳模、工匠、技能能手、专家、名师等人员。		2	

二、劳动实践特色课程建设标准

（一）中小学基本劳动实践课程建设标准（50分）

一级指标	二级指标	主要观测点	评估内容	评估方法	得分 分值	自评分
1.课程定位（10分）	1.1课程地位	明确的课程定位	强化劳动观念、弘扬劳动精神；强调身心参与，注重手脑并用；继承优良传统，彰显时代特征；发挥主体作用，激发创新创造。	查看资料	3	

续表

一级指标	二级指标	主要观测点	评估内容	评估方法	得分	
					分值	自评分
1. 课程定位（10分）	1.2 学科渗透	相关学科知识支撑劳动实践	劳动实践活动过程中有机融入道德与法治（思想政治）、语文、历史、艺术等学科知识，加强对学生辛勤劳动、诚实劳动、合法劳动等教育。有机融入数学、科学、地理、技术、体育与健康等学科知识，培养学生劳动的科学态度、规范意识、效率观念和创新精神。	查看资料	3	
	1.3 课程目的	凸显劳动素养培育	丰富劳动体验，提高劳动能力，深化对劳动价值的理解，全面提升中小学生劳动素养。	查看资料	4	
2. 课程体系（25分）	2.1 课程目标	落实立德树人根本任务	小学低年级注重培养劳动意识和劳动安全意识；小学中高年级体会劳动光荣、尊重普通劳动者，养成热爱劳动、热爱生活的态度；初中体会劳动创造美好生活，养成认真负责、吃苦耐劳的劳动品质和安全意识，增强公共服务意识的担当精神；普通高中，理解劳动创造价值，接受锻炼、磨炼意志、培养劳动自立意识和主动服务他人、服务社会的情怀。	实地查看师生座谈	7	
	2.2 课程体系	课程设计方案、项目教学教案等	①应具备至少8个主题课程，课程能够覆盖中小学各学段、各年级。要有系统性、科学性、知识性、趣味性的完整课程方案。课程内容应有课程名称、课程目标、内容简介、实施流程、问题研究、分享展示及总结评价等要素。 ②针对小学低年级、小学中高年级、初中、普通高中制定有不同学段特点的劳动实践指导方案，对学生劳动实践的学习流程、时间安排、项目编排要合理规划，着重突出出力流汗、接受锻炼。 ③制定有相应的教学计划，且配有适合小学低年级、小学中高年级、初中、普通高中不同学段的劳动教育实践指导手册等。	查看资料 实地体验 调查问卷 座谈交流	10	

续表

一级指标	二级指标	主要观测点	评估内容	评估方法	分值	自评分
2. 课程体系（25分）	2.3 实践项目	劳动实践项目主题鲜明，学段适合	①劳动实践项目主题鲜明（"工业+""农业+""科技+""生态+""文化+""旅游+""非遗+"等），能够围绕基地特色资源设计主题实践活动，教学目的明确，教育主题符合社会主义核心价值观。②小学生劳动实践项目以初步体验种植、养殖、手工制作等简单的生产劳动为主，掌握传统工具，体验传统工艺；初中生劳动实践项目可包括农耕、金工、木工、电工、陶艺、布艺等在内的劳动及传统工艺制作过程，设计家用器具、家具、电器的简单修理项目等；高中生劳动实践项目可从工业、农业、现代服务业以及中华优秀传统文化特色项目中，选择1~2项生产劳动，经历完整的实践过程。	查看资料实地体验调查问卷座谈交流	8	
3. 课程管理与实施（7分）	3.1 课程组织	制度规范，效果良好	①建立针对不同学段的劳动实践活动组织管理体系，有完备的管理制度。②建立课程研发制度，有条件的基地可配备专兼职实践项目活动指导教师，及时分析、解决实践课程实施中遇到的问题，提高实践课程实施的有效性。	查看资料座谈交流	2	
	3.2 课程实施	课程设计指导方法教学材料教学反馈	①对每项劳动实践课程进行详尽分析，根据不同学段学生认知特点，科学合理设计劳动实践项目。②根据不同实践项目，采用恰当的指导方法，能够采取一定的信息技术、人工智能技术，让劳动教育活起来、实起来，增强劳动实践互动性、即时性、趣味性。③劳动实践指导手册内容要新颖、实用、安全、可靠；具有可操作性，体现时代性。④对每项劳动实践项目有可量化的评估方式，反馈渠道通畅合理。	座谈交流实地体验	5	
4. 课程评价（8分）	4.1 实践效果测评	测评制度、评价标准、评价资料等	建立学生劳动实践效果测评制度，编制学生劳动实践评价单，对学生实践进行全过程、全要素评价，确保评价真实可靠。	查看资料调查问卷座谈交流	4	

续表

一级指标	二级指标	主要观测点	评估内容	评估方法	得分	
					分值	自评分
4.课程评价（8分）	4.2 学生评价	满意度	采取问卷调查等方式，开展学生对劳动实践活动开展的满意度测评，好评率达80%以上。	查看资料座谈交流	1	
	4.3 家长评价	满意度	定期征求意见、开展家长对劳动实践教学活动的满意度测评，支持率、满意率达80%以上。	查看资料座谈交流	1	
	4.4 学校评价	满意度	劳动实践活动结束后，开展学校对劳动实践基地各项工作的满意度测评，并出具文件，认可度、满意度达80%以上。	查看资料座谈交流	2	

（二）职业院校职业体验特色基地建设标准（50分）

一级指标	二级指标	主要观测点	评估内容	评估方法	得分	
					分值	自评分
1.基地定位（10分）	1.1 理念思路	建设理念对接行业合作企业等	遵循职业教育改革与发展规律，按照劳动教育体系建设要求，坚持以立德树人为根本，以服务劳动教育教学改革为宗旨，以促进就业为导向，以政府为指导、行业企业为支撑、学校为主体，以手脑结合与职业体验为特点，高质量对接区域主导产业、支柱产业、特色产业、战略新兴产业，对接职业岗位群和专业技术领域，推进"互联网+"，优化资源配置，实现共建共享。	查看资料	3	
	1.2 建设规划	规划方案	基地建设调研论证充分，方案规划科学合理，能体现育人性、实践性、体验性、规范化、集约化、信息化、国际化等新时代劳动教育基地建设理念。		2	
		服务专业综合中心等	基地能服务专业群建设，服务劳动技能水平培养，服务劳动精神培养，服务工匠精神培养，服务产学研结合，服务创新创业教育，体现"以劳促全"理念，能成为区域职业院校劳动教育教学研究中心、劳模工匠创新孵化中心、技术技能人才培养中心、技术创新推广中心和创业孵化中心等。		5	

续表

一级指标	二级指标	主要观测点	评估内容	评估方法	分值	自评分
2. 劳动实践（25分）	2.1 劳动教育	主题鲜明	能够依托学校现有资源及专业特色，开设劳动认知类、体验操作类、励志拓展类、革命教育类、文化传承类、公共服务类等主题鲜明的、特色突出的系列劳动教育项目；至少具备1~3种（含）以上劳动实践主题。体现以劳树德、以劳增智、以劳强体、以劳育美、以劳创新的劳动教育理念。	查看资料	5	
	2.2 劳动项目	体系构建	依托劳动教育主题，能够构建职业院校特色劳动教育实践体系，能够实现劳动教育内容系统化，实施渠道综合化，实践形式多样化，成果评价作品化；探索专业学习与"工匠精神""劳模精神"融合培育的新路径。		5	
		校外学生	能够根据校外学生劳动教育的具体需求，科学设计劳动教育实践项目，采取灵活多样形式，开展劳动实践教育活动。	查看资料 座谈交流 实际体验	5	
		本校学生	能够组织本校学生，依托各专业参与农业、工业、科技、生态、文明、社会服务等相结合的劳动教育实践项目，并开展相关校内劳动教育科研活动，撰写劳动教育调研报告，并形成有价值的劳动教育理论成果。		5	
	2.3 劳动功能	劳动功能	着重强化学生劳动教育的条件与机会，使学生获得充分的劳动教育体验，牢固树立"学精每一项本领，做好每一道工艺，专注每一个职业"的信念，提高学生劳动技能水平，历练学生职业涵养，培养精益求精、专注技艺的精神，弘扬工匠精神，努力培养德智体美劳全面发展的新时代工匠。	查看资料	5	
3. 基地发展（7分）	3.1 可持续发展	实践产品	在保证学生学业基础及核心技能培养的前提下，主动承接企业生产服务"订单"，推进企业生产和学生劳动教育实践有效对接，围绕专业面向的职业岗位核心技能，结合市场需求，对接企业生产过程、工艺要求、管理规范，有稳定的"实践产品"，并逐步走向市场，取得经济效益，实现消耗性实践向生产性实践转变。有2~3个稳定的实践产品。	查看资料	4	

续表

一级指标	二级指标	主要观测点	评估内容	评估方法	分值	自评分
3.基地发展（7分）	3.2 反哺专业	开展活动情况	依托劳动实践基地开展国际、国内交流与合作，有计划地学习和引进国际先进、成熟适用的人才培养标准、专业课程、教材体系和劳动教育资源，深化劳动教育教学改革，推进与国际、国家通用职业资格证书要求的衔接，实现劳动教育与专业教育的融合，促进专业发展。	查看资料	3	
4.服务成效（8分）	4.1 人才培养	取证率、获奖率、就业率等	①近3年，基地所服务专业的毕业生数平均不低于专业总人数的98%。中职毕业生95%以上依托基地取得与专业相关的中级工职业技能等级证书，或70%以上获得相关行业执业资格证书（个别特殊专业除外）。高职毕业生95%以上依托基地取得与专业相关的中级工职业资格证书，或80%以上获得相关行业执业资格证书（个别特殊专业除外）。②近3年，基地所服务专业的学生获省级以上技能大赛或创新创业大赛二等奖以上奖项，有依托基地的创业孵化项目。③近3年，基地所服务的毕业生就业率95%以上，对口就业率75%以上。	查看资料	3	
	4.2 教师发展	课题、论文、专利、教学奖项等	①近3年，20%以上教学团队成员主持省级以上相关课题或横向课题研究并有阶段性成果，或有40%以上教学团队成员有与劳动教育相关专业技能教学、产学研、技术研发与推广相关的论文在科技核心以上刊物上发表或获省级奖项。②近3年，20%以上教学团队成员主持或参与技术研发、技术服务，获得专利或省级以上奖项，或在省级以上专业教学类竞赛中获二等奖以上奖项，或指导学生参加省级技能、创新创业等大赛获二等奖以上奖项，或指导学生创业孵化项目取得实效。	查看资料	3	

续表

一级指标	二级指标	主要观测点	评估内容	评估方法	分值	自评分
4. 服务成效（8分）	4.3 社会服务	日常服务活动、专项服务活动、合作企业项目等	①为其他学校学生开展劳动教育实践服务活动，年服务人数与所服务专业的在校生数大致相当。②承办过省级大型综合劳动教育实践活动，或依托基地开展省级以上劳动教育教学研究活动。③为区域内企业开展技术服务，参与解决生产、技术攻关，共同研制开发企业新产品。④开展生产加工、各类技能培训、技术研发与服务等产生良好的经济效益。	查看资料	2	

（三）普通高校创新创业特色基地建设标准（50分）

一级指标	二级指标	主要观测点	评估内容	评估方法	分值	自评分
1. 基地定位（20分）	1.1 服务劳动教育实践	服务学校、企业、再就业人员情况等	能够依托专业特色，面向全省普通高等学校（包含高职）本专业及相近专业学生，开发劳动教育实践项目，提供劳动教育实践服务；能面向共享院校学生开展劳动教育实践教学；能面向全省中小学，开发劳动教育认知与实践项目，引领或指导中小学劳动教育实践的有效实施；能面向合作企业职工开展岗前劳动培训；能面向社会再就业人员进行劳动技能培训。	查看资料	4	
	1.2 服务地方经济发展	意见建议数量、质量，培训人数、质量等	①能够组织专家学者研读劳动教育相关文件精神，带领学生进行劳动教育相关政策研究，提出有利于劳动教育政策完善与服务地方经济发展的意见建议。②能定期组织面向社会的劳动教育培训，全年培训300~500人次，提高全社会对劳动教育认识，提高企业员工、在校学生的劳动认知水平。③能够充分发挥基地平台信息传播功能，不断传播劳动新知识、新技能、新工艺，以服务当地经济发展为目标，全力提供技术支持和信息服务。	查看资料	4	

续表

一级指标	二级指标	主要观测点	评估内容	评估方法	分值	自评分
1. 基地定位（20分）	1.3 服务学生就业创业	就业创业相关评价	①能帮助大学生树立正确的劳动观念与就业创业观念，把树立正确的择业观作为劳动教育、学生职业规划的重要内容。②能探索建立帮助大学生进行职业生涯规划和就业创业指导制度，帮助大学生树立正确劳动价值观与劳动态度。③能挖掘优秀校友、技能工匠等劳动先进典型，通过演讲、报告、座谈等方式，发挥典型的示范带动作用。④能全面提高大学生劳动素质，科学规划、精心设计劳动素质训练内容，开展多种形式的劳动素质提升训练，积极支持大学生创业实践活动，完善孵化功能，为大学生创业提供必要的支持。	查看资料	9	
	1.4 搭建继续教育平台	网络公开课、教学资源库等	能够借助基地平台建设，扩大继续教育影响力，丰富劳动教育学习资源，积极打造网络学习平台，面向更多的成人学习群体。完善制定不同人群的劳动教育服务体系，打造具有灵活性、高效性、经济性与可推广性的继续教育劳动服务平台，充分发挥高校在地方经济社会发展中的积极作用。	查看资料	3	
2. 劳动实践（20分）	2.1 校内学生	实践项目	能够整合本校专业实践、创新创业等基地和省内有关资源，大力开展劳动教育相关研究；能结合"三支一扶"、大学生志愿服务西部计划、"青年红色筑梦之旅"、"三下乡"等社会实践活动设计劳动教育实践课程；能结合学科专业开展生产劳动和服务性劳动，强化高校学生的劳动体验。	查看资料 实际体验	12	
	2.2 校外学生	实践项目	能够根据校外学生的具体情况，科学设计劳动教育实践项目，采取灵活多样的体验形式，激发学生对劳动教育的内在需求和动力。		8	
3. 社会服务（10分）	3.1 服务团队	团队建设	能够建立健全劳动教育研究与服务团队，配备符合要求的专兼职管理人员。能够实行服务项目首席专家制，建立专兼职相结合的劳动教育服务专家库。	查看资料	4	

续表

一级指标	二级指标	主要观测点	评估内容	评估方法	得分	
					分值	自评分
3. 社会服务（10分）	3.2 服务资源	资源建设	能够建立劳动教育课程资源与劳动教育资料库，形成多样化的优质劳动教育课程资源。能建立劳动教育精品课程资源建设计划，促进优质劳动教育资源的共建共享。	查看资料	3	
	3.3 综合创建	成果成效	在职业道德、工匠精神培养，产学研、创新创业教育，劳动教育教学研究、劳模工匠孵化、技术技能人才培养、技术创新推广和创业孵化等方面作出一定贡献。		3	

基地等申报单位自评表也是很重要的环节，对评委具有一定的参考作用，也有力说明申报单位的重视程度和积极态度。有的主管部门的申报单位自评表其实就是基地建设标准。因此，我们在工作中基地自评要和基地建设统筹考虑，同步进行。在建设时期就要考虑将来的申报参评，按照建设标准做好早期的规划建设，为将来的参评申报打下良好的基础。

本案例由吉林省研学旅行协会会长由杰点评。

三、教育主管部门考评表

案例 4-6

广西壮族自治区教育厅
第一批自治区中小学劳动教育实践基地实地核查考评表

基地名称：　　　负责人：　　　联系人：　　　电话：

一级指标	二级指标	得分	考评意见	备注
1. 基础条件（20分）	1.1 资质条件（2分）			

续表

一级指标	二级指标	得分	考评意见	备 注
1. 基础条件（20分）	1.2 环境条件（5分）			
	1.3 规模条件（6分）			
	1.4 设施设备（7分）			
2. 课程建设（30分）	2.1 课程定位（5分）			
	2.2 课程体系（10分）			
	2.3 课程实施（10分）			
	2.4 课程评价（5分）			评价标准参见《自治区教育厅关于开展第一批自治区中小学劳动教育实践基地、示范校推荐工作的通知》附件：广西中小学劳动教育实践基地建设标准（试行）
3. 队伍建设（20分）	3.1 人员构成（7分）			
	3.2 师资管理（6分）			
	3.3 资源整合（4分）			
	3.4 师德修养（3分）			
4. 保障措施（20分）	4.1 组织管理（5分）			
	4.2 安全保障（7分）			
	4.3 经费保障（3分）			
	4.4 后勤保障（5分）			

续表

一级指标	二级指标	得分	考评意见	备 注
5. 特色优势（10分）	5.1 技术开发（3分）			
	5.2 人才培养（2分）			
	5.3 品牌创建（3分）			
	5.4 专业引领（2分）			
总分			考评结果：□合格　　□不合格	
考评专家签字：				

案例点评

教育主管部门考评基地不是领导指定、评委随意打分的考评，而是遵循严格的考评程序和科学的计分标准进行的。有的提前公布计分标准，有的滞后公布计分标准。如果我们在参评早期能拿到考评计分表，然后对照标准查缺补漏，有的放矢，精准补缺，那将是事半功倍，胜利在望。

本案例由吉林省研学旅行协会会长由杰点评。

夕阳云锦——中国工艺美术大师彭祖述的石艺人生

彭祖述，1933年6月生，中国共产党党员。中华炎黄文化研究会砚文化联合会专家委员会顾问、世界教科文组织专家成员、中国工艺美术大师、中国书法家协会会员、长春市微刻艺术家协会主席。

彭祖述先生的作品多次在《人民日报》《光明日报》《工人日报》《经济日报》等全国大型报纸与《书法》《中国书画报》等专业性报刊上发表，并在

《中国翰园碑林》《凤岭古港摩崖》等处刻石陈列。石雕微刻《牡丹颂》，获中国文联、中国民间艺术家协会第八届中国"山花奖"，并获中国工艺美术协会及中国工美大师精品展"百花杯"金奖；石雕微刻作品《论语》获第九届中国工艺美术协会"中艺杯"金奖。

彭祖述　　供图：张家宁

彭祖述先生继承了金意庵先生（1915—2002年）书法与篆刻的艺术成就，同时融入了微刻及中国北方地域文化特色，从而形成了独具特色的集书法、篆刻、微刻、雕刻于一体的彭氏综合微刻艺术，是迄今为止全国唯一的此类工艺美术技艺。彭氏综合微刻艺术得到了社会各界人士的认同，已被列入吉林省级非物质文化遗产代表性项目。

多年来，彭祖述先生为了中国的工艺美术事业的传承和发展，先后带了彭沛、郑喜砚、张世林、李兆生、李俊鹏、蒋守信等二十多名徒弟，并将他们培养成省工艺美术大师，在全省乃至全国多次获得金、银奖。

近年来，彭祖述先生常常受邀请为大中小学开展研学旅行和劳动教育传道、授业、解惑，教书育人，为国家培养新时代优秀人才。这位耄耋老人，一直没有停止艺术追求的脚步，在中国工艺美术大地上老骥伏枥，辛勤耕耘，引领中国微刻艺术砥砺前行。

本文由吉林省彭祖述艺术馆彭沛、张佳宁提供。

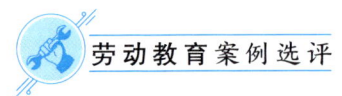

某劳动教育实践基地,准备参评所在省教育厅组织的省级劳动教育基地申报评选工作,拟委托你参与评审申报工作,请结合该劳动教育实践基地实际编写一份申报可行性方案。

项目五
强化劳动教育安全管理

项目导读

学校和基地要把劳动教育安全与管理作为劳动教育组织实施的必要内容，强化劳动教育安全意识，建立健全安全教育与管理并重的劳动教育安全保障体系。本项目有两个任务，即制定劳动教育安全应急预案、做好劳动教育安全事故处理，切实保护学生的身心健康。

广西壮族自治区劳动教育示范校——桂林市胜利小学劳动基地　　供图：唐文慧

思维导图

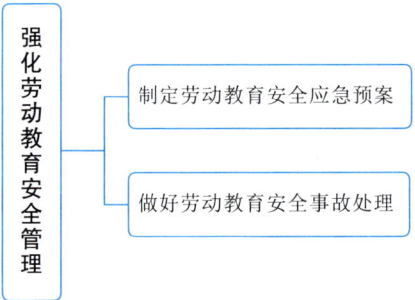

项目五　强化劳动教育安全管理

任务一　制定劳动教育安全应急预案

开展劳动教育活动，要建立政府、学校、家庭、社会共同参与的劳动教育风险分散机制，完善应急与事故处理机制。要加强劳动教育风险防控，科学评估劳动实践的安全风险，适度安排劳动强度、时长，合理设计劳动任务及场所设施，落实落细安全防范举措，提高师生的安全防范意识、应急避险和自救互救能力，筑牢劳动教育安全防线。

案例 5-1

福建省三明市综合实践学校关于劳动教育安全应急预案

为全面贯彻党的教育方针，深入贯彻落实习近平总书记关于安全生产的重要论述，加强劳动教育风险防控，落实落细安全举措，提高师生的安全防范意识、应急避险和自救互救能力，筑牢劳动教育安全防线，促进新时代劳动教育高质量发展，现结合劳动教育工作实际，制定本应急预案。

一、加强组织领导，落实安全责任

坚持"党政同责、一岗双责、齐抓共管"原则，成立由学校主要领导任组长、分管领导任副组长，各处室负责人为成员的劳动教育工作领导小组，定期召开领导小组工作会议，讨论分析劳动教育工作情况，研究部署劳动教育安全举措。牢固树立安全发展理念，制定安全责任清单，狠抓安全责任落实，强化风险防控，及时解决工作中存在的安全问题，提高师生的安全防范意识、应急避险和自救互救能力。

二、强化安全意识，树立底线思维

严格按照《中小学校岗位安全职责指南》《福建省三明市中小学幼儿园安全管理工作手册》《福建省三明市综合实践学校安全管理制度》等要求，牢固树立学生安全的"红线"意识和"底线"思维，增强安全防范意识，健全劳动教育安全责任制，进一步明确各岗位安全职责和任务，严格落实各项安全

管理制度、工作流程和应急措施，做到目标明确、分工清楚、安全到位、保障到位、责任到人，严防出现安全事故，确保劳动教育安全推进。

三、精心组织安排，制定安全预案

严格按照"谁组织、谁负责"的原则，每次开展劳动教育活动前，召开一次专题会议，制定具体活动方案，精心安排各项活动环节。要安排责任心强的教师参加活动管理，对活动地点和途经路线要事先进行实地考察，排查各类安全隐患，制定周密的安全应急预案。确保劳动教育活动前有预案、活动中抓落实、活动后有总结，将安全防范工作落实到各个环节。

四、加强安全防控，化解安全风险

（1）加强安全教育。每次劳动教育活动前，要加强学生安全教育，根据活动方案，拟定安全注意事项，逐项告知参加活动的学生，加大安全提示力度，做好安全防范工作，增强学生自我保护意识。劳动教育活动期间，要教育学生正确使用劳动工具，讲解正确的劳动技巧，让学生掌握正确的实践操作，杜绝发生意外事故。

（2）强化交通安全。需要乘坐交通工具的，必须选择有承运资质的交通运输公司，签订安全责任协议，购置学生人身意外伤害保险；选派具有客车驾驶资格、安全驾驶三年以上、无违章记录的司机。带队教师要组织学生有序上下车，确保每个学生都系好安全带，不让学生在车上随意走动、嬉戏，并提醒司机遵守交通规则，不超速行驶、不疲劳驾驶。

（3）做好健康排查。每次劳动教育活动前，要做好学生的健康排查、特殊学生排查等工作，了解学生的身体状况，掌握学生不宜参加活动的情况；对身患疾病、体质异常的学生及特殊学生给予相应的关心照顾，根据实际情况可以不安排参加劳动教育活动。

（4）严格安全管理。每次劳动教育活动期间，配备一名校级领导带队、每班至少配备一名教师带队，按照工作安排和岗位职责，做好活动组织实施、学生安全管理等工作，严禁学生将易燃易爆、有毒物品及管制刀具带到劳动场所，不发生学生拥挤乱跑等危及安全的行为，切实落实各项安全防范举措。

（5）落实疫情防控。按照三明市应对新冠肺炎疫情工作指挥部的要求，严格落实"两案九制"防控措施，带队教师必须掌握疫情防控工作各项流程，严格按规范操作，做好活动期间的人员健康管理，及时反馈学生健康情况，

项目五 强化劳动教育安全管理

切实抓好防疫工作落实。

（6）加强医疗保障。每次开展劳动教育活动，配备一名校医随队，备好必要的常用药品，加强学生健康过程性管理，及时处置突发伤害事件，确保全体师生的生命健康安全。

五、及时总结反思，完善安全举措

劳动教育活动结束后，要及时进行总结反思，完善活动方案，细化活动环节，实行"一个问题，一名领导，一个方案，一个责任人、一抓到底"的工作机制，在安全精细化管理、学生安全教育、安全应急预案等方面进行查缺补漏，完善各项安全防范举措，健全安全管理体系，进一步提升安全管理成效。

本案例由福建省三明市综合实践学校陈岗提供。

案例点评

福建省三明市综合实践学校是教育部公布的全国第一批中小学研学实践教育基地、全国中小学综合实践活动基地。基地安全管理措施得力，教学成绩显著，育人效果突出，从未出现过安全责任事故，受到社会各界好评。基地必定有独到科学的安全管理制度和经验，可供全国各地基地参考借鉴。

本案例由中国关心下一代工作委员会教育中心劳动教育标准起草专家组高霞点评。

 案例 5-2

某市高级职业技术学校劳动教育安全管理方案

为确保劳动教育活动安全有序进行，切实保障参与劳动教育活动师生的生命财产安全，根据有关法律法规，结合学校和基地等各方实际情况，特制订本校劳动教育活动安全管理方案。

一、组织领导

成立学校劳动教育安全领导小组和各职能工作组，明确职责分工。

共分指挥部、劳动教育指导教师组、安全组、生活组、后勤组、宣传组六个工作小组。

（一）安全领导小组

组长：校长兼

副组长：

成员：

（二）领导小组职责

（1）统一领导和协调本次劳动教育活动中的安全工作，制定安全预案和安全措施，安排安全工作，处置劳动中的突发事件。

（2）抓好本次劳动教育活动各类安全事故预防和应急准备工作，督促检查各班劳动教育活动中安全工作的执行情况。

二、各职能小组的分工及职责

（一）指挥部

1. 总指挥：×××校长

职责：负责统筹安排指挥本次活动过程的所有事宜，做好各项工作的布置和落实。

2. 副总指挥：×××

职责：协助总指挥工作，检查督促各项工作落实情况，并做好学校和基地等单位相关事宜的沟通与协调。

（二）劳动教育指导教师组

1. 组长：×××

职责：负责安排基地劳动教育指导教师的各项工作，组织开展相关活动。

2. 副组长：×××

职责：负责学校带队老师的组织管理与工作安排，并协调活动中的相关事宜。

3. 劳动教育指导教师

由基地安排，每班配2名劳动教育指导教师。

职责：负责组织本班学生的劳动教育教学活动，如讲解、示范、劳动项目操作。

4. 劳动教育服务人员

由基地安排，每班配1名服务人员。

职责：负责组织本班学生的活动组织、点名、食住行服务等有关工作，并做好车辆驾驶员的监督工作。

劳动教育指导教师、带队老师、安全员、服务人员安排表

班级	车号	学生数	指导教师1	指导教师2	带队老师1	带队老师2	安全员1	安全员2	服务人员1	驾驶员1
	1									
	2									
	3									
	4									
	5									
	6									

5. 带队老师和家长

由学校安排，每班2名教师、2名家长志愿者，其中2名家长志愿者为本班安全员。

职责：协助劳动教育指导教师做好学生的管理和活动的组织，班主任负责学生的安全教育，处理学生的请假等突发事情，并做好家长参与活动的有关工作安排。安全员要监督、检查活动中安全工作的落实情况，协助处理安全有关事宜，并监督车辆行驶状况。

（三）安全组

组长，负责本次活动中各项安全工作的安排与实施，负责车辆的安排与安全检查及各种安全设备的准备，制订每个环节的安全措施，组织处置突发安全事件。

副组长，协助组长做好活动中的各项安全工作，并检查督促各种安全措施的落实情况及安全设备的准备情况；做好安全员的组织与分工，对有关车辆和学生活动中出现的不安全因素或违规行为要及时发现、及时制止；做好掉队学生的安排和意外安全事故的组织处置工作。

学校安全员，负责整个活动过程中安全工作具体的实施与监督、检查。

班级安全员，负责本班活动过程中各项安全工作的落实与监督，各种突发安全事故的处置与报告。

(四)生活组

组长：×××

职责：同基地服务人员密切配合，负责安排本次活动所有人员的生活安排。负责准备好学生奶和矿泉水。协助饭菜的准备，组织学生排队就餐。负责食品安全工作，积极应对各种突发的食品安全问题。提醒同学们注意饮食卫生。

(五)医疗后勤保障组

组长：×××

成员：×××

职责：负责所需物品的准备与保管，如晕车药、治疗急性肠胃炎药品、云南白药、气雾剂、邦迪、塑料袋以及扩音喇叭、对讲机、音箱、手电筒、救生衣、绳索等。安排专业医生1名，安排携带专业急救箱。

(六)宣传组

组长：×××

成员：×××

职责：负责照相、摄影等工作，并协调各新闻媒体的有关工作。

三、安全措施及要求

(一)车辆及行驶安全要求

(1)实践基地安排的车辆要手续齐全，车况良好，驾驶员要有规定的证件，业务熟练，责任心强。

(2)出发前学校和实践基地安排专人对车辆及驾驶员的有关手续、车况以及驾驶员是否饮酒等情况进行详细核查。

(3)行驶过程中，所有车辆要按编号有序行驶；要跟随指挥车辆，保持一定车距，不得随意超车，车速保持每小时60公里，不得超速；出发行驶到北环路时，指挥车要停车，等所有车辆到齐后再继续前行。

(4)每次出发或停车，都要听从指挥部的指挥，统一行动；在行驶过程中，如出现意外事故，随车安全员和司机要及时向指挥部报告；到达参观点停车时，每车相距不得小于5米。

(5)在行驶过程中，司机不得接打手机以及做其他影响开车的事情。安全员要做好行驶过程中的安全检查和监督工作，发现问题及时解决或报告。

（二）乘车安全

（1）上下车要有序进行，不得拥挤，要按固定位置就座，不得抢座位。

（2）上车后，所有人员要扣好安全带，安全员要进行逐一检查落实。车辆行驶过程中，不得在车内来回走动，不得把手、头等伸出窗外，不得向窗外乱扔杂物。

（3）每次上车，要按座位顺序排好队。安全员先上，其他同学从排尾先上（排尾同学坐在后边）。劳动教育指导教师待全部人员上完后再上车，上车后清点人数，并向指挥部报告。

（4）下车时，教师1先下车，站在车门的左侧；教师2第二个下车，组织下车的学生；服务人员第三个下车，各班旗手第四个下车；其他同学依次下车，自觉排成两队；劳动教育指导教师和安全员最后下车。在劳动教育指导教师带领下，全体学生向车辆前方行进10米左右，待全部人员下完后，劳动教育指导教师整队，听候命令行动。

（三）劳动过程安全

（1）在劳动过程或劳动道路上行走，所有同学要服从劳动教育指导教师、带队老师及有关人员的统一指挥，不得擅自行动。

（2）劳动过程中要分组活动，有序进行，不得拥挤，不得追逐打闹，不要触摸危险设备，也不要到危险的地方。

（3）劳动过程中要正确使用劳动工具、劳动设备，听从指导教师的安全操作规范讲解、注意事项，遵守劳动安全纪律。

（4）劳动过程中安全员要密切关注劳动工具、劳动设施、交通车辆、学生纪律等有关事宜，发现安全隐患要及时采取防范措施。

（5）在每一项劳动活动结束或休息结束，劳动教育指导教师要清点各班人数，并报告指挥部。

（四）生活安全

（1）要穿着舒适的服装，穿运动鞋，不要穿皮鞋、高跟鞋。

（2）要带适量的水和食品，不倡导带过多的食品、饮料。

（3）中午集体用餐时，要听从管理人员指挥，按序就餐。

（4）生活组要严把饭菜质量关，确保饮食安全。

四、安全教育

（1）实践基地要做好本单位劳动教育指导教师及司机的劳动安全教育工作，强化安全意识和责任。

（2）学校要制定劳动教育安全制度，活动前召开所参加活动老师劳动安全教育专题会，学习安全制度，明确安全职责。

（3）各班主任要组织召开本班的劳动教育安全专题会，组织学生学习安全制度，明确有关要求，并让学生按组进行讨论，制订本组的安全措施。

（4）出发前，学校要召开所有参与劳动教育课程人员的安全教育大会，强调以下安全要求：

①本次活动统一听从领导小组指挥和安排，不得私自调整。

②后勤组负责车辆的联系和协调，按相关手续保证车辆安全。

③学生往返集合地途中注意交通安全。

④劳动教育指导教师要及时清点学生人数，做好学生全程纪律安全等管理工作；教育学生乘车时注意安全，不要在车厢内来回走动，不得将头或身体伸向车窗外。

⑤学生不得擅自脱离劳动团队。

⑥注意有秩序地进行劳动项目活动，听从组织及老师的安排。不到危险的地方去，不触摸危险设备，安全使用劳动工具。

⑦文明劳动，做到语言文明、行为文明。注意劳动场所环境卫生，不得乱扔废弃物。

⑧注意饮食安全。不吃三无产品及过期、霉变食物。

⑨各班主任及带队老师注意观察学生情况，如学生有身体不适，必须及时处理。

五、纪律要求

（1）劳动教育过程中，带队老师和各小组成员要明确自己的职责，时时注意班级成员的动向，确保劳动教育安全、顺利地进行。

（2）所有班级成员按照指定时间准时集合；在劳动教育过程中，爱护劳动工具，不打闹、不推搡、不得擅自离队，一切行动听指挥；如有紧急事情，需要向带队老师报告，得到允许后方可离去。

（3）劳动教育过程中，全体成员必须遵守各种劳动规章制度，特别注意

项目五　强化劳动教育安全管理

劳动教学区的安全提示，确保劳动教育各项活动平平安安。

某市高级职业技术学校
2023 年 2 月 10 日

本案例由山东曲阜远东职业技术学院李子尚编写。

案例点评

本案例从组织领导、各职能小组的分工及职责、安全措施及要求、安全教育、旅行过程中的纪律要求等全面系统地制订了一套完整的劳动教育安全管理方案。其中的"各职能小组的分工及职责"，具体细化到每一个劳动教育管理成员，岗位齐全，分工明确，责任到人，真正做到了人人有岗位、个个有职责，齐抓共管无闲人。案例中的"安全措施及要求"，从车辆及行驶安全要求、劳动安全、生活安全等几个方面做了详细规定。没有经过师生多次的实践和探索，就根本写不了这么规范、科学的安全管理措施方案。"安全教育"周到细致，循循善诱，彰显立德树人、师者仁心的高贵品格。本案例为全国的劳动教育安全管理提供了可参考借鉴的模式。

本案例由中国关心下一代工作委员会教育中心专家委员会委员李岑虎点评。

案例 5-3
某中学劳动教育活动
安全应急预案

任务二　做好劳动教育安全事故处理

劳动教育安全事故处理，是指在学生参加劳动教育活动过程中，发生了劳动教育安全事故后，相关部门和组织对劳动教育安全事故发生的原因、影响结果等进行调查分析评估，并按照法律以及有关规定对劳动教育安全事故涉及的单位和人员进行责任处理。劳动教育安全事故发生以后，学生受伤害，如果处理不当，将会给劳动教育各方带来很大的麻烦，甚至影响劳动教育教学质量。因此，做好劳动教育安全事故的预防和处理，是每一个劳动教育涉事单位应履行的责任和义务。

 案例 5-4

模拟矿井巷道超过最大承载量致使学生受伤害

2022年5月，某实验小学组织学生前往煤炭博物馆开展"考察煤炭博物馆 弘扬煤矿工人的劳动精神"劳动教育活动。劳动教育活动计划项目论证后，学校按管理权限报教育行政部门备案。学校以"关于开展'考察煤炭博物馆 弘扬煤矿工人的劳动精神'劳动教育活动公开信"的方式，告知家长活动意义、时间安排、出行线路、费用收支、注意事项等信息，全面征求家长意见。家长签字同意后，学校同有合法资质的专门经营劳动教育业务的服务机构签订了《劳动教育服务合同》，委托该服务机构组织学生外出开展劳动教育活动，合同详细地载明了服务机构承担学生劳动教育安全责任。

在整个劳动教育过程中，学校参与学生97人，副校长全程监管，年级主任、少先大队辅导员、班主任、安全员、保安、校医和带队老师共10人全程跟随服务。在启动仪式上，学校、服务机构、基地反复进行安全问题教育；劳动中，指导教师、带队老师、教辅人员也是不断提醒、告知学生注意安全。不料，大家都不愿意见到的事情还是发生了：

5月3日15时左右，模拟矿井巷道，参观人员较多，拥挤不堪，巷道狭窄，灯光昏暗。参加活动的小学五年级学生小继和小平，生性好动，在巷道内嬉闹推搡，小继被小平推搡跌倒，小平又压在小继身上，带来二次伤害，导致小继左脚严重受伤，趴在巷道地上，不能站立走动。案发后，博物馆相关负责人、指导教师、安全员、带队老师立即前往组织抢救，拨打报警电话110和急救电话120，请求救助。安全员指挥保护现场，带队老师及时向学校校长和服务机构汇报。不到1个小时，教育局领导、当地政府领导、博物馆领导、学校校长、服务机构负责人和其他主管部门领导陆续赶到。经学校同意后，带队班主任第一时间告知了小继的家长，小继被送往医院抢救。经过医院确诊，小继左胫骨远端骨折，需住院治疗。经过调查，导致小继受伤的原因是：博物馆模拟矿井巷道狭窄，观光人员过多，超过最大承载量；基地警示牌陈旧破损，文字缺失起不到警示、告知作用；小继和小平相互嬉闹推搡。

小继出院康复后，在法院的调解下，小继的医药费、护理费、误工费、伤残鉴定费、交通费、营养费、食宿费、残疾赔偿金、残疾辅助器具费、诉讼费等费用共计78215.36元，博物馆承担60%，服务机构承担10%，小平家长承担20%，小继家长承担5%，学校承担5%。学校、服务机构和家长承担的费用由保险公司按保险合同约定负责赔偿。事后，学校对分管副校长、少先大队辅导员、带队班主任分别给予相应处分；服务机构对随团教辅人员和劳动教育指导教师分别给予相应处分；当地政府主管部门对博物馆给予相应行政处罚。

本案例由李岑虎根据当事人口述编写。

案例点评

劳动课程以丰富开放的劳动项目为载体，在学校教育中发挥着重要的育人功能。劳动教育除了校内劳动教育以外，还有校外生产劳动和服务性劳动。既然包含校外劳动教育活动，安全问题自然随之而来。面对突发性的劳动教育安全事故，如何处理是每一个劳动教育工作者必须研究的课题。本案例中的某实验小学给我们提供了一个示范性的处理方案。

（1）学校组织开展劳动教育要经过集体论证，拟订活动计划。

（2）提前把学校拟订的劳动教育活动计划按管理权限报教育行政部门备案。

（3）通过家长委员会、致家长的一封信或召开家长会等形式告知家长活动意义、时间安排、出行线路、费用收支、注意事项等，征求家长意见，与家长签订劳动教育协议，明确学校、家长、学生的责任与权利。

（4）加强学生和教师的劳动教育事前培训和事后考核。

（5）学校开展劳动教育，要根据需要配备一定比例的学校领导、教师和安全员，也可吸收少数家长作为志愿者，负责学生活动管理和安全保障工作。

（6）学校开展劳动教育，要与有资质、信誉好的企业或机构签订协议书，明确企业或机构承担学生劳动教育安全责任。

（7）在整个劳动教育过程中，要反复进行安全教育。劳动教育指导教师、带队老师、教辅人员要不断提醒,告知学生注意安全。

(8)学生要遵守纪律,文明劳动,安全活动。

(9)案发后,各单位要立即组织抢救,拨打报警电话110和急救电话120,请求救助。

(10)妥善保护现场,利于警察和其他国家公务人员调查取证。

(11)带队老师要及时向学校和服务机构汇报。

(12)学校、服务机构要及时向自己的主管部门汇报。

(13)各级领导要第一时间到现场慰问、调查,妥善处理。

(14)第一时间与学生家长沟通,告知并安抚家长。

(15)同公安交警部门、医院做好沟通工作,把受伤学生顺利送往医院抢救。

(16)会同有关部门开展综合调查,确定事故发生的原因。

(17)保留相关证据,为民事诉讼做好准备。

(18)把学生的生命安全放在第一位,先救人后处理,敢于担责,不推诿,避免引发负面的网络舆情。

(19)追究责任,引以为戒,万不可敷衍了事,以避免劳动教育学生安全事故的再次发生。

本案例由中国关心下一代工作委员会教育中心专家委员会委员李岑虎点评。

案例 5-5

劳动课中受伤　学校担责六成

广州日报江门讯(记者严建广　通讯员张进才、朱明亮)适当的校园劳动教育利于学生培养责任感,但学生在学校劳动课中受伤后的责任承担成为焦点。

昨天,记者从恩平市人民法院获悉,日前,该院审结了一起案件:小学五年级10岁学生小明(化名)在学校组织的劳动课中摔倒受伤,就小明摔倒原因家长和校方各执一词。法院最终裁决,校方承担60%,小明自负40%。

司法鉴定为九级伤残

小明2009年9月起转入江门恩平市某镇一小学五年级班就读。同年10

项目五 强化劳动教育安全管理

月的一天，学校组织进行搬书劳动，其间小明摔倒导致左手受伤。小明受伤后，班主任将他扶到学校总务处休息，并电话通知其家长，由家长将他送院治疗。当天，学校老师对小明进行家访中得知小明自幼患有血友病。

2011年2月，小明到恩平某医院检查治疗，诊断左肘关节畸形、血友病，医生建议待患儿生长发育完全后安装肘关节转换支架术，后续医疗费用估计16万多元。

小明的家长于2011年3月单方委托司法鉴定所对小明的受伤进行鉴定，鉴定意见为原告的受伤与摔倒事故存在因果关系，伤残等级为九级。小明家长因向学校索赔无果，将学校起诉。

校方家长各执一词

对于小明摔倒受伤，小明的家长认为，小明在学校摔倒受伤完全是因为校方组织搬书劳动中教育管理不到位导致摔倒受伤的，并且诱发了血友病，校方要负全部责任。学校认为，整个事件中，校方在符合国家标准的室内开展劳动课教学活动，并落实相应安全管理措施；小明受伤后也及时采取了措施，第一时间通知了家长，尽到了相应安全管理责任，不应承担任何法律责任。

学校在每年的体检中并未发现小明患病事实，是在事后家访中才得知，家长没有尽到事先告知责任。造成事故后果的根本原因是小明所患疾病，家长应该承担责任。

判决：校方承担60%责任

法院审理后认为，小明在学校组织的劳动课搬书活动中受伤，学校并未充分证明自己尽到了教育管理职责，与学校安全教育不到位，组织和管理不够完善有一定因果关系，故学校应承担相应的赔偿责任。同时，小明事发时已经10周岁，搬书活动属于与其年龄、智力情况相适应的活动，小明在搬书活动中没有尽到相应的注意义务，应承担一定的责任；且小明患病情况导致其治疗难度增加，与损害结果的产生有一定关系。

恩平市人民法院最终裁决，小明因此次事件受到的各项损失共计11120.1元，由校方承担60%，小明一方自负40%。宣判后，双方均不服一审判决，上诉至江门中院，日前，二审维持了原判。

来源：广州日报（2015-12-15）。

案例点评

从记者的报道看出，小明受伤后，班主任将他扶到学校总务处休息，并及时打电话通知其家长，由家长将他送院治疗。当天，学校老师对小明进行了家访和慰问。这一系列措施，说明学校对小明的受伤救助措施及时，对善后处理也持积极负责的态度。但是案发之前，针对五年级学生开展的劳动课搬书活动，学校的确有一定的过错：没有调查学生体质状况，对学生安全教育监管不到位，搬书劳动活动组织和管理不够完善，对未成年人未完全履行安全管理责任，诱发小明原有的基础病症，给小明带来严重的伤害。

本案例告诉我们，劳动教育安全牵扯学生的生命健康，事关千家万户，劳动教育安全责任重大如山。在劳动教育全程中都要做好安全教育、警示提示、安全隐患排查工作，履行安全保障义务。万一发生学生伤害安全事故，劳动教育指导师应严格遵守以下处理程序：

1. 组织抢救

（1）事故发生后，劳动教育指导师报告并敦促各参与单位，应立即派人赶赴现场，积极组织抢救工作。

（2）及时报告学校，并通知家长，必要时报告当地公安部门。

2. 赔偿追责

经单位安排后，协助责任方按照国家有关规定办理受伤学生的伤害损失赔偿；协助保险公司办理保险者的保险赔偿；协同相关部门参与事故调查，认真配合相关部门依法对应当承担责任的单位及其责任人进行处理。

3. 事故总结

事故处理结束后，认真总结经验教训，查找并剖析事故原因，进一步改进和加强安全管理措施，防止类似事故再次发生。

本案例由中国关心下一代工作委员会教育中心专家委员会委员李岑虎点评。

案例 5-6

"了解、安抚、调解"是处理安全事故的三大法宝

材料一：和风细雨润幼苗

2020年4月11日，山东省某县镇中心小学二年级1班开展劳动课——去学校绿植苑认识树木的名字。小雨喊小可快点跟上，小可跑步准备跟上大部队，突然摔倒了。劳动教育指导教师小王发现小可摔倒了，立即跑过去。这时，小可已经站起来了。小王询问小可摔哪里了？疼不疼？

小可说腿疼。小王把孩子裤子掀起来后，发现腿部有红的一小片，按压有一定痛感，于是让班长陪同小可慢慢走。下课后，小王把小可摔倒的情况告知了班主任。

班主任了解小可摔倒的经过、现状，感觉不严重，便让小可回教室继续上课了。同时把小可摔倒的经过、摔倒后的表现告知其家长，请家长一同关心、观察小可有没有不良反应。家长表示，小可还能继续与同学上课，说明摔得不严重。低年级学生，不会保护自己，容易摔倒，过几天就好了。这一周，小王和班主任经常打电话给小可的家长，交流小可在学校的表现，家长也反馈小可在家的情况。

果然，一星期后，小可恢复得和原来一样健康了，没有任何不良反应。小可家长打电话感谢劳动教育指导教师和班主任的关心。

材料二：设身处地化玉帛

2021年3月12日，江西省某县镇中心小学六年级4班开展劳动课：学校农场植树。班里个头高、力气大的两个学生小军和小猛，负责运送水。开始的时候，两人抬水桶。不知道哪位学生开玩笑说，小军和小猛谁的力气大、谁运水较多呢？说者无心，听者有意了。二人私自找了水桶，一人一桶，比比谁运水较多。劳动教育指导教师魏老师不赞成一人提着水桶运水，可是两人暗地里较上劲了。魏老师给出建议，千叮咛万嘱咐。过了十多分钟，有学生反映小猛提着水桶摔倒了。魏老师立即过去找小猛了解情况。小猛真的摔倒了，右侧鞋子湿了，右腿裤子湿了一点。魏老师让小猛伸出来手，发现右

手掌有一个红印迹，快要出水泡了，左小臂也破皮了。

魏老师马上让班长提醒一下全体同学注意安全，盯着学生继续劳动，不再让学生提水桶。魏老师立即找来急救箱，用碘伏搽破皮的胳膊，裹上纱布，包扎完毕，便让小猛休息。

魏老师课后把小猛劳动受伤的情况，通报给班主任和小猛的家长，请家长不要担心着急，并叮嘱小猛的家长继续观察，是否有不良的反应。魏老师还给小猛买了祛疤膏。家长表示理解和支持，还说小猛在家有时候也有这种冒失的行为，受点小伤，没有大问题的。

过了一周，小猛的胳膊完全康复，没有留下疤痕，也没有引起家校冲突。

材料三：无意冲动酿祸端

2021年10月26日，甘肃省某县职业中等专业学校机电一体化2021级183班上劳动课：学校试验田收玉米。男同学用手掰玉米棒子，女同学收拾玉米棒子装袋子。小刚和小明掰了一会，感觉无聊，二人想到一个游戏，把玉米棒子当作手榴弹，模拟以前的打仗电影，体验一下战斗的感觉。时间一长，二人也放松了警惕，小刚扔的玉米棒子，砸中了蹲在玉米地里收拾玉米的小玲的手。

劳动教育指导教师王老师听说后，立即叫停全班学生不能扔玉米棒子。王老师查看一下小玲的手：手背红肿了，还破了一点皮。于是叫小玲去医务室处理一下。

课后，王老师安慰小玲：看着可以轻松伸伸手指，没有砸伤骨头，不用怕，这是皮外伤，休息几天就好了。同时批评了小刚和小明，让二人向小玲去道歉，消除隔阂。

材料四：细节之中显神奇

L同学是黑龙江某市某大学的一名大二学生。2021年5月9日，L同学收拾化学实验室。班干部肖丽找到辅导员秦老师说，L同学的鼻子出血了。秦老师吓了一跳，担心被化学仪器刺破或化学药品的缘故，那问题就大了。

秦老师赶到化学实验室，L同学正在水槽清洗鼻血，鼻子还在流血，水槽里的水也染红了，怪吓人的。秦老师立即从身上拿出一沓纸巾，叫L同学捂住鼻子，站起来，不要洗了。过几分钟，鼻子不出血了，再去清洗血迹。秦老师讲了一些鼻子流血的应急知识，让 L 同学多休息休息，多喝白开水，多吃点水果蔬菜，或者补充维生素，很快就好了。L 同学说原来也有鼻子出血的经历，尤其到春天和秋天，鼻子流血的次数多一些。

秦老师虚惊一场。

本案例由山东单县一中教育集团吕远提供。

案例点评

以上都是劳动活动过程中常见的事故，说小就小，说大也能大。但是指导老师善用"了解、安抚、调解"三大法宝，把安全事故处理得妥妥当当，平平稳稳，且没留下任何后遗症。可见，教师对自己学生的热爱，对自己职业的忠诚，以及对劳动教育安全事故的处理程序、急救知识熟练掌握程度。

事情尽管圆满结束了，可是也给我们留下许多思考。

（1）基地、学校和指导教师要对安全工作高度重视，周密安排，严格落实。既要管学生的劳动教育课堂，更要关注劳动教育时老师监控不到的时间段、空间区域，不能留下安全监管盲区。

（2）牢记劳动教育安全第一，学生安全无小事的原则。安全事故要处理及时，方法恰当，把问题消灭在萌芽时期。否则，不重视，视而不见，一旦媒体、自媒体曝光，负面舆情将会带来不堪设想的后果。

（3）劳动教育案件的处理有调解、向教育主管机关投诉、向仲裁机关申请仲裁、向人民法院起诉等多种方式，其中最直接、最有效、最简单易行的是及时调解。及时调解是处理责任事故的最佳方法。因此，劳动教育工作者要善于运用调解方法，化解矛盾，维护劳动教育事业的美好声誉。

本案例由中国关心下一代工作委员会教育中心专家委员会委员李岑虎点评。

劳模工匠

晋韵堂铁壶"非遗"传承人晋战平：匠心不泯　铁血柔情铸人生

晋战平，男，汉族，1968 年 5 月出生，山西晋城人，大学专科学历。泽州县晋韵堂古泽州铁货开发有限公司董事长、泽州铁货制作技艺省级"非遗"传承人、晋韵堂品牌创始人,兼任山西省工艺美术协会副会长、山西晋商协会副会长、河南省晋商会副会长、晋城市专精特新联盟会副理事长、泽州县工商联副主席等职务,2022年当选为晋城市第八届人大代表。曾受邀中央电视台财经频道、湖南卫视、山西卫视、山西经济频道等多家媒体专访报道,曾被《中国国家旅游》《睿士》杂志专访报道。

　　山西晋城自古是"煤铁之乡",有"九头十八匠"之说。年轻时的晋战平对铁器有着浓厚的兴趣,经常跑到村里收集铁锅、铁勺、铁壶、兵器、农具等,每每看到或找到先人留下的东西,晋战平惊叹不已,把玩和感叹之余,晋战平萌发了捡起先人的手艺,重新制造它、发扬它的想法。1995年10月,晋战平向当地"李记铁匠铺"的第三代传承人拜师学艺,十年间,便学会了师父的全部手艺。

晋韵堂铁壶"非遗"传承人晋战平　　供图:晋战平

　　晋战平认为,传统手工艺要传承下去,唯有跟上新时代变化,在传承中坚守,在发展中创新。晋韵堂铁货既不丢掉传统手工艺的精髓,又能应时而变,适应市场需求;既有养生功能又有收藏价值。晋韵堂铁壶一经问世,便收获了许多的"铁粉儿"。很多有志青年慕名前来拜师学艺,于是晋战平创设了新时代"师带徒"传承制度。

　　"师带徒"又叫"传帮带",顾名思义就是用"以老带新"的方法开展工作,传授经验,帮助成长。公司推行"师带徒"人才培养模式,是一个很好的现场人才培训举措,有利于"传帮带"光荣传统回归,更有利于公司长远发展。在这项活动中,师傅要毫无保留地把自己的工作经验和知识传授给所带的徒弟,注重言传身教,以自己的人格魅力教育和引导徒弟做人做事。师傅不但要起到表率作用,成为大家眼里的好领导好上司,更要成为所带徒弟眼里的好师傅。这样,师傅在兢兢业业干好各项本职工作的同时,有所侧重地教导徒弟,无论工作忙与否,都要坚持带好徒弟,并把自己的一技之长灵活地传授给徒弟。各基层单位和师傅要敢于给徒弟压重担、分任务。同时,徒弟要努力成长,继而逐渐成为各自岗位上的骨干和中坚力量,独当一面,挑起重任,完成各种工作,不断为公司争得荣誉,不断促进"师带徒"活动取得较好的成果。"师带徒"活动成为晋战平传承非物质文化遗产的有效途径。

由于晋战平在传承非物质文化遗产中作出的卓越贡献,2019年3月荣获山西省"三晋英才"拔尖骨干人才荣誉称号,2019年6月被评为晋城市高层次人才"市级领军人才",2020年12月被授予"晋城市工艺美术大师"称号,2021年4月被授予"晋城工匠"称号,2021年6月被授予"全市两新优秀共产党员"称号,2022年7月晋战平受邀参加央视三套星光大道欢乐城市派栏目。

本文由晋韵堂古泽州铁货开发有限公司晋战平提供。

综合实训

阅读材料,回答问题。

曲江新区召开曲江第五小学学生坠亡事件处置工作现场会

近日,陕西省西安市曲江第五小学发生一起学生坠亡事件,引起社会广泛关注。2022年10月11日下午,曲江新区管委会在曲江第五小学召开了学生坠亡事件处置工作现场会,通报了有关事件调查处置进展情况,并对后续工作进行了安排部署。曲江新区有关部门、学校、学生家长、新闻媒体等代表参加了会议。

经初步调查,曲江第五小学学生坠亡事件是一起严重的校园安全责任事件。事件充分暴露出校园安全和管理责任落实不到位、施工和监理工作不规范、工程验收和检查不严格、隐患排查不彻底和防范意识不强的问题。曲江新区管委会负责同志代表有关方面对遇难孩子表示深深的哀悼，向孩子的家人表示深深的歉意，向学生家长及社会各界对此事件的关注和改进后续工作提出的批评意见表示衷心的感谢。表示尽最大努力做好善后工作，深刻吸取此次教训，举一反三、引以为戒，进一步开展校园安全拉网式大排查大整治，切实消除安全隐患。全面启动相关单位和责任人的追责问责工作，依法依规严肃处理，决不姑息。

请问：假如你是曲江第五小学领导，你怎样做好劳动教育风险防控工作？请写一份《曲江第五小学劳动教育风险防控预案》。

项目六
做好劳动教育服务

项目导读

劳动教育是全民教育、全域教育，它不仅仅是教育一个部门的工作，还涉及交通、农业、工业、法律、通信等多个行业部门。劳动教育服务可谓种类万千，包罗万象。本项目主要从劳动教育服务合同、劳动教育法律服务、劳动教育数字化服务等方面提供案例参考，以飨读者。

江苏苏州太湖雪蚕桑文化园　　摄影：马敬振

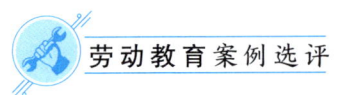

思维导图

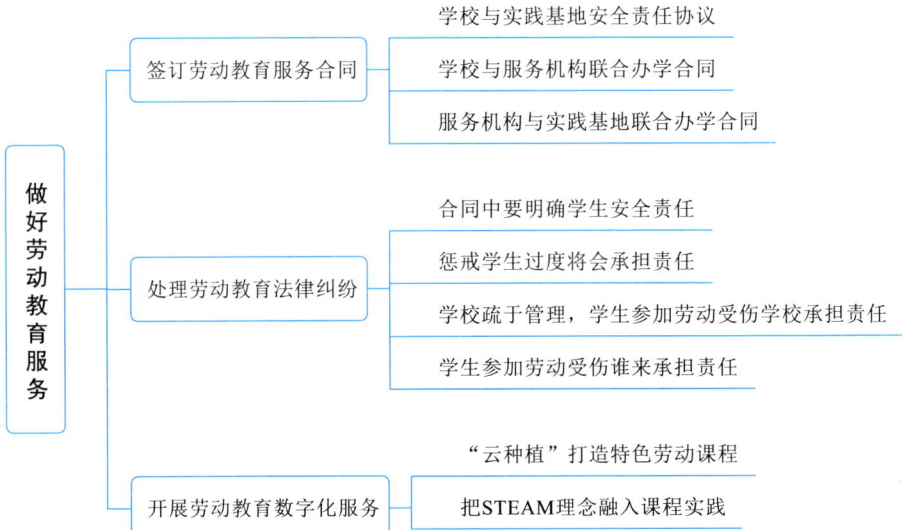

项目六　做好劳动教育服务

任务一　签订劳动教育服务合同

吉林省彭祖述艺术馆　　摄影：张家宁

在劳动教育活动中，为保护学生的合法权益，保护劳动教育经营者的权益，明确各方的权利和义务，规范劳动教育服务行为，参与各方常常以签订劳动教育服务合同的方式，来保证自己的利益。劳动教育服务合同包括联合办学合同、租赁承包基地合同、多方参与合作合同、劳动教育包车合同、课程设计技术开发合同等。

一、学校与实践基地安全责任协议

案例 6-1

劳动教育实践活动安全责任协议

甲方（教育机构）：　　　　地址：　　　　法人代表：

乙方（劳动基地）：　　　　地址：　　　　法人代表：

为进一步明确安全管理责任，确保学生劳动活动的安全，经甲乙双方协商，达成如下协议：

（1）行车路线与活动地点，由甲乙双方协商确定。

（2）活动前甲乙双方应成立临时安全管理机构，明确任务分工、双方负责人，加强情况沟通。

（3）活动前由甲乙双方负责人员共同对劳动教学地点、住宿宾馆、就餐酒店进行现场踩点，明确行车路线和安全注意事项。

（4）甲乙双方对师生、员工进行有针对性的交通、饮食、住宿、基地危险部位等方面的安全教育。

（5）结合本次活动，甲乙双方都要制订周密细致的安全工作方案和应急预案，按照方案和预案抓好工作落实。

（6）甲方应将参加劳动活动的身体欠佳同学的状况告知乙方，如心脏病、呼吸疾病、过敏、癫痫、骨伤痊愈未满一年等。如因未提前申报发生意外，乙方不承担任何责任。

（7）乙方应租用资质较好单位的车辆，要求出车单位出车前对车辆状况必须进行全面检查，选派驾驶技术、驾风好的驾驶员出车。

（8）甲方负责师生上下车组织，确保秩序良好，人员齐全。

（9）乙方负责提醒驾驶员按规定路线中速行驶，保持车队相对稳定。

（10）甲方负责师生的监管，不得将身体的任何部位伸出车窗外，不在车内随意走动。

（11）每到达一个劳动地点，由乙方提前告知师生，该地点的风土人情、安全注意事项等。

（12）活动后的集合时间、地点，由甲乙双方协商确定，并告知师生。

（13）乙方按要求安排工作人员在劳动地点危险地段、岔路口负责提醒学生。

（14）乙方在组织学生进行机械操作、体力劳动、合作训练等活动时，请提醒学生将手表、手机、钥匙等硬质物品装入背包，衣裤兜内不要存放硬质物品。

（15）在基地内整体活动时，由乙方负责引导及介绍，甲方负责师生的组织防止人员走散。

（16）乙方负责查验住宿宾馆、就餐酒店的资质，确保手续齐全，资质良好。

（17）乙方应督促宾馆保证楼道、出入口畅通，消防疏散指示标识齐全，室内设施、设备良好。

（18）房间分配由甲方统一安排，任何学生不得私自调换房间；甲方负责晚上学生就寝后的检查与管理，未经学校带队领导批准，学生不得私自出宾馆。

（19）甲方应教育学生爱护公寓，保持墙壁整洁，严禁在公寓上乱写乱画，爱护楼内及房间内的设施设备。人为损坏公物，由甲方负责赔偿。

（20）乙方负责督促酒店保证就餐质量，确保饭菜可口、干净卫生，并做好食物留样。

（21）甲方负责学生就餐时的分桌与管理，提前将少数民族餐、病号餐告知乙方做好准备。

（22）根据活动场地及天气变化，需要调整活动场地和内容时，由甲乙双方协商确定，但乙方提供的活动场地和内容，必须保证师生安全和整体活动内容的落实；若部分活动内容因故取消，服务费用双方协商解决。

（23）甲乙双方应明确各自负责人，交换手机号，保持联络通畅，双方事宜由负责人进行沟通。

（24）遇有突发情况，由乙方负责与出车单位、宾馆、酒店、基地进行沟通，甲乙双方共同采取紧急措施，把事故的损失降低到最低限度。

（25）乙方按规定为师生上好保险，保险手续齐全，做好保险的解释和后续工作。

（26）活动结束后，甲乙双方都要就此次进行总结，提出改进意见和建议。

甲方:（盖章）　　　　乙方:（盖章）
负责人:　　　　　　　负责人:
　年　　月　　日　　　　年　　月　　日

本案例由西安新未来劳动教育实践基地张会臣提供。

二、学校与服务机构联合办学合同

案例 6-2

学校与劳动教育服务机构联合办学合同书

主办单位（甲方）：_____学校

法人代表：　　　　联系电话：

地址：

承办单位（乙方）：_____劳动教育服务机构有限基地

法人代表：　　　　联系电话：

地址：

根据《中华人民共和国民法典》等国家相关法律法规，遵循平等、自愿、公平和诚实信用的原则，双方就组织学生开展劳动教育活动有关事项协商一致，共同达成如下协议：

一、合同概况

劳动教育时间：____年____月____日____时至____年____月____日____时

劳动教育路线：_____

劳动教育人数：学生_____名，甲方随行领导、教师共_____名

二、金额及结算方式

合同金额为_____元/人×_____人=_____元（大写金额：　　　　）

最终结算价按报价清单实际履行项目为准，原则上只减不增。

付款方式：_____

三、合同文件构成

本合同与下列文件一起构成合同文件：

1. 劳动教育招投标文件

2. 劳动教育课程方案

3. 学生名单、教师名单

4. 学生保险花名册

5. 报价清单及服务标准

6. 劳动教育课程手册

7. 主题课程的变更协议

8. 劳动教育安全预案

四、甲方的权利与义务

（1）甲方保证其所提供的证件和信息真实有效。因证件无效、证件丢失或者未携带有效证件造成的损失由甲方承担。

（2）劳动教育期间甲方应保证学生身体状况适合参加劳动教育活动。如甲方存在糖尿病、哮喘、心脏病、癫痫症、过敏症、传染病、晕动症、精神疾病等各类不适合参加劳动教育的疾病，或属于不适于参加劳动教育的特殊体质，必须提前告知乙方详细信息，经乙方同意并签订特殊版本的家长协议后方可参加。否则一旦发生意外，乙方协助甲方学生就医，相关费用及法律责任由甲方内部自行承担。

（3）甲方学生应当遵守劳动教育活动规则，遵守活动及作息纪律，不得擅自离队。

（4）因甲方故意或过失造成他人人身、财产损失的，甲方应当承担全部赔偿责任。

（5）甲方应积极参与劳动教育活动，并在自身能力范围内保护自身人身安全，妥善管理自己的行李物品，集体出行，按时作息。

（6）为保证学生安全及行程顺利，甲方所在学校委派带队领导1名，甲方授权带队领导就行程变更事项与乙方进行协商，作出现场决策。

五、乙方的权利与义务

（1）乙方依照《劳动教育课程手册》中的行程表履行义务及时预订各项服务，确保行程顺利进行。

（2）乙方承诺按照协议履行全部义务。

（3）乙方应设计具体可行的劳动课程、组织活动、乘坐交通工具、人身保险等方面的安全预案，并提供符合安全标准的各项劳动教育活动的资源设施，做好劳动教育疾病预防和日常安全提醒，尽量避免重大医疗事件和财产损失事件。

（4）由于乙方的过失，致使甲方的合法权益遭受侵害的，乙方应承担相应的责任。但下列情况除外：

①甲方违反法律法规、公共行为准则，实施按其年龄和认知能力应当知道具有危险性的行为；

②甲方行为具有危险性，乙方已经作出安全提示并及时劝阻，但甲方不听劝阻、拒不改正；

③甲方知道有特异体质，或者患有特殊疾病，但未提前告知乙方；

④甲方严重违反劳动教育活动纪律或者由于自身体质原因产生的伤病治疗及相关费用。

（5）乙方指派人员：每车每团项目经理1名，安全组长1名，医护人员1名，环保人员1名，劳动指导教师1名，安全员1名，安全车1台（含司机），大巴1台（含司机）。

六、不可抗力

（1）不可抗力指不能预见、不能避免并不能克服的客观情况，包括但不限于因自然原因和社会原因引起的自然灾害（台风、雷电、暴雨、泥石流等）、疫情、战争、恐怖活动、动乱、骚乱、罢工、突发公共卫生事件、火车停运、基地限流、大学校园暂时封闭、政府部门暂停部分劳动活动地点的开放或暂停集体外出活动等。

（2）行程中因不可抗力或意外事件影响劳动教育行程或服务标准的，乙方应当采取补救措施减少损失；未采取补救措施的，应当承担相应的赔偿责任。乙方采取的补救措施应征求甲方的意见；无法形成多数意见或因情况紧急无法征求意见的，由乙方本着学生利益最大化的原则自行决定，但应当就发生不可抗力、意外事件的情况以及据此作出的决定提供必要的说明或证据。因采取补救措施而增加的费用由甲方承担，节省的费用应当退还甲方。

（3）受到不可抗力影响的一方，应尽可能地采取合理的行为减轻不可抗力对履行本合同的影响。因不可抗力影响劳动教育行程的，按照下列情形处理：

①合同不能继续履行的，甲方和乙方均可以解除合同。合同不能完全履行的，乙方经向甲方作出说明，可以在合理范围内变更合同；甲方不同意变更的，可以解除合同。

②合同解除的，乙方应当在扣除实际支出的费用后，将余款退还甲方；

合同变更的，因此增加的费用由甲方承担，减少的费用退还甲方。

③危及甲方人身、财产安全的，乙方应当采取相应的安全措施，因此支出的费用，由甲方与乙方各承担50%。

④造成甲方滞留的，乙方应当采取相应的安置措施。因此增加的食宿费用，由甲方承担；增加的返程交通费用，由甲方与乙方各承担50%。

七、违约责任

因乙方的原因致使甲方不能参加本期劳动教育活动的，乙方应提前3日（不含本日）通知甲方，并将甲方预交的全部款项退还，已支付的接待费用由乙方自行承担；乙方未按照协议约定标准提供劳动服务的，应当依法承担采取补救措施或者赔偿损失等违约责任。

甲方取消劳动活动，应提前7日通知乙方，并承担乙方为劳动教育接待服务已经支付的手续费、无法退回的押金等实际损失，劳动行程如包含需要乙方提前预约付费的项目，乙方有权不予退还相应门票费用；甲方在当日取消本期劳动教育活动的，乙方不予退还甲方任何费用。若火车票或机票已购买，甲方应按乙方要求自行办理退票手续或配合乙方办理退票手续，因退票产生的损失由甲方承担。

八、合同说明

（1）对本协议任何条款进行修改，均应以本协议补充条款形式作出并经双方当事人各自的合法授权代表签署，否则无效。

（2）本协议任何部分的无效不应影响本协议其他部分的效力。

（3）双方的保密义务：

①双方保证该保密信息仅用于与本项目有关的用途或目的。

②双方各自保证对对方所提供的保密信息予以妥善保存。

③双方各自保证对对方所提供的保密信息按本协议约定予以保密，并至少采取适用于对自己的保密信息同样的保护措施和审慎程度进行保密。

④经保密信息披露方提出要求，接受方应按照保密信息披露方的指示将含有保密信息的所有文件或其他资料归还给保密信息的披露方，或者按照保密信息披露方的指示予以销毁。项目终止后，保密信息披露方有权向接受方提出书面要求将保密信息资料交还。

（4）任何一方不得将本协议项下的权利和义务转让给第三方，但获得对方书面同意的除外。

（5）本协议自双方签字盖章之日起生效，并持续有效。本协议的终止并不影响甲乙双方对协议终止前所披露的保密信息的保密义务。

（6）本协议一式两份，双方各持一份，均具有相同的法律效力。

（7）本协议附有：劳动教育报价清单、_____等材料共 × 份。

九、争议的处理

本协议受中华人民共和国的法律管辖并按照中国的法律进行解释。协议履行过程中发生争议，由双方当事人协商解决。协商不成，各方均可向甲方所在地仲裁委员会裁决，或者向当地人民法院提起诉讼。

签约时间： 年 月 日

本案例由中国关心下一代工作委员会教育中心专家委员会委员李岑虎提供。

案例点评

本案例是学校与劳动教育服务机构联合举办劳动教育活动的合同书，具有《中华人民共和国民法典》规定的合同要件和条款。《中华人民共和国民法典》第四百七十条规定了合同内容一般包括下列条款，当事人的姓名或者名称和住所，标的，数量，质量，价款或者报酬，履行期限、地点和方式，违约责任，解决争议的方法。合同尤其是对双方的权利和义务，以及违约责任都做了非常详细的约定，利于依照合同开展劳动教育工作。

合同"三、合同文件构成"部分，把本合同与"劳动教育招投标文件、劳动教育课程方案、学生名单、教师名单、学生保险花名册、报价清单及服务标准、劳动教育课程手册、主题课程的变更协议、劳动教育安全预案"等材料一起作为构成合同的要件列入合同中，非常有特色。这些材料作为合同的附件，对劳动教育服务标准、劳动教育课程实施标准的认定，有了合同依据，避免了劳动教育中的各种争议。

合同"八、合同说明"中的"双方的保密义务"也是具有特色的款项。保密义务的规定，对学校和学生等各方起到了保护作用，是一个值得推崇的条款。

本案例有较高的参考、借鉴、推广意义。

本案例由中国关心下一代工作委员会教育中心专家委员会委员李岑虎点评。

三、服务机构与实践基地联合办学合同

案例6-3
山东弘道研学教育服务
有限公司与劳动教育实践
基地联合办学合同

任务二　处理劳动教育法律纠纷

经过两年的探索，劳动教育效果得到了社会、学校、学生和家长的普遍认同和重视，劳动教育已成为不可逆转的教育潮流。但是，劳动教育同其他行业一样，繁荣的背后也有不少法律法规侵权纠纷案件。

一、合同中要明确学生安全责任

 案例6-4

学生安全责任不明确　学校和劳动教育基地相互推诿

2022年4月12日，某小学与某花卉种植基地签订了劳动教育合同。当日学校组织五年级132名学生来到该花卉种植基地，开展花卉种植劳动教育活动。小张同学是该校五年级（2）班的学生，缴纳了320元报名费。当学生们在花卉基地田间道行走时，由于学生众多拥挤，小张同学被道路边的石礅绊倒摔伤头面部。事故发生后，学校随团校医及时为小张同学处理伤口，并送往医院救治，基地先垫付了2000元医疗费。后经医院检查，小张同学的眉骨骨折。小张同学父母要求学校和基地承担治疗费13 000余元，学校和基地

相互推诿。学校认为，花卉种植基地应当承担全部责任；花卉种植基地认为，先行垫付了 2000 元医疗费，没有合同证明自己应该承担相关责任，基地已经尽到安全救助义务。由于双方互相推诿，小张同学父母一气之下把学校和花卉种植基地诉至法院。

本案例由李岑虎根据当事人口述整理编写。

案例点评

本案劳动过程中学生受到伤害，学校、劳动教育基地等到底谁来承担责任？怎样承担责任？法院认为：

（1）某小学对小张同学的人身损害承担责任。

《学生伤害事故处理办法》第五条规定，学校应当对在校学生进行必要的安全教育和自护自救教育；应当按照规定，建立健全安全制度，采取相应的管理措施，预防和消除教育教学环境中存在的安全隐患；当发生伤害事故时，应当及时采取措施救助受伤害学生。第九条第四款规定，学校组织学生参加教育教学活动，未对学生进行相应的安全教育，并未在可预见的范围内采取必要的安全措施造成的学生伤害事故，学校应当依法承担相应的责任。《中华人民共和国民法典》第一千二百条规定，限制民事行为能力人在学校或者其他教育机构学习、生活期间受到人身损害，学校或者其他教育机构未尽到教育、管理职责的，应当承担侵权责任。

小张同学作为某小学五年级学生，在参加由学校组织并选定花卉种植基地的劳动教育活动中不慎摔伤，学校作为劳动教育活动的组织者，在组织学生进行劳动教育活动的全过程中，应当在劳动教育前安排人员对花卉种植基地进行考察，查看并责令清除不安全因素，劳动中安排人员对参加活动的学生进行详尽的安全教育，并密切注意学生在活动时的人身安全。本次有 132 名学生参加劳动教育，且都是未成年人，他们正处于活泼好动、自控能力差、自我保护意识弱的阶段。众多学生在狭窄的花卉基地田间道上行走，本容易造成现场管理及注意分配困难，仅通过事前安全提示、学生自律尚不足以避免危险情况的发生。学校如果在劳动教育前期、劳动教育中间安全工作准备充分、安全防范措施完善，是可以避免意外事故发生的。某小学在组织劳动教育活动中，对小张同学受伤虽然采取了救助措施，履行了救助义务，但受伤害前没尽到安全保障义务，学校应该承担相应的损害赔偿责任。

（2）花卉基地对小张同学的人身损害承担主要损害赔偿责任。

《中华人民共和国民法典》第一千二百条规定："限制民事行为能力人在学校或者其他教育机构学习、生活期间受到人身损害，学校或者其他教育机构未尽到教育、管理职责的，应当承担侵权责任。"《最高人民法院关于审理旅游纠纷案件适用法律若干问题的规定》第七条规定："旅游经营者、旅游辅助服务者未尽到安全保障义务，造成旅游者人身损害、财产损失，旅游者请求旅游经营者、旅游辅助服务者承担责任的，人民法院应予支持。"《中华人民共和国旅游法》第五十条规定："旅游经营者应当保证其提供的商品和服务符合保障人身、财产安全的要求。"第八十一条规定："突发事件或者旅游安全事故发生后，旅游经营者应当立即采取必要的救助和处置措施，依法履行报告义务，并对旅游者作出妥善安排。"

本案花卉基地接受了学校安排的劳动教育团队，并从学校手中收取了学生活动费用，花卉基地是本案的劳动教育实施机构，也是劳动教育经营者、学校劳动教育的辅助方。花卉基地在接待未成年学生时，应当采取相应的安全保障措施，履行提醒告知义务。花卉田间道路边的石磴容易造成意外事故发生是基地应该预见到的，但花卉基地未能采取行之有效的安全防范措施，未尽到安全保障义务，对小张同学的受伤存在过错，应该承担损害赔偿责任。

（3）小张同学对自身受伤不承担责任。

小张同学是限制民事行为能力人，而且受伤害是因为田间道路上拥挤摔伤的，自身并无过错，因此小张同学对自身受伤不承担责任。如果小张同学是和其他学生打闹嬉戏中摔伤的，就要承担相应的责任了。

最后法院综合某小学、花卉基地对小张同学损害结果发生的过错，进行调解，酌定承担责任比例为花卉基地80%，某小学20%。基地垫付的2000元医疗费计入80%，再向小张支付8400元。学校支付2600元。

本案例给我们留下很多的启示：

第一，劳动教育前学校要到基地去勘察，不能把学生的安全完全交给基地。勘察线路时，若准备工作充分、安全防范完善，及时消除劳动教育安全隐患，就能避免劳动教育意外事故的发生。如果认为自己在劳动教育活动中未收取任何费用，没有任何获利行为，不用承担任何责任，便对劳动教育安全工作应付了事,这种说法和做法是十分不恰当的。

第二,劳动教育基地始终要把学生的安全放到第一位,提前邀请学校、学生和家长来基地考察,提出安全管理意见,也能避免一些安全事故。

第三,安全事故发生后,主办方、承办方及时救助是第一要务。不履行救助义务,依靠别人替自己的违约买单,最后公平的法律也是赦免不了的。

第四,家长要提醒学生注意安全,协助做好学生的安全教育工作,也是减少事故发生的必要手段。

第五,学校开展劳动教育,要与有资质、信誉好的劳动教育机构签订协议书,明确劳动教育服务机构承担学生劳动教育安全责任,避免出现安全问题相互推责,给学生和家长带来二次伤害。

第六,在整个劳动教育过程中,参与各方要对学生反复进行安全教育,劳动教育指导教师、带队老师和服务人员每个环节都要不断提醒,告知学生注意安全,尽到安全保障义务。

本案例由中国关心下一代工作委员会教育中心专家委员会委员李岑虎点评。

二、惩戒学生过度将会承担责任

 案例 6-5

学生违反劳动课堂纪律　老师惩戒过度承担责任

刘小涛(化名)是某中学初一学生,2022年6月3日参加该校组织的劳动教育活动。在制作陶器活动期间,刘小涛多次把陶泥抹在同学脸上、衣服上。基地的劳动教育指导教师对刘小涛的行为进行了批评,但是刘小涛并不接受指导教师的批评,出言顶撞,指导教师一气之下让刘小涛到陶器制作体验场地一边罚站10分钟。不想刘小涛仍旧不老实,时而对同学老师做鬼脸,时而出手对其他同学进行捅逗,弄得同学哈哈大笑,课堂教学秩序一时之间混乱不堪。指导教师见状,更加气愤,将刘小涛叫到陶器体验场地前面,并推了他一把,不想刘小涛一时没有站稳,一下子摔倒在陶器制作的桌子旁边,头磕在了桌子边缘,顿时血流如注。指导教师见状,喊来现场的救护员,赶紧叫救护车将刘小涛送往医院。医院的诊断结果为额头外伤,右手腕关节移位。医生为刘小涛进

项目六 做好劳动教育服务

行了外伤缝合和关节复位，共花费了7000多元。刘小涛的父母找到学校，认为学生受伤是基地老师罚站和推搡造成的，要求学校和基地承担赔偿责任。基地承认推搡学生是指导教师的过错，但是刘小涛扰乱课堂纪律被老师惩罚的目的是，制止刘小涛的危险行为（捅逗正在上劳动课的其他同学），符合教育部要求，不违规，不属于体罚和变相体罚，对学生的伤害不承担全部责任。最终，在学校等各方的协调之下，基地承担了刘小涛90%的受伤治疗费用。

本案例由李芩虎根据当事人口述整理编写。

案例点评

教育部《中小学教育惩戒规则（试行）》第八条规定，教师在课堂教学、日常管理中，对违规违纪情节较为轻微的学生，可以当场实施以下教育惩戒：（一）点名批评；（二）责令赔礼道歉、做口头或者书面检讨；（三）适当增加额外的教学或者班级公益服务任务；（四）一节课堂教学时间内的教室内站立；（五）课后教导；（六）学校校规校纪或者班规、班级公约规定的其他适当措施。教师对学生实施前款措施后，可以以适当方式告知学生家长。第十一条规定，学生扰乱课堂或者教育教学秩序，影响他人或者可能对自己及他人造成伤害的，教师可以采取必要措施，将学生带离教室或者教学现场，并予以教育管理。《中华人民共和国民法典》第一千二百条规定，限制民事行为能力人在学校或者其他教育机构学习、生活期间受到人身损害，学校或者其他教育机构未尽到教育、管理职责的，应当承担侵权责任。《中华人民共和国未成年人保护法》第二十七条规定："学校、幼儿园的教职员工应当尊重未成年人人格尊严，不得对未成年人实施体罚、变相体罚或者其他侮辱人格尊严的行为。"《中华人民共和国民法典》第一千一百七十九条规定，侵害他人造成人身损害的，应当赔偿医疗费、护理费、交通费、营养费、住院伙食补助费等为治疗和康复支出的合理费用，以及因误工减少的收入。

综上，本案中刘小涛不服从教育、管理，扰乱课堂秩序、扰乱学校教育教学秩序，被基地指导教师罚站等，是教育惩戒，不属于体罚和变相体罚，对学生被罚站不承担责任。

但是，刘小涛摔倒在地受到伤害的直接原因是指导教师的推搡所致，指导教师作为基地的一名教育工作者和管理者，并没有尽到其应有的责任和义务，所以作为直接责任主体的基地也是需要承担责任的。

本案告诉我们，指导教师虽然不一定是学校的正式教师，但是在劳动教育活动中也承担着教书育人的教师职责，实际上扮演着教师的角色，基地要按照教师的标准和要求，对指导教师加强相关法律法规的培训和学习，教育指导教师不能采用推搡等体罚和变相体罚教育惩戒学生。《中华人民共和国未成年人保护法》规定，学校、幼儿园的教职员工应当尊重未成年人的人格尊严，不得对未成年学生和儿童实施体罚、变相体罚或者其他侮辱人格尊严的行为。《中华人民共和国义务教育法》规定，禁止体罚学生，对违反规定造成损失的，责令赔偿损失。《中华人民共和国教师法》规定，教师体罚学生、侮辱学生，情节严重，构成犯罪的，依法追究刑事责任。因此，每一名教师都要明确不能实施推搡等体罚和变相体罚的行为，一旦实施了，不仅会对学生造成伤害，而且自己也要承担相应的责任。

本案例由中国关心下一代工作委员会教育中心专家委员会委员李岑虎点评。

三、学校疏于管理，学生参加劳动受伤学校承担责任

案例 6-6

学生参加校园劳动摔倒受伤　法院判学校承担 30% 责任

小罗今年 14 岁，是米易县某中学的一名初二学生。5 月 15 日下午，学校值周的李老师发现教学楼一处的水龙头坏了，二三楼教室都积水了。李老师便安排已返校的一些学生清扫这些积水，之后李老师离开了现场。小罗返校后，看见其他同学在扫水，便主动上前去帮忙。然而，就在清扫快要结束的时候，小罗将打湿了的鞋子脱掉，光脚在教学楼上滑动，一不小心摔伤在地，小罗的面部着地，嘴巴流血，牙齿受损严重。

事后，李老师等人及时将小罗送到了米易县人民医院治疗。经过医院诊断，具体伤情为：牙齿外伤性冠折、牙周膜损伤、牙槽骨骨折。6 月 15 日，经多次协商无果，小罗的父母将学校告上米易县人民法院，请求判令学校赔偿医疗费、鉴定费、后续治疗费等合计 31395.04 元。

米易县法院审理认为，本案中，小罗系限制民事行为能力人。小罗在清

扫积水过程中在水中滑动玩耍，应当对遇到的危险具有预判力，但他对潜在的危险估计不足，致使滑倒在地受伤。对此，小罗应承担主要责任。

据办案法官介绍，本案中，由于学校在安排学生清扫教室积水时疏于管理，对现场的监督、指挥不力，应当对小罗的损害后果承担相应的责任。最终，米易县法院依法判决学校承担30%责任。

来源：成都商报（2015-12-06）。

案例点评

本案例告诉我们，劳动教育过程中学生的生命安全至关重要，学校、家长和学生应予以高度重视。

第一，学校开展劳动教育一定要保证老师全程在场指导、监督管理，及时掌握学生动态，避免学生离开老师视线作出危险举动。

第二，安排劳动教育活动时，根据学生的具体身体状况对活动内容、劳动强度加以调整，开展适合学生身体状况的活动，不损害学生的身体健康。

第三，学生要懂得自我保护，不做危险举动。

第四，学校和老师对可能危及学生人身、财产安全的劳动教育项目认真履行告知、警示义务，避免对学生造成人身损害和财产损失。

本案例由中国关心下一代工作委员会教育中心专家委员会委员李岑虎点评。

四、学生参加劳动受伤谁来承担责任

 案例 6-7

劳动教育活动期间学生打闹受伤谁担责

2022年10月23日，某学校组织初一学生外出参加劳动教育。学生小营在参与劳动教育活动时，被一同玩耍的同学小步推倒在劳动基地内路边正在施工的管道沟内，导致小营右臂受伤。事故发生后，学校和基地立即组织人员将小营送往医院进行治疗，后经法医鉴定为右臂多发性骨折。小营家长认为，基地在该施工管道周围未设置警示标志及防护设施，学校也没尽到安全监护义务，遂将小步、基地和学校一同起诉到法院，要求三者对小营所受的伤害承担赔偿责任。

本案例由李岑虎根据当事人口述整理编写。

案例点评

首先，小步对小营所受伤害应当承担责任。由于小步是未成年人，对小营应负的赔偿责任应当由其监护人承担。

《中华人民共和国民法典》第十九条和第一千一百八十八条规定，八周岁以上的未成年人为限制民事行为能力人，限制民事行为能力人造成他人损害的，由监护人承担侵权责任。《学生伤害事故处理办法》第二十八条规定，未成年学生对学生伤害事故负有责任的，由其监护人依法承担相应的赔偿责任。本案中，小步是限制民事行为能力人，自己对他人造成损害所产生的赔偿责任，如果小步个人有财产，应从其财产中支付；如个人没有财产，应当由其监护人承担。

其次，基地也应承担一定的责任。

《中华人民共和国民法典》第一千二百五十八条规定，在公共场所或者道路上挖掘、修缮安装地下设施等造成他人损害，施工人不能证明已经设置明显标志和采取安全措施的，应当承担侵权责任。《学生伤害事故处理办法》第二十八条第二款规定，学生的行为侵害学校教师及其他工作人员以及其他组织、个人的合法权益，造成损失的，成年学生或者未成年学生的监护人应当依法予以赔偿。本案中的基地教育教学、生活服务设施设备必须符合安全、卫生标准，保证安全通道畅通，确保其使用安全，并实行严格管理制度。基地应当在具有危险性的生活服务设施设备上及基地内施工区，设置明显的安全警示标志。本案中，基地对正在施工的管道沟未做充分的防护，因此对于小营的伤害，基地有过错，应当承担一定的责任。

最后，学校不承担责任。

《学生伤害事故处理办法》第十一条规定，学校安排学生参加活动，因提供场地、设备、交通工具、食品及其他消费与服务的经营者，或者学校以外的活动组织者的过错造成的学生伤害事故，有过错的当事人应当依法承担相应的责任。本案中，学校在组织学生外出劳动教育前多次对学生开展安全教育，提醒学生不要打闹，文明出行。事故发生后，学校老师协同基地立即组织人员将其送往医院进行治疗，学校已履行了协助救助义务职责，行为并无

项目六　做好劳动教育服务

不当,因此对于小营的伤害,学校不承担责任。

本案告诉我们:劳动教育基地安全隐患处置不当可能引发学生伤害事故。基地首先要保证学生的劳动教育活动远离有安全隐患的危险场所。学校要时刻保证学生的安全,不选择有安全隐患的基地,同时要与基地做好约定,签订合同及安全生产责任书。学生也要培养自我保护和保护他人避免遭受伤害的意识。

本案例由中国关心下一代工作委员会教育中心专家委员会委员李岑虎点评。

任务三　开展劳动教育数字化服务

随着科技的发展和产业的变革,新时代背景下的劳动工具、劳动技术和劳动形态都发生了变化。实现从"做中学"到"创中学"的转变,创造性劳动教育将成为人工智能时代劳动教育发展的新样态。借助人工智能,采用"线上+线下"的教学方式,实现创造性劳动教育课程活动,推进课程实施。促使学生树立正确的劳动观念,习得必备的劳动能力,培育积极的劳动精神,养成良好的劳动习惯和品质,有效落实五育并举。

一、"云种植"打造特色劳动课程

开展劳动教育要因地制宜,体现地方特色文化。以下是一个与中医药传统文化相结合、打造"特色课程+特色活动+特色展示"三位一体的劳动教育实践案例。

 案例 6-8

学校在企业指导下开展"云种植"打造特色劳动教育

金华市某学校在金华中草药劳动教育实践基地指导下,采用联合办学的方式,以"云种植"拓展劳动教育实践平台。基地在传统中医药种植园中引入现代物联网技术,太阳能供电、手机远程控制等现代技术,太阳能智能喷淋滴灌系统，实现了基于物联网、云采集的智能化控制管理系统。学生在中草药"云种植"实践、体验中对比传统农业与现代化农业的异同，用智慧科技焕新劳动教育。

具体做法：

1. 建造校园中草药种植基地

身处中草药之乡，传统文化课程一直是该校打造的特色和亮点。2021年，该校在金华中草药劳动教育实践基地的协助下，建造了中草药文化墙，建设了中医药文化长廊，开辟了校园中草药种植基地，引领学生开展了一系列劳动实践活动，并将之打造成学校的一个特色亮点课程，受到家长社会的一致好评。

2. 建立校园中草药文化网站

搜集、整合中医药知识、药材种植知识和劳动知识，与指导老师录制的微课、拓展知识材料、纪录片等一起，统一整合成专题学习网站，放到学校内网服务器上，学生可以随时随地访问查看，供学生更方便地自主学习、随时查阅。

3. 建立劳动能手数字化评价体系

劳动教育要充分发挥学校现有课程与活动优势，与信息技术等课程有机结合，多科协力合作，多方面评价反馈。建立劳动能手数字化评价体系，制定数字化评价标准，强调过程和结果并重，注重情感和态度教育，建立激励机制。通过数字化平台全面客观评价劳动教育成果。

4. "云种植"带动线下劳动实操课程

云种植"带动线下学校劳动教育课程。日常教学采用"必修＋选修"日常劳动课程形式，开展个人居家生活劳动、日常家务劳动、庭台农植生产劳动、居家手工创作劳动等劳动教育。知识类、方法类和习惯培养类课程在日常综合实践课中开展教学，动手实践类、手工创造类等课程与美术、科学等科目结合开展，日常家庭家务类课程通过家校合作开展家庭实践课。充分利用校园环境和班级环境卫生清扫劳动机会，抓住打理植物、清扫落叶、扫雪等季节性特殊劳动机会，建立校园内劳动实践课堂，全面完善课程体系。

本案例由金华中草药劳动教育实践基地金灿英提供，指导专家刘东波。

> **案例点评**

本案例中，学校同中草药种植基地联合开展劳动教育，把中草药种植作为学校特色劳动教育项目，并以此为抓手，在传统中医药种植园中引入现代物联网技术、太阳能供电、手机远程控制等现代技术，通过一系列的研究实践，开发一系列校本劳动教育课程，成果显著。在研究实践过程中，该校更是通过建立中医药知识与药材种植知识学习网站，建立并完善了雏鹰争章劳动实践动态评价体系，让学生在实践中体验、对比传统农业与现代化农业的异同，此举值得推广借鉴。

本案例由教育部数字化学习支撑技术工程研究中心特聘研究员刘东波点评。

二、把 STEAM 理念融入课程实践

随着科技、信息不断发展，如何引入新发展理念，借助人工智能、大数据、物联网、虚拟现实等新技术不断探索新课程改革理念下的劳动教育变革，用数字化赋能不一样的劳动教育实践。这所学校是这样做的。

STEAM 创新实践课程

邹城市第二实验小学努力打造"科技校园、诗意校园、绿色生态校园"，突出"轻负担、高质量、培养习惯、突出特长"的办学特色，全面推行素质教育。学校开展一系列创新性实践，构建先进实用的智慧教学平台、综合教学管理的智慧环境，构建以校为本、基于课堂、应用驱动、注重创新、精准测评的信息素养发展新机制。遵循《九年义务教育全日制小学劳动课教学大纲》的原则要求，学校以提高劳动课教学质量为中心，以实现素质教育为目标，充分发挥中国 STEAM 教育"种子学校"的优势，开设"机器人总动员"课程，开发学生的创新思维，发展学生的个性特长，形成学校、家庭、社会共同参与、合作共赢的学生劳动教育的实践共同体。

1. 教育基地助推劳动实践

多年来，学校一直注重于劳动实践教育课程的开发，以及劳动课程的课题研究。开展劳动教育的场地充足，学校有多个"校园农场"，每个班都有一块责任田。学生通过信息技术了解种植、浇灌、防治病虫害等种植问题，并

在老师的带领下进行创造性劳动。劳动课上，教师的首要职责不在于教而在于导，在于营造一种生动活泼的教学氛围，使学生形成一种乐于劳动的心理愿望和性格特征。如情境法，通过创设与课文内容有关的情境，如把自己当作环境卫生的保卫者、班级的美容师，把枯燥的卫生打扫变得富有意义，富有人情味，学生干起来也特别有劲；也可运用尝试发现法，让学生独立思考，自行发现问题，并寻求答案。

每逢节假日教孩子适当参加力所能及的家务劳动，可组织学生向家长学一项劳动本领，开展"我学会了——"的活动，扩大学生的劳动范围。

借助平台打造劳动"社交圈"。利用寒暑假，学校通过公共资源服务平台开展劳动教育活动，并在云平台上建立了劳动实践成果分享圈，学生可以以视频、图片、文字等多种形式记录劳动实践过程和劳动实践感悟，这种方式突破了劳动文化的单向传播方式，借助数字化平台使学生随时随地进行劳动文化交流和价值交换，促进了劳动育人价值的最大化。

2. STEAM 创新实践课程——培养学生劳动创新能力

学校充分发挥中国 STEAM 教育"种子学校"的优势，建设 STEM 社团实践活动课，有创意无限的"3D 梦工坊"，有实现飞天梦想的无人机社团，有涵盖光学、电磁学等系列的科学探究室，还有体现人工智能的机器人实验室、3D 创新工作室。其中 3D 创新工作室配备了 3D 创新设计软件、创新教育平台和 3D 打印机，还陆续开设了 3D 创新设计课程，同时开发空中创客空间，利用课后服务时间，给学生提供了动手动脑的机会，拓展学生探究兴趣、创新精神和实践能力。

学校投入 50 余万元建立了机器人实验室，创立了机器人社团，对学生的逻辑思维、工程思维进行渗透教育，促使学生探索使用机器人和自动化相关技术设计与完成作品的可能性，拓宽学生的视野，提升其应用水平。通过开展机器人搭建、编程、创意等实践活动，提高学生的动手能力，开发学生的创新思维，发展学生的个性特长。2017 年 8 月，亚太青少年机器人竞赛中国区总决赛，邹城市第二实验小学选手包揽冠、亚军。在韩国光州、美国丹佛和中国北京举办的第十四、十五、十六届"国际奥林匹克机器人竞赛"中，邹城市第二实验小学队员连续摘金夺银，为祖国争光添彩。

组建了头脑奥林匹克社团。头脑奥林匹克比赛（OM）是一项国际性的培

项目六　做好劳动教育服务

养青少年创造力的活动,它不仅检验学生的创客素质,也检验我们的科技创新能力。2019年,在第四十届世界头脑奥林匹克选拔赛暨2019年上海头脑奥林匹克创新大赛中,邹城市第二实验小学头脑风暴团队初次参赛,即斩获二等奖。OM团队从解题到剧本创作、道具的制作,再到表演的编排和即兴题的训练,洒下的每一滴汗水,都转化为学生探索未知世界的能力,成为他们成长路上最温暖的记忆。

学校为微电影社团组建了红领巾电视台,利用全自动录播教室的拾音设备、高性能计算机、混音器,同时配备了虚拟演播室、蓝幕抠图设备、EDIUS非线编等创客教学所需软件,机器人创新套件、交互式可编程创客初级实验箱、Arduino开源硬件套装,开设创客类课程——动力机械+开源软件+开源硬件。

3. 劳动云评价,促进教育人本化

学校重视运用数字化手段评价,让评价可视化。每个学生都可以看到自己的进步,巩固教学效果,让他们自觉劳动。教师通过平台提供的劳动积分记录、点赞式评价、成果奖励等及时激励学生,并在校内进行成果展示,学校组织评审,举行颁奖仪式,形成"学生自评,寻找差距""学生互评,启发创造""家长评价,增强信心""教师评价,总结提升"的四位一体的评价体系,大大激活了学生参与劳动的积极性。

本案例由教育部数字化学习支撑技术工程研究中心特聘研究员刘东波提供。

案例点评

这是一所到处都渗透着科技信息的学校。该校充分挖掘潜力,把信息化元素融入劳动教育校本课程里,在"校园农场"里,学生可以通过信息技术了解种植、浇灌、防治病虫害等种植问题;寒暑假,学生可以以视频、图片、文字等多种形式记录劳动实践过程和劳动实践感悟,并发布在云平台的劳动实践成果分享圈里,与同学共享交流。特别是该校把STEAM创新理念融入劳动教育实践课程中,通过组织学生开展无人机、3D创意设计、微电影编辑、机器人搭建、编程、创意等实践活动,提高学生的科技创新意识与动手实践能力,并形成"学生自评,寻找差距""学生互评,启发创造""家长评价,增强信

心""教师评价，总结提升"的四位一体的评价体系，大大激活了学生参与创新劳动实践的积极性。这一系列举措取得了优异成绩，此举值得推广。

本案例由教育部数字化学习支撑技术工程研究中心特聘研究员刘东波点评。

劳模工匠

铿锵玫瑰在家乡的热土绚丽绽放
——记全国劳动模范臧永芝先进事迹

臧永芝，山东省济宁市邹城市石墙镇人，山东绿鑫春生态农业发展有限公司董事长，系中国民主建国会会员、山东省政协委员、民建中央农委委员、济宁市人大代表。臧永芝是一位有胆识，有魄力，敢想敢拼，诚实守信，以造福乡邻为己任的杰出女企业家。她先后被授予"全国劳动模范"、"全国三八红旗手"、"中国妇女第十二次全国代表大会代表"、"全国巾帼建功标兵"、农业农村部"全国农村创业创新第二批优秀带头人"、民建中央"脱贫攻坚奖先进个人"、民建全国优秀会员、山东省齐鲁"乡村之星"等荣誉称号。

全国劳动模范臧永芝在会场 供图：臧永芝

厚植乡土，乡村振兴中见行动。2013年，臧永芝返乡创业，在邹城石墙镇5860余亩贫瘠土地上播下与乡亲们共同富裕的种子。自此，她潜心耕耘于"三农"项目。基于当地资源创新提出，三产文旅农业规划，传统种植业被取代，农民收入日趋增长并呈现多元。人无信则不立，她以诚信拓出事业天空，采用"公司＋基地＋农户"模式蹚出了一条劳动教育、研学

项目六　做好劳动教育服务

旅行、乡村振兴、文旅融合发展的路子。产业链条持续拉长，产业富农链条同比延长；乡村游也因"网红"打卡带货而成为最佳原产地品牌；电商物流、健康周末游随之兴盛起来。多个让乡村变样、让乡亲富裕的为农富农项目相继落地，以数十载不变的初心深耕沃野，书写着乡村振兴的壮美画卷。

绿鑫春生态庄园以培养青少年的劳动精神、创新精神和实践能力为中心，以劳动实践活动为载体，着力开发了现代农业科技类、创客体验类、拓展训练类、国防教育类等共五大类30多个综合实践活动项目。课程内容丰富，自成体系，适合小学、初中、高中、大学等多个年龄阶段、不同学历层次的学生来此研修、劳动体验。庄园先后接待各省市高校研学者1300余人次，组织大中小学开展各类劳动实践活动不计其数。通过开展丰富多彩的劳动实践活动，让学生学习一种技能，尝试一次创新，感受一段经历，体验一回成功，在实践中增长才干，在探究中感受快乐，在风雨中砥砺意志，在劳动体验中丰富人生。

臧永芝说："要尽自己最大的能力为乡村振兴、劳动教育贡献自己的力量，给身边的人带来幸福，给莘莘学子提供劳动育人讲台！"

本文由教育部数字化学习支撑技术工程研究中心特聘研究员刘东波提供。

1. 根据下列材料，自行组织人员，召开劳动教育招标模拟现场会。

劳动教育招标现场主要流程：

一、成立劳动教育招标模拟活动领导机构

（1）总指挥：班长

副总指挥：团支部书记、学习委员

（2）招标小组：组长1名，成员2名，负责招标工作

（3）投标组长：组长1名，成员2名，负责投标工作

（4）公正小组：组织委员担任组长，成员2名，负责资格审查、公正监督工作

（5）纪检小组：纪律委员担任主任，成员2名，负责纪律监察工作

（6）秘书小组：组长1人，成员2名，负责秘书和会务工作

二、确定劳动教育招标内容

《学习水稻种植技术　助力乡村振兴服务》系列劳动教育活动课程招标活动。

三、布置劳动教育招标现场

请班长带领秘书小组布置招标模拟现场。

四、编写招标流程

秘书组长会同主持人等有关人员编写招标流程。包含入场签到、资格审查、接收投标文件、开标、组建评标委员会、评标、初步评审、详细评审、举荐中标候选人、定标、发出中标通知书等环节。

五、主持人主持招标活动

按照拟订的流程进行。主要环节有：入场签到、资格审查、接收投标文件、开标、组建评标委员会、评标、举荐中标候选人、定标、发出中标通知书、谈判、签约等环节。

各工作小组各就各位，履行职责。

2.阅读材料，分析问题

秋天，某小学组织六年级全体学生去劳动教育基地劳动，时间5天。第三天下午的采摘板栗课，指导老师要求全班同学都参与，学生姬姬是其中的一员。指导老师问及学生是否有不适合登高举重活动的疾病时，全班无一人报告。姬姬在树下举着杆子采摘10分钟后，突然跌倒在地，口吐白沫。老师及同学急忙将姬姬送往医院抢救，但最终抢救无效，一个鲜活的生命离开了人世。原来，从外表看，姬姬身体状况良好，其本人及家长也从未向学校和该基地说明姬姬身体患有什么疾病。实际上，姬姬从小患有严重的先天性心脏病，不宜从事体力劳动。

姬姬出事后，姬姬的家长及亲属多次找学校和板栗基地吵闹，并提出90万元的巨额赔偿。因协商未果，姬姬的家长诉至法院。

假如你是法院法官，你怎么判决？

3.代表自己单位同另外一个不同类别的单位，编写一份劳动教育服务合同书。

项目七
加强劳动教育管理

项目导读

本项目主要介绍三个任务：区域劳动教育一体化做法、学校劳动教育特色化做法、家庭劳动教育常态化做法。除了教育部和各级教育主管部门编制的案例以外，还对学校、家庭、社区个案做了简要点评。

福建省三明市示范性综合实践基地　　供图：巫常清

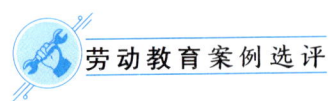劳动教育案例选评

思维导图

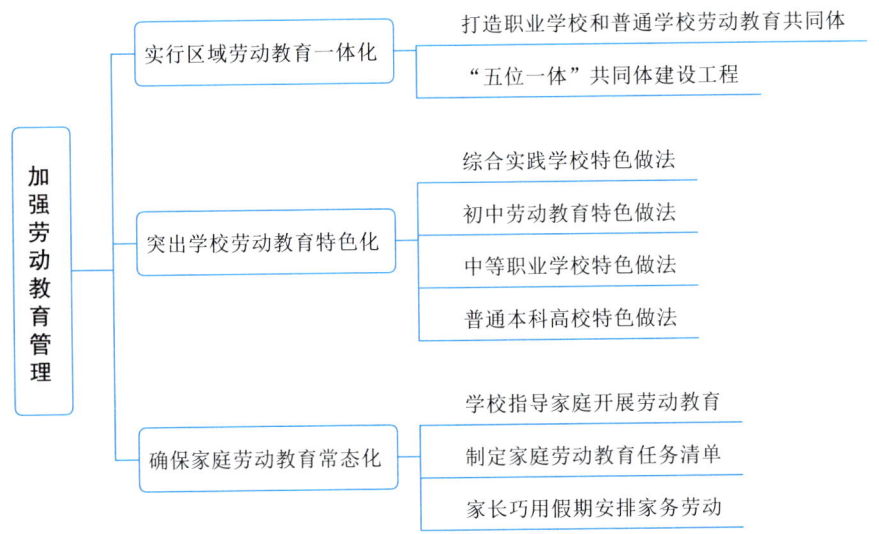

任务一　实行区域劳动教育一体化

劳动教育一体化是指在加强统筹协调的前提下,以劳动育人为目标,对大学、中学和小学的劳动教育进行分层设计,使大中小学劳动教育系统内各要素有机衔接、层层递进、共同发展,内容上循序渐进、螺旋上升,形成一个关系密切、横向贯通、纵向联结的育人共同体的过程。劳动教育一体化能够减少学生跨越不同学段时可能出现的问题,使其更快更好地适应新阶段的学习生活,引导学生有顺序地从一个学习阶段顺利进入下一学习阶段,形成共育合力。

一、打造职业学校和普通学校劳动教育共同体

案例 7-1

共建、共享、共赢　打造职业学校和普通学校劳动教育共同体

朱厚颖　左欣　王楠

长期以来,职业院校承担着育训并举的法定职责。北京市昌平职业学校作为区域唯一一所公办中等职业学校,更是始终坚持立足区域经济社会发展开展社会服务与培训。学校借助职业学校和普通学校(以下简称"职普")师资队伍、实训基地、专业课程等方面的天然优势,联合中小学开展劳动教育,为新时代劳动教育提供新思路、新方案。

一、主要做法

学校统筹普通教育、职业教育、企业行业以及其他社会力量的资源,联合中小学成立北京市昌平区中小学劳动教育课程服务中心,秉承"共建、共享、共赢"的理念,以"师资、课程、平台、基地"建设为抓手,构建"服务北京、辐射全国"的职业学校和普通学校劳动教育共同体。

(一)广泛调研,把脉需求

由学校牵头,区域84所中小学协同参与,围绕学校、家庭、社会三个维度开展了50余次分层分类调研。结果显示:67所以上的中小学希望职业学校为中小学提供更加丰富的课程资源、协同培养劳动教育师资、提供送课到校和个性化的教育方案等服务,助力学校"双减"服务,提升学校劳动教育水平。

(二)共建共享,打造职业学校和普通学校劳动共同体

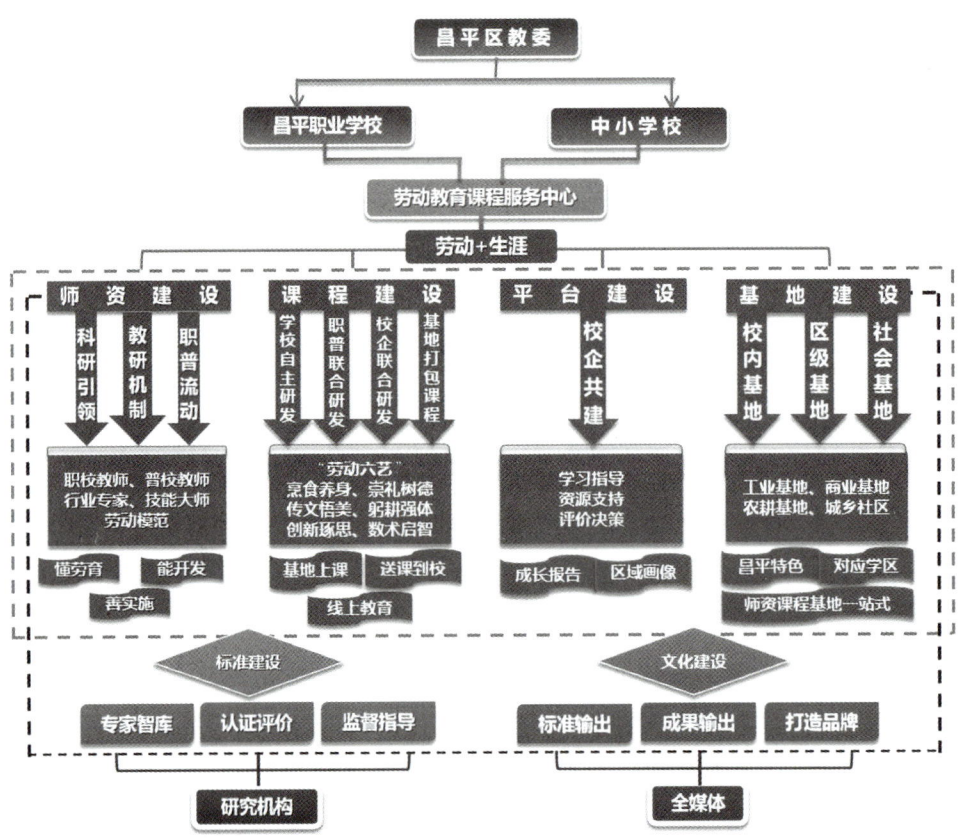

图 7-1 职业学校和普通学校劳动教育共同体运行机制

1. 建设师资教研共同体

学校遴选中小学优秀劳技课教师、职教专业课教师、行业专家、技能大师、劳模工匠等,组建跨界多元的师资队伍。通过教研引领、课题带动、国培项目、师资标准认证等方式提升师资队伍专业水平,保障中小学劳动教育课程顺利实施。

项目七　加强劳动教育管理

2.建设课程研发共同体

职普双方结合调研结果开展综合分析，掌握课程开发需求，制定开发思路，职校教师设计课程框架、选定课程内容，中小学教师分析学段特点并设计教学活动，双方制定贯穿"小学—初中—高中/中职"劳动教育目标，形成螺旋上升、循序渐进的目标和内容体系。

学　段	昌平区中小学劳动教育目标					
1-2年级	打理个人卫生	亲近自然世界	认识常用工具	喜欢手工制作	了解节日习俗	助力班级活动
3-4年级	自理日常生活	照顾动物植物	能用常用工具	能做基本手工	尝试民间工艺	参与校园服务
5-6年级	帮做家务劳动	体验农事劳作	会用实用软件	制作创意手工	敬佩"非遗"工匠	响应社区服务
初　中	妙思巧琢生活	体认农事智慧	体验未来科技	展现创意专长	认同传统文化	参与志愿服务
中　职	智慧改善生活	能耕作会种植	参与智能制造	制作创意作品	传承工匠精神	专长服务社会
高　中	经营创意生活	力行环保节约	探索科技创新	策划管理项目	树立文化自信	主动服务社会

图 7-2　昌平区中小学劳动教育目标

图 7-3　"劳动六艺"课程体系

（1）开发价值传承与内容创新的"劳动六艺"课程群

学校围绕目标体系，对接新工艺、新技术、新业态，融入各学段学科教育内容，以食、礼、传、耕、创、数六方面为抓手，创建"劳动六艺"课程群，涵盖基础课程、拓展课程、特色课程，已建成 **400** 余项课程，作为区域小学和初中学校的必选课程。

探索"课程+基地""课程+非遗传人"的模式,引进北京老字号文资源和昌平区"非遗"资源,围绕"劳动六艺"设计老字号传承与创新课程,让中小学生通过劳动课程,传承并创新劳动技术工艺。

(2) 形成实践指导意义的劳动教育课程资源包

围绕"劳动六艺"课程,职校、普通中小学、企业三方共同合作开发劳动教育课程资源包,包括教学设计、教学课件、材料包说明以及配套的教具、学具,形成4册劳动教育手册、1册劳动教育计划书。中小学教师可根据学段目标,直接选用课程资源包开展劳动课堂教学,解决学校课程内容不丰富的问题;也可对资源包进行校本课程的转化,形成具有学校特色的劳动教育课程。

(3) 设计关键育人环节

根据教育部《大中小学劳动教育指导纲要(试行)》,运用PBL的项目式教学理念,设置真实的劳动任务,创设真实的场景,按照提出问题、规划方案、解决问题的路径,提出"发布任务—讲解规范—提炼过程—劳动实践—反思评价—榜样示范"的关键育人环节,引导学生主动参与劳动、探索劳动过程、产出劳动成果,加深对劳动方法、策略的认识,加强对劳动技术技能的锻炼,提升对劳动价值、结果的认识。

3. 建设"学教评策"平台共同体,破解记录和评价难题

学校运用大数据、云计算等手段,结合中小学班主任、学科教师的功能需求,制定平台建设的方案,建设集自主学习、教学管理、记录与评价、区域决策四大功能为一体的大数据平台,满足"学教评策"等各方需求。

(1) 设计劳动模块任务,满足线上线下学习

结合不同学段学生的学习习惯、内容喜好等,由中小学教师设计劳动任务,职校教师搭建平台框架,形成平台建设的模块划分,即从校园、家庭、社区、企业、社会五个方面设置"校园小主人""家庭小帮手""社区好公民""生产小能手""竞赛小达人"模块。

学生通过学习配套课程资源,完成线上劳动知识测试,线下劳动实践活动,通过图片、文字和视频等方式,提交劳动过程、劳动成果等信息,形成"一任务—资源—活动"的线上线下混合学习模式。

(2) 记录劳动过程与结果,形成劳动成长报告

职普双方共同制定劳动教育六维素养评价模型,即:劳动知识与技能、

项目七　加强劳动教育管理

劳动策略与方法、劳动工具与经验、劳动观念与态度、劳动习惯和品质、劳动精神与情感。

平台即时捕捉记录学生劳动时长、过程、效果等信息，并依据六维素养评价模型，生成"一生一成长报告"。成长报告中以蛛网图的方式呈现学生素养短板，平台自动筛选素养提升学习内容，向学生精准推送相关学习资源，满足学生个性化的学习需要。

4. 建设规范基地共同体

职普双方共同探索推行基地准入、挂牌机制，建设农耕基地、社区志愿服务站等多类基地。

（1）形成基地建设标准

参考社会大课堂资源单位基地建设的情况，制定课程设计、人员配比、环境创设等一体化的基地建设标准。

（2）建设农耕示范基地

遴选具备学农资质、场地设施好的单位，深入指导基地建设，建成劳动教育农耕示范基地，也为区内有意愿成为基地的单位提供参考标准。

（三）创建实施途径，促进职业学校和普通学校劳动教育共同体运行

结合中小学的地理位置分布、课程需求、师资需求等多种因素，通过"基地上课""送课到校""线上劳动教育"等形式，通过区本课程实施、一校一案、0.5 义务教育职业体验班等开展劳动教育近 7 万人次。

1. 开展区级课程实施

学校作为职普共同体的牵头校，承担区域公办学校的区级实践课程实施。课程实施分为基地上课、线上劳动教育两种形式。基地上课是指学校作为区域劳动教育的实践基地，全区中小学五年级和初中二年级学生来基地开展区本劳动教育实践；线上劳动教育是指将区本课程资源上线到劳动教育平台，供各学校结合学段特点自由选择课程资源并开展对应的课程实施。

2. 结合需求精准设计"一校一案"

以校内劳动教育为主场地，结合中小学劳动教育建设需求，按照"按需定制—共商方案—共建课程—联合实施—共同评价"的思路，制订个性化、特色化、可复制、可推广的劳动教育方案。

——与巩华学校共建校内农耕劳动教育特色，开发农耕课程，通过"送

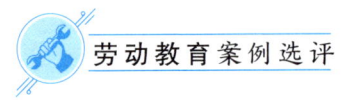

课到校"的方式开展农耕劳动教育实践；

——与北京师范大学第二附属中学共同设计"劳动工艺技术+劳动服务生活+走进职业世界"的主题，通过"来校上课"开展劳动实践；

——与史家小学共建"沉浸式劳动教育体验馆"，满足学生设计创意家居的劳动实践需要。

3. 开展 0.5 义务教育职业体验班

与广渠门中学、首师大育新教育集团共同探索"劳动教育+生涯教育"的职业式劳动教育体系建设，开展"义务教育0.5"职业体验班，即结合办学特色、学生职业兴趣，在初三第二学期，开设人工智能、烘焙、航空服务、动漫制作等10余门职业体验课程，以教师"送课到校""基地上课"的方式开展200余次课，丰富学生职业认知，助力未来职业道路选择。

二、成果成效

通过建设昌平区职普劳动教育共同体，形成区域特色的劳动教育方案，劳动教育内容更加丰富、师资水平显著提升、劳动实践基地更加规范、劳动教育资源更加丰富、劳动育人质量得以提升，实现了共赢共享，助推昌平区顺利入选全国中小学劳动教育实验区。

（一）保障中小学顺利开课，提升劳动教师专业能力

职普劳动教育共同体培养了百余名懂劳动教育、能开发、善实施的劳动教育教师，确保区域劳动教育课程顺利开课；开展了覆盖全区域的区级课程，补齐学校在劳动实践课程方面的短板；带动了中小学教师参与区级课程研发，增强区域中小学劳动实践课程的设计与开发能力；部分教师运用项目式教学理念，以区级课程为蓝本，开发校本劳动教育课程，提升了中小学教师自主研发课程的能力。

（二）提升学生劳动素养，赋能未来职业发展

通过职普劳动教育共同体，学生通过劳动锻炼，增强了身体素质，磨砺了意志品质，提升了劳动能力，端正了劳动态度，树立了正确的劳动观念。劳动教育+生涯教育丰富了学生的职业认知，拓展了职业兴趣，提升了职业选择和规划的能力，为学生的多样化、特色化职业道路选择打下了基础。

（三）助力义务教育均衡发展

通过"师资、课程、平台、基地"四方共建，形成劳动教育成熟的方案

项目七 加强劳动教育管理

和典型的经验做法,将此辐射到整个区域,帮助中小学发挥优势、补齐短板,助力区域义务教育的均衡发展。

三、经验总结

在职普劳动教育共同体运作中,职业学校作为牵头者,普通学校作为需求方、实施方,双方各司其职、优势互补、成果共享。

1. 区域引领,标准支持

职普双方在区域教育行政主管部门的支持下,共同制定课程研发、教学评价、基地建设、师资考核等多项标准,作为共建过程和效果的评判依据,支撑职普融通规范化建设。

2. 创新"劳动+生涯"的职业式劳动教育理念特色

将职业教育的职业启蒙、职业渗透、职业选择等生涯教育内容,与普通教育所需要的劳动精神、劳动能力、劳动价值观教育相融合,提出"职业式劳动教育理念",促进中小学学生更加了解职业、了解职业教育,为生涯规划打下基础。

3. 形成可选用、可转化的课程资源包

形成设计与实施一体化的学习资源包。中小学教师可直接选用课程资源包或对资源包进行转化。

4. 形成个性化、精准化的实施途径

着眼于中小学劳动教育实施现状、课程个性化多元需求,系统设计精准化、个性化的实施途径,形成"送课到校""基地上课""线上学习"三种途径。

四、推广应用

学校开展的劳动教育服务得到了中小学校、学生及家长的认可。中小学生满意度为98.9%,家长满意度为99.31%,中小学教师满意度为98.96%。

同时学校也得到了社会各界的认可。服务中小学,"开展劳动教育 促进职普融通"成为教育部劳动教育典型案例,来自全国30多所中高职院校到校学习经验;教育部网站、中国教育报、中国教育电视台等媒体报道学校开展中小学劳动教育情况8篇/次,撰写论文3篇刊登在《中小学管理》杂志等;成功申报北京市"十三五"教育规划课题,联合北京大学附属中学申报中国职业技术教育学会"职普融通"课题。

本案例由北京市昌平区中小学劳动教育课程服务中心副主任朱厚颖提供。

案例点评

北京市昌平职业学校借助师资队伍、实训基地、劳动课程、劳动资源等方面的天然优势,成立中小学劳动教育课程服务中心,联合本区域内中小学校共建劳动教育师资、课程、平台和基地,打造职业学校和普通学校劳动教育共同体。共同体组建多元跨界的师资队伍,研发"劳动六艺"课程群,依托大数据平台开展劳动过程记录和结果评价,服务区域内外近 90 所学校,提升了学生劳动素养,进一步助力昌平区义务教育均衡发展,实现职普劳动教育一体化。北京市昌平职业学校的做法为全国新时代劳动教育提供了新思路、新方案,具有很高的借鉴推广意义。

本案例由中国关心下一代工作委员会教育中心专家委员会委员李岑虎点评。

教育部 1+X 青少年劳动教育项目开发与实施职业技能等级证书教师培训证书

供图:刘万军

二、"五位一体"共同体建设工程

案例 7-2

宁波首个劳动教育共同体成立　打造具有地方辨识度的劳动教育模式

近日,宁波首个劳动教育共同体——云龙劳动教育共同体宣告成立。该共同体由宁波市劳动教育指导中心、宁波市鄞州职业教育中心学校、云龙镇教辅室、云龙中学、王笙舲小学教育集团、甲南小学等共同组建。

"共同体成立后,各成员机构会有明确的分工。比如,鄞州职教中心学校将根据现有的专业和课程，提炼出若干'技能项目'用于开展劳动教育，供初中和小学选用。"宁波市劳动教育指导中心负责人告诉笔者，工业生产劳动与新技术应用等劳动与宁波的经济产业密切相关，是目前中小学劳动教育中普遍缺乏、急需补充和加强的内容。"组建劳动教育共同体，为的是让我们的劳动教育在课程上做到小学、初中、高中（含职高）衔接，并与产业行业相关联，让每一所义务教育段学校在全面性基础上培育一个劳动教育的特色品牌项目，让每一个学生在全面发展的基础上掌握一项劳动技能特长。"

据悉，共同体内的职高学校还将为义务段的中小学生提供实训场地和设备，开展专业训练，参与义务段学生的劳动素质比赛等。

当天的劳动教育宣传月启动仪式上，还发布了鄞州区中小学校劳动教育清单。这个学期，劳动成了中小学生一门独立的课。劳动教育宣传月在宁波市也是首次举行。据介绍，内容丰富的劳动教育宣传月将持续至12月中旬，以鄞州区为例，将举行校园劳动教育周优秀方案评比、"我来说劳动"故事比赛等。

"鄞州区是浙江省中小学劳动教育实验区，是承担全市劳动教育改革试点的重要区域。"宁波市教育局副局长、党委委员胡斌说，举办劳动教育宣传月活动是贯彻落实"五育并举"的重要举措，"我们要发挥地域优势，紧密结合我市现代化滨海大都市建设的有利契机，在参与宁波文化、宁波制造、宁波服务中不断丰富劳动教育的实践形式，探索建立日常生活劳动清单、特色文化实践清单、特色产业研学清单，逐步构建起全景式的劳动教育生态，以新的理念、新的视角，打造具有地方辨识度的劳动教育模式。"

来源：现代金报（2022-11-25）。

案例点评

宁波市劳动教育指导中心整合"职高、初中、小学、企业、社区"五方面的资源，共建义务段劳动教育体系。以共同体内的职教中心为核心，与区域范围内的中小学结对，并联合区域内的企业，合作共建"劳动教育共同体建设工程"，按照"学段衔接""行业参与"的原则打造课程体系。譬如，公布全市中小学校劳动教育清单，举办劳动教育宣传月活动、校园劳动教育周，优秀劳动教育方案评比以及劳动故事比赛等都是具有地方特色的劳动教育模式，值得借鉴。

本案例由中国关心下一代工作委员会教育中心专家委员会委员李岑虎点评。

任务二　突出学校劳动教育特色化

全国各校为深入落实党中央、国务院关于全面加强新时代大中小学劳动教育的部署，立足学校实际，创新工作方法，聚焦"五有"人才培养目标，着力打造体现时代要求、符合育人规律、彰显学校特色的劳动教育模式，提升学生劳动素养。

一、综合实践学校特色做法

案例 7-3

将劳动教育纳入学生社会实践的各个方面

为了牢固树立劳动最光荣、劳动最崇高、劳动最伟大、劳动最美丽的观念，解决青少年"不珍惜劳动成果、不想劳动、不会劳动的现象"，我们将劳动教育纳入社会实践过程的各个方面，形成具有综合性、实践性、开放性、针对性的劳动教育课程体系。

一是统筹全市劳动教育。由市综合实践学校统筹，成立三明市校外劳动教育联盟，50家理事单位签订了联盟合约，召开全市劳动教育推进会、研讨会，举办全市劳动实践骨干教师培训班，形成全市一盘棋，构建不同特色的劳动基地。

福建省三明市综合实践学校简介

二是整合学校周边劳动资源。与学校所在地岩前镇政府达成共建协议，整合学校周边资源，作为学生劳动教育场地；与万寿岩葡萄种植基地、乌龙村富硒米种植基地、三元区振良家庭农场、三元区壹号家庭农场等

项目七 加强劳动教育管理

10家农业企业达成合作协议，让学生们贴近社区，走进农村，走到田间地头，从事各种农耕劳动。根据不同时段，组织学生开展插秧、割稻、挖笋、制作竹筒饭、采葡萄、采橘子、牧羊、种果树、摘桃子等各种农耕劳动。

三是开设稼穑劳动体验课程。在校园内开辟30多亩的"校园农场"，种植花生、玉米、姜、地瓜、西瓜、花菜等30多种农作物，从事整地、翻土、播种、育苗、移栽、施肥、浇水、锄草、松土、抓虫、摘菜、挖萝卜、洗菜等稼穑劳动。

四是全天候实施家务劳动课程。早晨开设整衣装、叠被子、拖地板、洗水池等内务劳动，打造"一美观、二棱角、三干净、四整齐、五清扫"宿舍环境。饭前开设摆桌椅、端菜、分菜、擦桌子、洗涤餐具、收剩菜剩饭、扫地板、倒垃圾等餐厨劳动。每天安排2个班学生到食堂，开设"我是小厨师""我是面点师"的厨房课程，让学生全程参与饮食文化体验。

五是开设环境卫生劳动课程。将学校环境进行区域划分，分割为学生宿舍区、教师宿舍区、运动区、道路区、教学区等不同区域，一个班级对应一个环境卫生区，早中晚进行打扫，开展环境卫生劳动，适时进行检查，学生相互监督。

本案例由福建省三明市综合实践学校巫常清提供。

案例点评

劳动教育的灿烂既有百花齐放、百家争鸣，也有一枝独秀、悄然争春，最终形成"一校一品""一生一技"的劳动教育人才培养体系。福建省三明市综合实践学校作为国家级示范性综合实践基地，校内环境布局科学合理，区域规划清晰明确，劳动资源丰富多彩，劳动课程符合教育规律。学校管理者又具有丰富的教学管理经验，将劳动教育纳入学生社会实践的各个方面，为整个三明市乃至周边省市提供了精准的劳动教育体验服务，成为当地大中小学开展劳动教育的主阵地，在全国具有引领示范作用。

本案例由中国关心下一代工作委员会教育中心专家委员会委员李岑虎点评。

二、初中劳动教育特色做法

案例 7-4

调整学校课程结构　创建劳动特色学校

根据中共中央、国务院发布的《关于全面加强新时代大中小学劳动教育的意见》和教育部印发的《大中小学劳动教育指导纲要（试行）》《义务教育劳动课程标准》精神，我们以"以劳树德、以劳增智、以劳健体、以劳育美"为目标，把劳动教育作为重要抓手，紧密结合本地经济社会发展变化和学生生活实际，将课程结构进行了相应调整，将劳动所占课时从综合实践活动课程中独立出来，构建具有邹城十中特色的劳动校本课程体系。具体的方法路径如下：

一、指导家庭协同开展劳动教育，全面推进家庭劳动教育日常化

1. 编制家庭日常生活劳动清单

学校围绕衣、食、住、用、行等方面生活自理和家务劳动，邀请家长代表共同编制《学生家庭日常生活劳动项目清单》。要求每学年必会项目1~2项，实行家校联动评价，做到人人过关。

邹城市第十中学初中一年级劳动项目清单

劳动模块	任务群	项目内容	项目要求	劳动态度	劳动成果
日常生活劳动	家庭烹饪	制作家宴	完成1~4人家宴制作，营养搭配，考虑用餐者禁忌。	☆☆☆	☆☆☆
	美味制作	水果沙拉	认识时令蔬果，学会多种蔬果及配料，美化装盘。	☆☆☆	☆☆☆
	保洁与收纳	家居清洁与整理（必选）	深度清洁，系统整理。	☆☆☆	☆☆☆
	文明素养	垃圾分类	掌握基本知识，正确分类，投入指定区域。	☆☆☆	☆☆☆
	校园保洁	校园劳动	明确责任区域，小组分工合作，责任到人。	☆☆☆	☆☆☆

续表

劳动模块	任务群	项目内容	项目要求	劳动态度	劳动成果
生产劳动	家具维修与组装	家具组装	了解零件与功能，熟悉设计图，准备必要的工具，组装简单家具。	☆☆☆	☆☆☆
	传统工艺	手工编织	竹藤或者毛线等编织，构思编织作品，选择编织材料和工具，完成一件编织作品。	☆☆☆	☆☆☆
服务性劳动	志愿服务	社区公益劳动	走进社区、服务大众，培养奉献精神和责任意识。	☆☆☆	☆☆☆
	安全守护	应急救护	学习简单的救护常识，掌握止血、包扎、人工呼吸等技能。	☆☆☆	☆☆☆
家长整体评价					
教师指导意见					

2.学校指导家长落实家庭劳动教育要求

学校引导家长言传身教，鼓励孩子自觉参与、自己动手，随时随地、坚持不懈地进行劳动，掌握必要的家务劳动技能，每年学会1~2项生活技能；引导家长鼓励孩子利用节假日参加各种社会劳动，让孩子养成从小爱劳动的好习惯。

3.编制家庭劳动教育评价管理制度

我们编制了《邹城十中家校劳动教育一体化制度》，其中包含了《邹城十中家校劳动一体化评价量表》。在评价量表中确立了两种评价方式：平时表现评价与学段综合评价；体现了三个评价主体：学生、教师和家长；设计了四个主要评价维度：劳动观念、劳动能力、劳动精神、劳动习惯和品质。通过设置星级积分卡，进行积分量化，学期末根据总积分颁发个人"劳动达人"、"结业证"、奖状、奖牌等，有力地推进了家庭劳动教育日常化开展。通过建立劳动教育评价体系，充分发挥其"指挥棒"导向作用，力求呈现劳动教育课程新样态、学生新状态、教师新形态、学校新生态，凸显出劳动教育的独特育人价值。

邹城十中家校劳动一体化评价量表

劳动目标	劳动实践评价内涵	自我评价	家长评价	教师评价
劳动观念	正确理解劳动是人类发展和社会进步的根本力量，认识劳动创造人、创造价值、创造财富、创造美好生活的道理；尊重劳动，尊重普通劳动者；牢固树立劳动最光荣、劳动最崇高、劳动最伟大、劳动最美丽的思想观念。	优秀 良好 需努力	优秀 良好 需努力	优秀 良好 需努力
劳动能力	掌握基本的劳动知识和技能，正确使用常见劳动工具，增强体力、智力和创造力，具备完成一定劳动任务所需要的设计、操作能力及团队合作能力。	优秀 良好 需努力	优秀 良好 需努力	优秀 良好 需努力
劳动精神	领会"幸福是奋斗出来的"的内涵与意义，继承中华民族勤俭节约、敬业奉献的优良传统，弘扬开拓创新、砥砺奋进的时代精神。	优秀 良好 需努力	优秀 良好 需努力	优秀 良好 需努力
劳动品质	能够自愿自觉、认真负责、安全规范、坚持不懈地参与劳动，形成诚实守信、吃苦耐劳的品质，珍惜劳动成果，养成良好的消费习惯，杜绝浪费。	优秀 良好 需努力	优秀 良好 需努力	优秀 良好 需努力
教师总评				

二、调整内部课程结构，全面推进学校劳动教育科学化、规范化、常态化

1. 开好劳动教育必修课程

从 2022 年秋季学期开始，邹城十中开设劳动教育必修课程。劳动教育必修课程以培养学生的劳动素养为总目标，以亲历实践、项目探索、价值澄清为主要学习特征。每周不少于 1 课时，用于活动策划、技能指导、练习实践、总结交流等。与通用技术和地方课程、校本课程等有关内容进行必要统筹。

劳动教育示范学校——邹城市第十中学　　　　　供图：孙广民

项目七　加强劳动教育管理

2. 编写劳动教育教材

邹城十中结合学校实际，编制《劳动实践指导手册》，涵盖日常生活劳动、生产性劳动和服务性劳动三大板块，配备劳动记录与评价表。当然各学科也要有机渗透劳动教育。

3. 办好学校劳动周

邹城十中在每个学年内和寒暑假定期开展劳动周活动。2022年国庆节期间，学校以"庆国庆，为国献礼"为主题，深入开展了"爱祖国、爱劳动、爱学校、爱家庭"系列劳动实践活动。以集体劳动为主，兼顾校内外，以校外为主。劳动周期间，学校采用了专题讲座、主题演讲、劳动项目实践、劳动成果展示、劳动技能竞赛等多种形式，并与校外研学实践等活动有机结合开展。

4. 抓实校园内日常劳动

邹城十中常态化做好校内日常劳动的统一安排和指导工作。高标准、严要求、不折不扣做好教室的值日值勤、清扫保洁、收纳整理等日常劳动，积极调动学生自觉参与校园场所卫生包干、绿化美化、垃圾分类等义务劳动和图书馆等功能室的管理服务，让学生逐渐成为校园劳动的重要主体。

5. 开展劳模工匠进校园活动

邹城十中会同邹城市总工会发挥劳模工匠在劳动教育中的示范引领作用，将劳模工匠进校园纳入学校劳动教育体系。学校建立了"邹城十中劳模工匠工作室"，用好劳模工匠进校园服务库，邀请王路平等多位劳模到邹城十中对全校师生进行宣讲活动，各行业劳模讲授展示各行各业技能，让师生在校园里近距离接触劳动模范，聆听劳模故事，观摩精湛技艺，感受并领悟勤勉敬业的劳动精神。同时用好社会劳动教育资源，结合学雷锋纪念日、植树节、劳动节、丰收节、志愿者日、二十四节气等节日、纪念日开展劳动主题教育活动，在校园文化建设中强化劳动文化。

6. 组织学生参与生产劳动

邹城十中利用劳动周，与被誉为"全国文明村"的邹城市后八村及其鑫琦集团公司建立了校村联合，把鑫琦集团下属的物流公司作为邹城十中学生的劳动实践基地，组织学生深入后八村工厂、田间等劳动场所，参加力所能及的学工、学农生产劳动，让学生学会使用工具，掌握相关技术，与普通劳动者一起经历劳动过程。邹城十中与成功举办过多届全国机器人大赛的邹城市机器人产业园进行校企联合，组织学生参访机器人产业园，并在专家指导下实践学习机器人操控和计算机编程等，让学生体验现代科技条件下劳动实践新形态、新方式等。通过校村联合、校企联合的方式，邹城十中充分整合、利用已有的校内外劳动教育场地和资源，打造学生劳动实践大课堂。

7.组织学生参与社会服务性劳动

邹城十中积极创造条件，除了组织学生到邹城市鑫琦集团公司参加现代物流、文化创意等新型服务性劳动外，还和学校附近的邹城市齐鲁时代社区开展了社区共建活动，动员和号召学生参加社区建设活动。学校还组织学生走向社会，参与环境保护、大型赛事等公益劳动和志愿服务，利用知识和技能为他人和社会提供服务。

让孩子们在泥土里学会耕耘，在烟火气中体味生活，在指尖上打开大千世界，亲手创造色彩斑斓的人生。邹城十中在以后的劳动教育实践过程中，将始终坚持聚焦劳动素养培育、突出劳动实践属性，通过课程建设、课程实施和课程评价等让劳动教育站起来、好起来、强起来，做学生劳动实践的启发者、指导者和呵护者，力争把邹城十中建设成为具有鲜明特色的劳动教育特色学校，成为培养青少年劳动教育的精神高地。

本案例由邹城市第十中学付国、孙广民提供。

案例点评

目前全国很多初级中学，受应试教育的影响，依然处于升学应试教育同核心素养教育并存阶段，很多初级中学处于迷茫、徘徊、观望、等待中。然而，本案例中的邹城市第十中学已经走在了全国核心素养教育的前列，其劳动教育的做法具有典型示范作用。

（1）政治方向明确，育人目标正确，执行国家政策坚决。

（2）紧密结合本地劳动教育资源和学生生活实际，符合教育教学规律。

（3）将劳动所占课时从综合实践活动课程中独立出来，构建具有本校特色的劳动校本课程体系，做法符合教育部《义务教育劳动课程标准》要求。

（4）指导家庭协同开展劳动教育，邀请家长代表共同编制家庭日常生活劳动项目清单，这是创造性的举措。

（5）学校开好劳动必修课程，编写劳动教育教材，办好学校劳动周，开展劳模工匠进校园活动，组织学生到周边企业、社区参与生产劳动和社会服务性劳动，为他人和社会提供服务，符合教育部关于劳动课程要求，都是切实可行的教学方式和教学方法。邹城十中全面贯彻党的教育方针，落实立德树人根本任务，必定成为培养德智体美劳全面发展的社会主义建设者和接班人的精神高地。

本案例由中国关心下一代工作委员会教育中心专家委员会委员李岑虎点评。

三、中等职业学校特色做法

案例 7-5

构建"工匠场域" 培育未来工匠
——中等职业学校劳动教育模式探索

朱厚颖　樊华　王楠

北京市昌平职业学校紧抓培育"未来工匠"的核心目标，立足于劳动中的各项关系，设置由"习惯场域""技能场域""品质场域""价值场域"组成的"工匠场域"，以"课程育人、实践育人、文化育人"为实施途径，发挥"家校企社"协同育人功能，构建"工匠场域"劳动教育模式，引导学生树立正确劳动观念，夯实劳动技术技能，养成良好的劳动习惯与品质，传承劳动精神、劳模精神、工匠精神。

一、构建一个核心、三个分级的场域目标体系

劳动场域既包含劳动所需的场所、工具、设备、材料等显性元素，也包含劳动关系这一隐性元素。与普通中小学相比，中等职业学校更加注重职业素养、职业态度、职业精神所蕴含的劳动关系。学校将劳动关系拆解成与自身成长、与他人协作、与技术技能、与社会贡献四个关系层面，划分为"习惯场域""技能场域""品质场域""价值场域"四个场域。

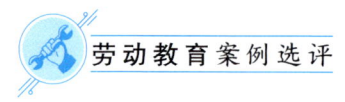

1. 一个核心目标

以培育"未来工匠"为核心目标,发挥"以劳树德、以劳增智、以劳强体、以劳育美"的综合育人功能,引导学生树立劳动最光荣、劳动最崇高、劳动最伟大、劳动最美丽的思想观念,具备能够自理、自立、自强的劳动知识和技能,培育积极的劳动精神、劳模精神、工匠精神,养成良好的劳动习惯和品质。围绕"未来工匠"的核心目标,将工匠思维、工匠态度、工匠追求等按四个场域拆解为:在习惯场域,要培育勤劳务实的劳动态度;在技能场域,要培育敬业朴实的职业精神;在品质场域,要培育精益求精的劳动追求;在价值场域,要培育无私诚实的奉献精神。

2. 三个分级目标

劳动教育是循序渐进的过程,结合人才培养实际,学校分场域、分年级设置相应的劳动教育目标,以逐步达成劳动教育核心目标。

高中一年级以日常生活劳动为主要内容,加强学生自我管理和规划,树立热爱生活的积极劳动态度;开展丰富的"工匠劳模进校园"活动,以劳模工匠为榜样,培育学生的工匠生活思维,引导学生树立"成为工匠"的职业理想,培育"干一行爱一行"的敬业精神,达到劳动自立。

高中二年级以夯实专业技术技能基础为主要内容,加强学生实训实习能力提升和培养,锻造学生工匠技术技能,树立"勤学苦练、精益求精"的劳动精神;开展丰富的"进岗位、进企业、进社区"活动,鼓励学生运用专业技能进行劳动价值产出,为社会服务,达到劳动自强。

高中三年级以培育劳动教育价值观念为主要内容,加强学生劳模精神、工匠精神培育,树立"无私奉献、勤勉诚实"的劳动精神;开展丰富的"争做时代劳模和工匠"活动,积极参与各项企业实践、校外公益活动,践行好中职生劳动行动,鼓励学生挖掘身边典型劳动案例,讲好职教故事。

二、融合三种精神,构建场域内容体系

学校将劳动精神、劳模精神、工匠精神三种精神进行融合,形成劳动教育的核心教育内容。

将劳动精神教育内容融入习惯场域,引导学生领会崇尚劳动、热爱劳动、辛勤劳动、诚实劳动的劳动精神;将劳模精神教育内容融入技能场域、品质场域,引导学生明确爱岗敬业、争创一流、艰苦奋斗、勇于创新、淡泊名利、

甘于奉献的劳模精神；将工匠精神教育内容融入价值场域，引导学生感悟执着专注、精益求精、一丝不苟、追求卓越的工匠精神。

三、构建家校社企协同的"工匠场域"实践体系

学校积极发挥家庭、学校、社会、企业的育人阵地作用，紧抓课程建设的牛鼻子，开设丰富的实践活动，构建"劳动光荣、技能宝贵"的文化氛围，形成全方位立体化的培养过程。

1. 构建"显性＋隐性"的课程体系，夯实工匠精神

（1）建设"线下必修＋线上选修"的显性课程

学校按照国家要求，围绕劳动精神、劳模精神、工匠精神、劳动关系、劳动安全等方面设计好不少于16课时的劳动教育专题必修课，制定《中等职业学校劳动教育课程标准》，编写《中等职业学校劳动教育》教材，于高三年级第一学期开设。在专题必修课中，引入项目式教学的理念，设计课堂导入、案例解读、探索学习、劳动实践等教学过程。通过开设专题必修课，牢牢把握劳动教育课程的显性作用，引导学生领会劳动精神、掌握劳动常识、明确中国特色的劳动组织结构。

学校结合学生劳动教育的实际需求，积极开展需求调研，针对学生个性化以及劳动短板设计了劳动教育选修课程，通过劳动教育大数据平台为学生提供线上课程学习资源，满足学生线上随时随地学的需求。

（2）积极探索隐性的劳动教育课程

学校以学科组为单位，在公共基础课中深入挖掘劳动教育元素，引导学生明确劳动文化，了解劳动关系，积累劳动知识与经验；在专业课中紧扣劳动品质与习惯的培养，将重点放在厚植劳动精神、劳模精神、工匠精神之中；在职业指导课程中可以融入职业规划、职业素养、劳动规范、劳动组织与劳动关系等内容，为学生走好职业道路打下基础。

2. 围绕"工匠场域"开展劳动实践活动

学校围绕日常生活劳动、服务性劳动、生产劳动、创造性劳动等内容，充分运用校内外实训基地、服务机构等资源，发挥"家校企社"的协同育人作用，设置贴近学生生活、学习、就业实际的实践项目，引导学生在参与的过程中，提升必备的劳动技能，形成符合职业标准的良好劳动习惯，铸就精益求精的劳动品质。

（1）围绕"习惯场域"开展劳动岗位执勤

在校园里，结合学生一日生活常规，在教室、食堂、宿舍、绿化区、公共责任区等校园方方面面设置"劳动岗位"，学生按照相应岗位的标准和规范，完成对负责区域的清洁维护等管理，从而提升劳动责任感，培养吃苦耐劳的精神。其中"实训室维护岗位"，是学生用职业标准维护和清洁实训室，一方面巩固职业标准和规范；另一方面帮助学生熟悉职业环境，提升认真负责的劳动态度，培养严谨的劳动精神。

在家庭中，学校设置通识性和专业性劳动的家庭劳动清单，支持鼓励学生不仅锻炼生活所需的通识性劳动，还能将专业所学内容付诸家务实践，如园林绿化专业的同学可以开展家庭植物养护等。学生通过参与适度、力所能及的家务劳动来体现作为家庭一员的责任和担当，树立劳动创造美好生活的劳动观念。

（2）围绕"技能场域"开展技能训练200小时行动

学校结合专业特点，开展"技能训练200小时"行动，鼓励支持学生通过实习实训、校企合作项目、业务实践开展技能训练，依托大数据平台记录学生的技能训练内容以及时长，引导学生将所学知识和技能转为工作实践，不断提升技术技能水平，逐渐树立千锤百炼的劳动意识，感受自身创造的价值，树立职业自豪感。

（3）围绕"品质场域"开展专业主题劳动周

以周为单位设置可持续、延续的实践项目及集体劳动，同时融入日常生活劳动，帮助学生学会正确处理劳动关系，夯实劳动技能，升华劳动精神。通过项目展示、路演等形式，检验劳动成果。

（4）围绕"价值场域"开展专长服务社会行动

通过运用所学的专业知识和技能参与各项社会服务，引导学生树立无私奉献的劳动精神，体会劳动创造价值，初步感受"技能报国"的价值归属感。例如，学校电商专业学生发现区域合作社农户草莓滞销的情况，立即与合作企业开展"电商助农"的社会服务，帮助农户销售草莓，通过专业技能优势服务社会，投身真实社会实践，积极贡献社会，提升职教学子的自信和自豪。

3. 营造工匠文化氛围，凸显场域特色

开展"劳模工匠进校园""劳模大讲堂"等主题宣讲活动，结合电子屏幕、宣传橱窗、校内广播等途径，广泛宣传劳动精神、劳模精神、工匠精神。举办技能比拼、技能之星评选等活动，充分营造"劳动光荣、技能宝贵"的劳动教育文化氛围。

四、构建"五主体六维度"评价体系，全面评价学生场域素养

劳动素养评价有着难以记录学生劳动信息、评价主体单一、评价难以操作等现实问题，因此要借助信息化手段，依托劳动教育大数据平台，开展"五主体六维度"的劳动素养评价。

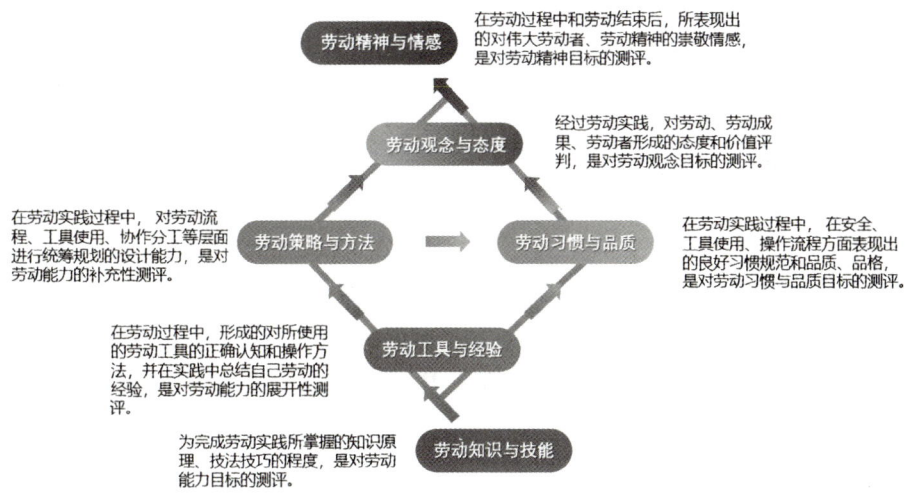

五主体六维度评价模型图

学校以学生、家庭、学校、企业、社会作为劳动素养的评价主体，设置劳动知识与技能、劳动工具与经验、劳动策略与方法、劳动观念与态度、劳动习惯与品质、劳动精神与情感六个评价维度，通过多角度的素养评价，探索构建全方位立体化的素养评价模型。

学校建设了劳动教育大数据平台，对应学校、企业、社会、家庭等四个方面，设计"校园主人""生产能手""服务标兵""家庭帮手"等模块，分别对应劳动习惯、技术技能、劳动品质、劳动价值四方面采集学生在不同场景下真实劳动的过程信息。依照六个评价维度，分别设计形成劳动教育课程学习、参加劳动实践等评价标准，划分五个主体的评价比例，作为平台评价的依据。平台即时捕捉学生在各项劳动教育中的过程和结果信息，生成素养报告，绘制学校劳动教育大数据画像，为学校、专业开展劳动教育决策提供数

据支持。

本案例由北京市昌平区中小学劳动教育课程服务中心副主任朱厚颖提供。

案例点评

北京市昌平职业学校紧紧围绕培育"未来工匠"这一核心目标，并把这一目标细化分解到每个年级，各年级目标看似不同实则相辅相成，都是为了实现核心目标。该案例还把德智体美劳融入劳动全过程，较好地落实了国家教育方针。实施过程中注重实践并构建起了"五主体六维度"评价体，较好地实现了整个案例的闭环管理，为全国职业院校提供了参考模式。

本案例由山东省教育学会数字化教育资源专业委员会理事王靓点评。

四、普通本科高校特色做法

案例 7-6

浙江省普通本科高校劳动教育行动方案（片段）

二、重点工作

高校根据办学定位和人才培养目标，结合产业新业态、劳动新形态和学科专业特点，以日常生活劳动、生产劳动和服务性劳动为主要内容开展形式多样的劳动教育。优化劳动教育途径，坚持劳动教育与思想政治教育相结合、劳动教育与专业教育相结合、劳动教育与社会实践相结合、劳动教育与创新创业教育相结合、劳动教育与学生日常管理相结合、劳动教育与校园文化建设相结合等，组织开展"劳动+"六项行动。

（一）"劳动+"课堂创新行动

高校要将劳动教育有机融入各专业人才培养方案，形成综合性、实践性、开放性、针对性的具有本校特色的劳动教育课程体系。要结合马克思主义劳动观教育、创新创业教育等开设实践体验性劳动教育必修课程，本科阶段不少于32学时。

强化在思政课程、专业课程、综合素养课程、创新创业课程中有机渗透劳动教育，结合学科、专业与课程特点，多样化体现劳动教育内容，理论与

项目七 加强劳动教育管理

实践、校内与校外、第一课堂和第二课堂相结合，确保劳动教育全方位融入。公共必修课要进一步强化马克思主义劳动观教育、劳动相关法律法规与政策教育。专业类课程主要与服务课堂学习、实习实训、科学实验、社会实践、毕业设计等相结合开展各类劳动实践，注重分析相关劳动形态发展趋势，强化劳动品质培养。

（二）"劳动+"社会实践行动

高校结合各自教学安排，每学年设立劳动周（也可安排劳动月，集中落实各学年劳动周要求）；统筹校内外劳动实践，以集体劳动为主，可在学年内或寒暑假安排，分专业、分时段实施。各校根据需要编写劳动实践指导手册，明确教学目标、活动设计、工具使用、考核评价、安全保护等劳动教育要求。

积极开展公益志愿劳动。结合乡村振兴、健康浙江、美丽浙江建设等重大战略的新需求，组织学生深入开展形式多样的公益活动、志愿劳动和社会服务等。各校可根据自身办学优势，创新公益劳动形式，提升劳动教育质量。注重培育公共服务意识，使学生具有面对重大疫情、灾害等危机主动作为的奉献精神。

加强劳动教育实践基地建设。推进国家级、省级大学生校外实践教育基地的开放共享，加强原有的实训基地、校企合作平台的升级改造，利用各校已有的校内外实践教学基地开展劳动教育。要联合社会力量共建共享稳定的劳动实践基地、校外实习实训基地、各类型创新创业孵化平台，多渠道拓展劳动实践场所。在农场、林场、草场、渔场和企事业单位、社会机构中择优遴选建设一批大学生劳动教育实践基地，推进劳动教育实践平台的多样化。

（三）"劳动+"创新创业行动

高校的劳动教育要突出创新创业，注重培育创造性劳动能力。依托高校创业学院和现代产业学院等，加强高等学校与行业骨干企业、高新企业、中小微企业紧密协同，深化产教融合，强化劳动锻炼要求，重视新知识、新技术、新工艺、新方法应用，提高创造性地解决实际问题的能力，提升就业创业能力。积极开展"互联网+"、乡村振兴创意等大学生创新创业大赛，组织大学生"青年红色筑梦之旅"活动，提升学生的创新精神、创业意识和实践能力。积极引导学生到基层创业就业，鼓励学生面向数字经济、生命健康、人工智能和新材料等新兴产业、未来产业创新创业。强化新工科、新农科、新医科、新文科建设，强化中国精神、浙江精神育人，夯实创新创业人才的思想根基和综合能力。

（四）"劳动+"教师教学能力提升行动

加强劳动教育师资队伍建设。根据学校劳动教育需要，配备必要的专任教师，采取多种措施，建立专兼职相结合的劳动教育师资队伍，聘请相关行业专业人员担任劳动实践指导教师。有条件的师范院校结合专业发展规划，可开设劳动教育相关专业。把劳动教育纳入教师培训内容。高校教师教学发展中心要开展全员培训，强化每位教师的劳动意识、劳动观念，提升劳动教育的自觉性；对承担劳动教育课程的教师进行专项培训，提高劳动教育意识和专业化水平。建立健全劳动教育教师工作考核体系，分类完善评价标准。高校要将教师指导学生劳动实践计入教学工作量，并纳入教师评优评先和相关评价激励。

（五）"劳动+"生活技能培育行动

高校要积极开展"文明寝室"建设，统筹安排学生校内外勤工俭学活动，通过制定劳动公约、每日劳动常规、学期劳动任务单等，培养学生的日常劳动习惯。要创造条件开设金工、木工、陶艺、厨艺、插花艺术、刺绣等特色劳动实践课程，结合"非遗"传承和民间工艺保护，提升学生的生活技能，增强学生对劳动艰辛和快乐的体验，鼓励学生积极参加各类职业技能培育活动。

（六）"劳动+"校园文化建设行动

学校要将劳动习惯、劳动品质的养成教育融入校园文化建设之中。采取与劳动教育有关的兴趣小组、社团等组织形式，结合植树节、学雷锋纪念日、五一劳动节、农民丰收节、志愿者日等，开展丰富的劳动主题教育活动，营造劳动光荣、创造伟大的校园文化。举办"劳模大讲堂"、"大国工匠进校园"、优秀毕业生报告会等劳动榜样人物进校园活动，组织劳动技能和劳动成果展示，综合运用讲座、宣传栏、新媒体等，广泛宣传劳动榜样人物事迹，特别是身边的普通劳动者事迹，让师生在校园里近距离接触劳动模范，聆听劳模故事，观摩精湛技艺，感受并领悟艰苦创业、勤勉敬业的劳动精神，争做新时代的奋斗者。

项目七　加强劳动教育管理

> **案例点评**
>
> 就全国而言，从政府层面专门制定全省的普通本科高校劳动教育行动方案，浙江省走在了前面。对于浙江省的普通本科高校劳动教育行动方案，其他省市本科高校结合本省本校实际，可以适当改编，注入本省本校特色，均可参照执行。
>
> 本案例由中国成人教育协会教师继续教育专业委员会理事王靓点评。

任务三　确保家庭劳动教育常态化

家庭劳动教育是新时代劳动教育不可缺少的重要环节，家庭要发挥在劳动教育中的基础作用，确保家庭劳动教育常态化发展。

一、学校指导家庭开展劳动教育

案例 7-7

上海市嘉定区普通小学指导学生配合家长参加家务劳动

上海市嘉定区普通小学　张静艳

一、活动背景，明确意义

劳动，对于学生而言，既离实际生活很近，又离实践体验有一定的距离。而教育部曾联合团中央和少工委出台了《关于加强中小学劳动教育的意见》，足见劳动对于学生成长的重要意义。本次活动聚焦"家务劳动"这个主题，因为家务劳动内容相对很丰富，给学生提供的学习和实践的时间和机会也比较多。

二、主题班会，提升认知

（一）引出主题，初步了解

1.通过头脑风暴，开展关于"劳动"话题的讨论

首先教师组织学生，以小组为单位，通过头脑风暴的形式，讨论"劳动"

这个话题。学生们思维很活跃，不少学生想到了做值日生、整理书包、烧饭做菜、清扫马路等，还有的学生想到了劳动节，以及关于劳动的谚语和名人名言，很好地活跃了课堂气氛，也为下一个环节做了铺垫。

2. 邀请班干部，介绍"劳动节"，引出"劳动最光荣"的观点

教师提前请班干部进行资料收集和整理，由劳动委员向大家简单介绍国际劳动节和新中国的劳动节。1889年7月，由恩格斯领导的第二国际在巴黎举行代表大会，规定1890年5月1日举行游行，并把5月1日这一天定为国际劳动节。中央人民政府于1949年12月作出决定，将5月1日确定为劳动节。1989年后，国务院每5年表彰一次全国劳动模范和先进工作者。教师由劳模评选和表彰引出"劳动最光荣"的观点，从思想上对学生进行教育，提升对劳动的亲近感和主动意识。

3. 揭示本课主题：家务劳动，"小事" or "大事"

老师引导学生认识到，劳动是光荣的，同时也是辛苦的。平时，同学们会在学校做值日生和校园保洁，也会在家庭和社区参加各种劳动，比如说做家务、参加志愿者服务，有过不少劳动经历和体验。本课将聚焦"家务劳动"，因为它包含的内容特别丰富，给学生提供的学习和体验机会也特别多，家务劳动，"小事" or "大事"？这是个值得学生去思考和探讨的话题。

（二）分层解析，提升认知

为了体现班会教育的全员性和自主性并提升趣味性和实效性，对应分目标，教师预先给四个小组布置小任务，明确要求，进行简单提示和指导，开展调查访问、资料收集和讨论交流活动。

1. 介绍家务劳动的种类

先请第一小组学生代表介绍"家务劳动"有哪些，学生根据自己的观察和讨论，介绍了一些常见的家务劳动。接下来，教师为了拓展学生的思维，出示英国孩子从幼儿园到小学三年级各阶段家务劳动分类图表，看着一长串的家务清单，学生们都惊呆了。接着，教师请学生们谈谈感想，学生们纷纷举手，多角度进行了阐述：有的感慨英国孩子的家务劳动种类真多啊；有的感慨很多用电器的家务劳动，他们竟然也会做；还有的学生忍不住质疑，英国孩子要做那么多的家务劳动，他们还有时间完成作业吗？

项目七 加强劳动教育管理

这样的交流是教师期待看到的，让学生自己去观察，自己去比较，自己去感受，这样的劳动教育才能入心导行。随后，教师进行总结：家务劳动事很小，事也很多，我们可以从小开始学着做，越长大越能干，越长大越有担当。

2. 现场调查采访，了解学生参加家务劳动现状，三大原因（障碍）凸显

教师请学生举起右手，分别用手指来表示自己的选择：(1) 经常做家务，平均每天做家务15分钟（伸出食指）；(2) 偶尔做家务，每次做家务5分钟左右（伸出食指和中指）；(3) 基本不做或从来不做家务（伸出中指、无名指和小指）。选(1)的学生很少，选(2)的学生有三分之一，大部分的学生都选(3)。教师拿上话筒，现场对学生进行采访，了解学生平时参加家务劳动比较少的原因。主要原因有三：学习很忙，没时间做；年纪还小，不会做；父母不让做。学生们的回答很真实，也确实很符合现在中国家庭教育的现状——重视智育，忽视劳动教育，这也是学生参加家务劳动比较少的原因。

3. 通过多种路径、多种方式，找到扫除三大障碍的法宝

第二小组学生预先进行了"名人做家务"的故事收集和交流，推选代表现场讲述美国总统也做家务的故事。布什曾经是美国总统，如今却要在老婆的督促下过起倒垃圾、割草坪的平凡小日子。无独有偶，奥巴马的妻子米歇尔每次在丈夫演讲完后，都会跟他耳语："一会别忘了倒垃圾啊。"学生在欢笑之余，内心也受到了些许的震撼。教师再总结扫除第一障碍"学习很忙，没时间做"的法宝：做家务体现了我们是家庭中的一员，在为家庭付出时间和体力的同时，也是在表达一种爱。

教师继续分享故事《两个亿万富翁的成长秘诀》。美国有一位华裔妈妈，她的三个儿子个个都是优等生：两个已经是亿万富翁，小儿子是一位出色的软件工程师。她的育儿秘诀竟是从小让孩子做家务。这又是一个让学生既觉得新鲜又比较震撼的故事。教师就势引出扫除第二障碍"年纪还小，不会做"的法宝：做家务可以让我们成长，做家务的过程就是不断遇到问题、面对问题和解决问题的过程。随后，分享视频《一屋不扫何以扫天下》——这一学生熟悉的中国传统故事，进一步提升学生的认知：成大事者需要从小事做起，脚踏实地地做好生活中的每一件事。

紧接着，第三小组的小能手通过视频"露一手"：有的在清扫院子，有的在盛饭，有的在晾晒衣服，有的在洗碗，有的在切水果……同学们看得津津有味，意犹未尽。教师再请视频中的小能手全部上台，进行家务秘诀大公开，并进行现场互动，激发学生体验家务劳动的积极性。

之后，第四小组的学生进行了"如何说服父母同意我们做家务"的讨论，学生代表以小品的形式进行了生动的展示。学生们表演得非常生动形象，角色体验到位，全班同学都在这样的模拟场景中，学到了说服父母的妙招。最后，教师展示扫除第三障碍"父母不让做"的法宝：爸爸妈妈的思想工作我们耐心做，并要做到"学习家务两不误"。

三、总结导行，训练习惯

（一）学生和教师分别进行劳动格言的分享和推荐

（1）劳动一日，可得一夜的安眠；勤劳一生，可得幸福的长眠。

——达·芬奇

（2）幸福存在于生活之中，而生活存在于劳动之中。——列夫·托尔斯泰

（3）只有走在生活的前面，用自己的劳动创造了新生活的人，才谈得上真正的美。——蒋孔阳

（4）我知道什么就是劳动：劳动就是世界上一切欢乐和一切美好的源泉。——高尔基

请学生们选择一条喜欢的劳动格言，做成书签，放在笔袋里，时刻提醒自己，鼓励自己，坚持做家务，热爱做家务。

（二）下发"家务劳动21天训练单"，开展劳动习惯的训练

教师联合学生和家长一起商议，精心设计了"家务劳动21天训练单"。邀请家长进行技能指导和日常监督，了解家务技能的要点，引导并帮助学生们去尝试和坚持。21天以后，达成目标的同学可领取乐学星（银星一枚），然后开始第二轮的训练，满三颗银星可兑换金星，形成持续激励机制。

教师和学生强调三点：(1)召集家人，召开一次"家务劳动"专题会；(2)共同商定一份"家务劳动训练单"；(3)实实在在付诸行动。

家务劳动 21 天训练单

班级：　　姓名：　　学号：　　日期：
我要学习的家务技能最终评价：
我的技能指导员：　　我邀请的监督员：

天数	训练时间（分钟）	训练评价（★★★★★）	天数	训练时间（分钟）	训练评价（★★★★★）
1			12		
2			13		
3			14		
4			15		
5			16		
6			17		
7			18		
8			19		
9			20		
10			21		
11					

家务技能的要点：

我想说：

（三）活动寄语

家务劳动做的事虽小，对学生的影响却很大。希望大家爱劳动，会劳动，以劳树德，以劳增智，以劳强体，以劳育美，真正做一个德智体美劳全面发展的好学生。

本案例来自上海市嘉定区普通小学网站。

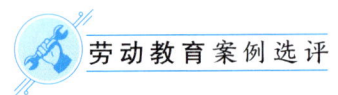

案例点评

学校在实施劳动课程时要始终以开放的姿态，积极与家庭紧密合作，指导家庭协同开展劳动教育，构建"家庭—学校"一体化劳动教育环境。

1. 引导家长树立劳动教育观念

学校要通过家长会、家长学校、家长开放日、给家长的一封信等方式，向家长宣传劳动对学生身心发展的价值、劳动课程开设的意义、家校协同开展劳动教育的必要性等，促进家长对劳动教育形成正确认知。

邀请家长参加劳动周、劳动节、丰收节、劳动成果展示等活动，让家长欣赏学生的劳动成果，分享学生的劳动成就感、获得感。

2. 指导家长把劳动教育有机融入家庭日常生活

学校要及时与家长联系，让家长了解学校本学年、本学期劳动课程规划方案、实施要点、任务清单等，指导家长将相关劳动内容作为家庭劳动的重要组成部分，使家庭劳动教育与学校劳动课程建立关联，使学生习得的劳动技能得到及时地应用和巩固。

学校要根据本地、本校实际，设计不同学段学生家庭劳动清单，提高家长培养学生生活自理能力的意识，增强学生参与家务劳动的计划性和持续性。根据家庭日常生活实际，鼓励家长利用整理房间、打扫卫生、器具维护、美化家庭、养护绿植、烹饪帮厨等机会，把劳动教育融入日常生活中，让学生坚持不懈地完成，从而养成居家生活劳动的好习惯。

3. 指导家长做好榜样示范

学校可以通过开展丰富多彩的亲子劳动活动，布置亲子劳动任务等，创造家庭成员共同劳动的机会，让学生有机会向家长学习，达到"亲子共成长"的目的。

学校可以指导家长结合自己的职业，让学生有机会观察家长真实的工作情况，了解家长职业的劳动特点，体会家长在生产劳动或服务性劳动中的精神面貌，培育学生的劳动精神。例如，可组织3~9年级学生开展"陪父母上一天班""陪家人参加一天的劳作"等活动。

本案例由中国关心下一代工作委员会教育中心专家委员会委员李岑虎点评。

二、制定家庭劳动教育任务清单

案例 7-8

西安高新逸翠园中学七年级学生张涵婼家庭劳动教育任务清单

主 题	教育目标	劳动内容	自我小结	家长总结
生活技能	培养劳动意识 参与家务劳动	学会辨识蔬菜好坏，独立完成择菜、洗菜、切菜、配菜、淘米、做菜、蒸米饭		
		饭前饭后餐具摆放、清洗、整理、擦桌子，清洗抹布		
		扫地、拖地，拖把清洗		
		了解用电常识及用电安全、燃气安全检查知识，睡前检查门窗，注意家中安全		
		家庭常用电器的使用和维护（烧水壶、电饭锅、洗衣机、电磁炉、微波炉、电冰箱、空调等）		
		知道随手关灯节约用电；适量用水，珍惜水资源		
生存技能	培养生活自理能力，懂得自己的事情自己做	营养餐制作		
		按时起床洗漱，整理个人卫生；自己洗澡洗头、梳头		
		衣物自行穿戴整齐，脱下的衣服及时清洗、收纳、摆放整齐，枕套被罩的拆装，自己缝补衣服、纽扣		
		整理书包、学习用品，确保齐全、整齐		
		书桌、玩具等区域学会分类整理、收纳、归置		
文化素养	爱惜劳动成果，懂得生活成果来之不易	不随意丢弃垃圾，学会垃圾分类；维护家庭公共区域和个人房间整洁、卫生；节假日参加社区社会劳动，维护小区环境卫生		
		不挑食，做"光盘行动"的实践者和推动者，节约粮食		

续表

主 题	教育目标	劳动内容	自我小结	家长总结
家风传承	关爱生命 照顾他人	学会照顾身边的动植物，定期为植物浇水，为动物喂食		
		照顾家人，给家人倒水、沏茶、洗水果；学会关心问候，为长辈洗脚、捶腿、按摩		
		就座时坐姿端正，就餐文明		
创新能力	培养创新意识 锻炼动手能力	布置、整理自己的书桌、衣柜、卫生间等，使其美观、整洁		
		简单的废物改造利用		
		火灾、地震、水患的救援常识和扭伤、皮外伤、晕厥等的急救办法学习		
监督人		爸爸、妈妈、哥哥；言传身教，传帮带		

张涵婼做家务：切菜、炒菜　　摄影：张会臣

案例点评

家庭教育应注重抓住衣食住行等日常生活中的劳动实践机会，鼓励孩子自觉参与、自己动手，随时随地、坚持不懈地进行劳动，掌握洗衣做饭、家

项目七 加强劳动教育管理

电维护、个人卫生整理、垃圾分类、关爱动植物、勤俭节约等必要的家务劳动技能。家庭应有针对性地指导孩子学会基本的生活技能项目，鼓励孩子利用节假日参加各种社会劳动，同时传承崇尚劳动的良好家风。家长应通过日常生活的言传身教、潜移默化，让孩子养成从小爱劳动的好习惯。这样的家庭才是孩子健康成长的摇篮。

本案例由中国关心下一代工作委员会教育中心专家委员会委员李岑虎点评。

三、家长巧用假期安排家务劳动

寒假安排生活化　劳动教育常态化

2022年的新冠疫情，给全国2亿多孩子的学习和生活带来了巨大的干扰。居家学习期间，很多孩子生活起居没有规律，房间凌乱不堪，学习用品随意摆放，不仅学习效率无法保障，连起码的生活秩序都无法维持。在疫情防控常态化的今天，尤其是面对即将到来的寒假，家长应该如何安排孩子的家务劳动，培养孩子良好的劳动习惯，是家长必须面对的问题。

家长要转变观念，认识到劳动教育的重要意义。家长自身要重视劳动，牢固树立劳动最光荣、劳动最崇高、劳动最伟大、劳动最美丽的观念。要把家庭看作孩子接受劳动教育的重要场所，在家庭中培养孩子热爱劳动的好习惯。

美国著名的人际关系大师戴尔·卡耐基说："为了将来能更从容地生活，孩子必须在成长的过程中学会自己清除障碍、解决问题。而这一切，需要在家庭教育中进行。"然而实际生活中很多家长认识不到劳动教育的价值和意义，甚至还存有"万般皆下品，唯有读书高"的思想，认为孩子做家务是浪费时间，只有好好学习才是有出息的表现。其实，父母注定不能陪伴照顾孩子一生，爱子则为之计深远，其中一点就是为孩子创造参与家务劳动的机会。

家长要鼓励孩子，对孩子有足够的耐心。教育部印发的《大中小学劳动教育指导纲要（试行）》指出："让学生动手实践、出力流汗，接受锻炼、磨炼意志，培养学生正确劳动价值观和良好劳动品质。"在孩子不愿参与家务劳动或难以坚持时，家长要给予及时的支持和帮助，不要因为孩子做得不好就批评孩子、打击孩子的自信心，更不要嫌孩子做得慢就伸手包办代替。无论孩子做得如何，家长都应该给孩子充分的鼓励和赞美，看到孩子在做事过程中的努力和坚持，这样孩子才会爱上做家务，体验到做家务的乐趣和成就感。

家长既要放手让孩子大胆去摸索去尝试，又要教给孩子方法。比如，给孩子演示如何整理床铺，如何收拾房间，让孩子学会一些必需的步骤。学习做菜时先从择菜开始，把洗菜、切菜、炒菜的流程和注意事项一一教给孩子，甚至还可以从买菜开始，教孩子了解菜价，知道如何采购更经济，学习如何为家人做一顿荤素搭配、营养美味的餐食。

家长要因材施教，为孩子提供适合的家务劳动内容。即将到来的寒假是实施劳动教育的好时机。家长要根据孩子的年龄和体力等实际情况，提供不同的家务清单，为不同年龄的孩子安排不同复杂程度的家务。小学生年龄低，要培养自己的事情自己做的习惯，每天自己收拾房间、收拾玩具，整理学习用品，自己洗袜子、毛巾等；家长还可以把照料小动物和植物的任务交给他们，让他们每天负责给动物喂食、打扫卫生，给植物浇水，培养孩子的爱心和责任感。中学生除了做好自己的事，还可以采取家务承包制的方式参与家务劳动，比如每天为家人做一顿饭、买一次菜，或者承包家里卫生间、客厅和厨房的日常打扫等劳动内容。

家长要以身作则，为孩子树立正确的榜样。每个家庭成员都有承担家务劳动的责任和义务，劳动教育尤其需要家长以身作则。唯有家长在日常生活中展现出勤劳质朴、热爱劳动、崇尚劳动的美德，才能对孩子产生潜移默化的影响，使孩子从小养成热爱劳动的良好习惯。父母要分工合作，不能让孩子觉得做家务是一个人的事，甚至是妈妈的专属。如果爸爸不懂分担、不懂感恩，孩子也会理所应当地认为家务是妈妈该做的事。

劳动教育对儿童的成长有着重要价值，而且不仅限于家庭范围内，还可以走出家庭、拓展到社区。家长可以带着孩子走进社区，参与社区服务与社会实践活动，关心社区存在的问题，参与垃圾分类等志愿者活动和公益活动等。有条件的家长还可以带着孩子走向田间地头，挥汗如雨，体验播种的辛

项目七　加强劳动教育管理

苦和收获的快乐。所有这些，都对孩子的发展大有益处。（作者：中国教育科学研究院教师发展研究所宋时春）

来源：中国教育新闻网（2020-12-03）。

案例点评

学生的寒暑假及其他节假日很多，家长如何利用假期安排家务劳动，值得我们教育工作者和家长思考。上文中给家长朋友指明了具体做法。

（1）家长要转变观念，自身要重视劳动，要把家庭看作孩子接受劳动教育的重要场所，为孩子创造参与家务劳动的机会，在家庭中培养孩子热爱劳动的好习惯。

（2）家长要鼓励孩子，让学生动手实践、出力流汗，接受锻炼、磨炼意志，培养孩子正确的劳动价值观和良好劳动品质。

（3）家长要言传身教，放手让孩子大胆去摸索去尝试，又要教给孩子方法。

（4）家长要因材施教，根据孩子的年龄和体力等实际情况，安排不同复杂程度的家务。

（5）家长要以身作则，为孩子树立正确的榜样。

（6）家长要引导孩子走出家庭，参与社区服务与社会实践活动，走向田间地头，体验劳动的辛苦和收获的快乐。

本案例由中国关心下一代工作委员会教育中心专家委员会委员李岑虎点评。

— 287 —

2021感动中国年度人物名单

彭士禄、杨振宁、顾诵芬、吴天一、朱彦夫、航天追梦人、苏炳添、陈贝儿、张顺东李国秀夫妇、江梦南。

杨振宁：明月共同途

香港中文大学博文讲座教授兼理论物理研究所所长，清华大学高等研究院名誉院长、教授，物理学家，诺贝尔物理学奖获得者。

杨振宁先生是跨世纪的伟大物理学家，在粒子物理学、统计力学和凝聚态物理等领域作出里程碑性贡献。他心系祖国科教事业，为国家的科技发展、中外科技文化交流作出了重要贡献，推动了香港中文大学数学科学研究所、清华大学高等研究中心、南开大学理论物理研究室和中山大学高等学术研究中心的成立。

张顺东、李国秀夫妇：自强敏天行

云南省昆明市东川区乌龙镇坪子村村民。荣获云南省道德模范称号，被授予全国脱贫攻坚奋进奖，其家庭被评为全国最美家庭。

张顺东和妻子李国秀身残志坚、自立自强，用奋斗创造幸福生活，照顾年迈老人、抚养年幼孩子以及失去双亲的2个侄女，书写了"踏出脱贫路、撑起半边天"的感人故事。

苏炳添：秉心自超越

中国男子短跑运动员，男子60米、100米亚洲纪录保持者。

"中国飞人，亚洲之光。"在2020年东京奥运会男子100米半决赛中，苏炳添跑出9秒83，以半决赛第一的成绩闯入决赛并打破亚洲纪录，成为中国首位闯入奥运男子百米决赛的运动员。决赛场上，苏炳添是一排黑人中间唯一的黄种人，他再次打开10秒大关，以9秒98的成绩获得第六名。

朱彦夫：慷慨是英雄

88岁，长津湖战役幸存者，曾荣获"时代楷模""人民楷模"称号。

14岁参军，先后10次负伤，3次立功。在朝鲜战场上，他所在连队当时与敌军在零下30多摄氏度的恶劣天气里血战了三天三夜，最终仅有他一人生还，但他身负重伤，昏迷93天，先后经历47次手术后，被截去四肢，没了

项目七　加强劳动教育管理

左眼，右眼视力仅剩0.3。新中国成立后，朱彦夫主动放弃荣军疗养院的优厚待遇回乡，用25年时间带领乡亲治山治水，改变了家乡贫穷落后的面貌。

顾诵芬：冲天鹏翅阔

91岁，飞机空气动力学家，两院院士，国家最高科技奖获得者。

顾诵芬生于书香门第，7岁在北平时，目睹日军轰炸城市，立志投身航空事业报国。自1956年起，顾诵芬先后参与、主持我国第一款自主设计的喷气式机型的气动布局和全机的设计，并创造性解决了大超音速飞行的飞机方向安定性问题和跨音速的飞机抖振问题。顾诵芬的工作经历与新中国航空工业的发展轨迹完全重合。他见证了中国航空工业从无到有、从小到大，构建起现代航空产业体系的过程。

陈贝儿：江海意无穷

陈贝儿，40岁，香港出生，在传媒行业工作近20年。2021年初，无线电视策划制作12集脱贫攻坚主题纪录片《无穷之路》，陈贝儿和拍摄团队赴贵州、四川、云南、广西、宁夏、海南等六个省（区）实地拍摄采访。

在历时三个月的拍摄时间中，陈贝儿和拍摄团队跨越14个曾经处于深度贫困的地区，"沉浸式"体验当地居民生活，节目体现了国家扶贫工作为当地带来的翻天覆地的变化，深刻诠释了中国共产党"以人民为中心"的发展思想，拉近了内地和香港同胞的心灵距离，为香港融入国家发展注入了更强信心和动力。

吴天一：长松荫高原

86岁，塔吉克族，从事高原医学研究工作。中国工程院院士，曾荣获"七一勋章"。

吴天一院士投身高原医学研究50余年，提出高原病防治的国际标准，开创"藏族适应生理学"研究，诊疗救治了藏族群众上万人。在青藏铁路建设期间，吴天一院士主持制定一系列高原病防治措施和急救方案，创造了铁路建设工人无一例因高原病致死的奇迹。如今80多岁的吴天一院士仍然坚守在青藏高原之上，守护着高原人民的健康。

江梦南：无声玉满堂

女，瑶族，清华大学生物信息学博士研究生。

半岁时，江梦南因药物失聪，开始学说话的时候，从字、词到日常用语，她对着镜子学口型、摸着父母喉咙学发音，通过读唇语学会了"听"和

"说"。从小到大，凭借优秀的学习成绩，她成为家乡小镇上近年来唯一考上重点大学，最终到清华念博士的学生。

按照计划，江梦南将于明年博士研究生毕业，她就读生物信息学专业。江梦南的目标始终是明确的，那就是解决生命健康的难题。

彭士禄：潜龙育神躯

已故科学家（享年96岁），革命英烈彭湃之子，被誉为"中国核潜艇之父"，被追授为"时代楷模"。

彭士禄是我国著名的核动力专家，中国核动力事业的开拓者和奠基者之一。20世纪50年代，他隐姓埋名投身核潜艇研制事业，担任第一任核潜艇总设计师，为我国第一艘核潜艇成功研制作出了重要贡献。改革开放后，他负责引进大亚湾核电站，组织自主设计建造秦山核电站二期，引领我国核事业发展实现历史性跨越。

航天追梦人：赤心贯苍穹

2020年12月17日凌晨，一颗明亮的"流星"划过夜空，这是刚刚从38万公里外的月球带回月球样品的嫦娥五号返回器。1时59分，嫦娥五号带着1731克月球样品顺利返回地球，中国人终于实现了千百年来"上九天揽月"的梦想。

至此，中国探月工程实现"六战六捷"，"绕、落、回"三步走规划圆满收官。

2021年5月15日，天问一号探测器成功着陆在火星乌托邦平原南部，实现了我国首次地外行星着陆。5月22日，祝融号火星车驶上火星表面，留下了中国人在火星上的第一条印记。

来源：中国青年网（2022-03-03）。

综合实训

1. 结合自己单位的实际情况，编写本单位区域劳动教育一体化、特色化方案（3000字以内）。

2. 结合自己家庭的实际情况，编写一份自己家庭劳动教育常态化实施方案（2000字以内）。

参考文献

［1］中共中央，国务院. 关于全面加强新时代大中小学劳动教育的意见［Z］. 2020.

［2］教育部. 义务教育课程方案和课程标准（2022年版）［Z］. 2022.

［3］教育部. 大中小学劳动教育指导纲要（试行）［Z］. 2020.

［4］中共中央，国务院. 新时代爱国主义教育实施纲要［Z］. 2019.

［5］教育部. 中小学综合实践活动课程指导纲要［Z］. 2017.

［6］教育部. 中小学德育工作指南［Z］. 2017.

［7］李岑虎. 新时代劳动教育课程设计［M］. 北京：旅游教育出版社，2021.

［8］李岑虎. 研学旅行案例选评［M］. 北京：旅游教育出版社，2021.

［9］李岑虎，甄鸿启. 中小学研学旅行教师指导用书［M］. 郑州：文心出版社，2021.